国家社科基金
后期资助项目

中国绿色金融
有效供给研究

奚宾 著

Research on the Effective Supply of
Green Finance in China

上海社会科学院出版社
SHANGHAI ACADEMY OF SOCIAL SCIENCES PRESS

图书在版编目(CIP)数据

中国绿色金融有效供给研究 / 奚宾著 .— 上海：上海社会科学院出版社，2021
ISBN 978-7-5520-3696-1

Ⅰ.①中… Ⅱ.①奚… Ⅲ.①绿色经济—金融—供给制—研究—中国 Ⅳ.①F832.0

中国版本图书馆 CIP 数据核字(2021)第 196461 号

中国绿色金融有效供给研究

著　　者：	奚　宾
责任编辑：	应韶荃
封面设计：	周清华
出版发行：	上海社会科学院出版社
	上海顺昌路 622 号　邮编 200025
	电话总机 021-63315947　销售热线 021-53063735
	http://www.sassp.cn　E-mail:sassp@sassp.cn
排　　版：	南京展望文化发展有限公司
印　　刷：	上海龙腾印务有限公司
开　　本：	710 毫米×1010 毫米　1/16
印　　张：	18.25
字　　数：	318 千
版　　次：	2021 年 11 月第 1 版　2021 年 11 月第 1 次印刷

ISBN 978-7-5520-3696-1/F·685　　　　定价：90.00 元

版权所有　翻印必究

国家社科基金后期资助项目
出版说明

后期资助项目是国家社科基金设立的一类重要项目,旨在鼓励广大社科研究者潜心治学,支持基础研究多出优秀成果。它是经过严格评审,从接近完成的科研成果中遴选立项的。为扩大后期资助项目的影响,更好地推动学术发展,促进成果转化,全国哲学社会科学工作办公室按照"统一设计、统一标识、统一版式、形成系列"的总体要求,组织出版国家社科基金后期资助项目成果。

全国哲学社会科学工作办公室

前　言

地球变暖成为不争事实,南极和北极的冰川正在加速融化,海平面上升和水灾、旱灾、火灾及热浪冲击等灾害正威胁着很多人的家园。人类只有一个地球,我们无法逃离,只能共同面对。《巴黎协定》代表了全球大多数国家对环境问题的关切,部分国家开始采取行动。然而,工业化时代的生产和消费方式带来极强的惯性,碳达峰、碳中和都是长期目标。除此之外,重金属、塑料、农药等污染也严重威胁着人类的健康,节能减排和污染治理成为摆在我们面前的重大课题及迫切任务。

根据外部性理论,某个经济主体对其他经济主体产生外部影响,而这种外部影响又不能通过市场价格进行买卖,则其环境问题就具有显著的外部性。在既定的市场条件下,节能环保企业所创造的收益高于企业自身收益,具有显著的外部经济性,具有溢出价值。金融作为资源配置的核心力量,引导资源向节能环保行业配置成为解决当前环境问题的重要手段,绿色金融应运而生。它将环境和金融结合起来,以节能环保为先决条件提供投融资服务,从而使绿色金融也具有了正外部性。

绿色金融的服务对象具有风险大、投资回收期长等特点,若其正外部性溢出价值不能得到合理补偿则会抑制其供给。然而,绿色金融涉及政府、企业、金融机构、社会公众等多个市场主体,存在复杂的利益诉求和博弈,对绿色金融的溢出价值估算和补偿都形成挑战。基于此,需要厘清绿色金融供给的价值基础,总结绿色金融发展历程及供给现状,分析制约中国绿色金融有效供给的因素,尝试对绿色金融的溢出价值进行估算。针对绿色金融供给特殊复杂性,需要探讨绿色金融供给的激励不相容及解决、绿色金融的期限错配及纠正机制、绿色金融的风险承担及其化解等重点和难点问题,为绿色金融有效供给提供技术支持。事实上,全球多个国家政府、国际组织和金融机构都在推进绿色金融的创新和发展,形成了部分国际最佳实践,这些宝贵的

经验值得借鉴。为了促进绿色金融有效供给,建议从顶层设计、市场体系和政府支撑体系三个层面进行绿色金融体系型构。

国内外关于绿色金融已有很多研究成果,为绿色金融的发展起到重要支撑作用。笔者在两个方面作出了进一步探讨:一是厘清绿色金融与传统金融的关系和区别,明确提出绿色金融投资具有正外部性,属于准公共产品,并从公共产品视角将绿色金融有效供给不足归因于环境信息披露不完善和市场激励不相容,为认识绿色金融供给所面临的问题提供理论基础。二是绿色金融供给的价值基础为其正外部性所形成的溢出价值,绿色产业是绿色金融价值实现的载体,溢出价值具有代际传递性,为环境保护、金融支持和政府生态补偿工作探索有效的契合点,为解决绿色金融的期限错配和风险控制提供理论依据。笔者也尝试应用期权定价模型、扩展的久期模型进行价值度量和风险控制,并提出了体现导向性、协调性和长效性原则的绿色金融政策协调和保障体系,以克服"市场失灵",促进绿色金融长期有效供给。

中国首次把绿色金融议题引入二十国集团(G20)议程,成立绿色金融研究小组,作为全球第二大经济体,中国在绿色金融发展方面作出了重要贡献,体现了大国担当。突如其来的新冠疫情使国际金融体系发生了深刻变化,使绿色金融的发展面临着新的挑战,但中国仍提出了"力争2030年前达到二氧化碳排放峰值,努力争取2060年前实现碳中和"的目标。绿色金融必将大有作为,中国也必将在未来引领绿色金融的发展。

目录

第一章　绪论 / 1
　　第一节　本研究的背景和意义 / 1
　　第二节　绿色金融供给研究文献综述 / 7
　　第三节　本研究的创新之处 / 12

第二章　绿色金融供给的价值基础 / 15
　　第一节　绿色金融的正外部性 / 16
　　第二节　绿色金融的溢出价值分析 / 22
　　第三节　绿色金融溢出价值的模型 / 38
　　第四节　绿色金融溢出价值的数值模拟 / 43

第三章　中国绿色金融发展历程及供给现状 / 52
　　第一节　绿色金融法律制度 / 52
　　第二节　绿色金融相关政策 / 56
　　第三节　绿色金融监管 / 76
　　第四节　绿色金融供给现状 / 81

第四章　制约中国绿色金融有效供给的因素 / 100
　　第一节　绿色金融顶层设计不尽完善 / 100
　　第二节　绿色金融市场发育不足 / 103
　　第三节　绿色金融机构和产品发展滞后 / 114

第五章　绿色金融供给的激励不相容及解决途径 / 118
　　第一节　绿色金融市场参与主体的多元利益博弈 / 118
　　第二节　绿色金融的环境信息披露 / 124
　　第三节　ESG战略与企业和金融机构绩效 / 144

第四节　绿色金融供给的政府补偿 / 158

第六章　绿色金融的期限错配及纠正机制 / 167
　　第一节　绿色金融期限错配的内在机理 / 167
　　第二节　绿色金融溢出价值的代际补偿 / 172
　　第三节　绿色金融期限错配纠正机制的构建 / 180

第七章　绿色金融的风险承担及其化解 / 187
　　第一节　绿色金融风险的识别和度量 / 187
　　第二节　金融机构的风险自控 / 200
　　第三节　绿色金融的风险分散 / 208
　　第四节　绿色金融的风险转移 / 213

第八章　绿色金融有效供给的国际最佳实践 / 218
　　第一节　国际组织绿色金融最佳实践 / 218
　　第二节　主要国家绿色金融最佳实践 / 235

第九章　绿色金融有效供给的政策协调与保障 / 250
　　第一节　绿色金融体系的顶层设计 / 250
　　第二节　绿色金融市场体系的型构 / 252
　　第三节　绿色金融政府支撑体系型构 / 265

参考文献 / 273

第一章 绪 论

第一节 本研究的背景和意义

一、研究背景

自然界是人类赖以生存的基础,自然资源是人类生产所必需的重要原料,生态环境决定人类生活的质量和可持续性。尊重、顺应和保护自然是人类的不二选择,只有遵循自然规律并在生态环境可承受范围内进行生产经营相关活动方能真正实现经济社会健康发展。任何企图违背自然规律的人类活动必然会付出沉重的代价。

在可持续发展理念下管理环境和自然资源关乎经济增长和人类福祉。如果社会管理到位,可再生性自然资源、流域和生产性景观及海景都会成为包容性增长、食品安全和减贫的基础。环境和自然资源是人类赖以生存的基础并产生收益,全球生态系统调节水、空气和土壤,为应对极端天气和气候变化提供一个高性价比的缓冲,健康的生态系统对包括农业、林业、渔业和旅游业在内的多个经济部门长期增长至关重要,并提供诸多就业机会。全球规模排名前 100 个城市中有 1/3 从自然保护区汲取水源,重要性排名中前 115 种食用谷物中有 2/3 靠动物授粉。发展中国家的森林、湖泊、江河和海洋为居民提供相当大比重的食物、燃料和收入,并为居住在农村地区的全球 78% 的赤贫人口应对危机提供一个安全网。然而,由于管理不善和资金投入缺乏,全球约 60%—70% 的生态系统退化速度超过其修复速度。如海洋渔业管理不到位每年导致 800 亿美元的损失;大气污染成为全球人类过早死亡的第四大元凶,所导致的死亡人数占总死亡人数的 10%,造成巨大的福利和收入损失。经过三十余年的粗放型的经济快速增长,中国的生态环境遭受严重的破坏,雾霾笼罩下的城市让人们的幸福感和获得感大幅降低,土地污染、水污染和食品污染让很多家庭彷徨不安,各种因环境污染造成的疾病正成为家庭和社会沉重的负担。环境和资源的约束使原依赖资源、不顾环境的粗放型的经济发展方式难以为继,中国经济进入中高速增长的新常态。

现代工业文明发展极大程度提高了人们的生活水平且改变了人类的生活方式,但以要素高投入、资源高消耗、污染高排放为特征的发展模式几乎耗竭了煤炭和石油等不可再生资源,同时给生态环境造成严重的破坏。虽然新能源和新技术在不断减少对不可再生资源的依赖,然而污染物排放仍未达到峰值,生态环境的修复仍需要一个漫长的时期。"生态兴则文明兴,生态衰则文明衰",人们对青山、绿水和蓝天的需求正日益提高,对健康食物和洁净饮水的要求日趋增加。随着经济社会的不断发展进步,中国社会主要矛盾已经转化为人民日益增长的美好生活需要和不平衡不充分的发展之间的矛盾。① 中国建成小康社会指日可待,人们美好生活需要不再局限于物质文化生活的提高,而且扩展至民主、法治、公平、正义和环境等方面。事实上,环境问题早在 20 世纪 80 年代已经引起国际社会的高度关注,可持续发展的概念应运而生,以期在提高人类福祉与降低环境风险之间取得平衡。美国提出了"绿色新政",欧盟制定了"绿色创新行动计划(2014—2020 年)",日本推出了"绿色增长战略",印度、巴西等新兴市场国家也纷纷将促进绿色产业发展作为重要方向。② 国际组织为了应对全球气候变化和生态环境破坏问题不断进行多边谈判和协调,制定了包括《联合国气候变化框架公约》在内的多个国际公约,旨在引导包括缔约方在内的各国树立环保意识和承担"一个星球"的共同责任,采取必要的措施和行动应对生态环境破坏和环境变化问题。

中国作为全球最大的发展中国家和负责任的发展中大国,对生态文明建设有着深刻认识。20 世纪 80 年代,中国确立了环境保护的基本国策;20 世纪 90 年代,提出了强调环境与经济同步协调的可持续发展战略;随后提出了"科学发展观";中共十六届五中全会提出了建设资源节约型、环境友好型社会;"十二五"期间进一步确立了绿色、低碳发展理念。中共十八大把生态文明建设纳入中国特色社会主义事业"五位一体"的总体布局,开启了社会主义生态文明建设的新时代。习近平总书记强调"绿水青山就是金山银山",保护生态环境就是保护生产力,改善生态环境就是发展生产力。中共十八届五中全会更将绿色发展理念上升到战略高度,明确提出将绿色发展理念作为关系中国发展全局、引领"十三五"乃至更长时期经济社会发展的基本理念,并与

---

① 习近平:《决胜全面建成小康社会 夺取新时代中国特色社会主义伟大胜利——在中国共产党第十九次全国代表大会上的报告》,http://www.gov.cn/zhuanti/2017-10/27/content_5234876.htm.

② 王俊:《创新驱动和绿色发展的体制机制改革研究》,《经济体制改革》2016 年第 6 期。

创新、协调、开放、共享一起列为中国"五大发展理念"。2016年8月31日,中国人民银行、财政部等七部委联合发布《构建绿色金融体系指导意见》,其对中国绿色金融体系建设具有里程碑意义。首先,对绿色金融和绿色金融体系进行了定义,从宏观层面提出了中国建设绿色金融体系的重要意义;其次,从市场角度提出发展绿色信贷、证券和保险市场,设立绿色发展基金,并完善环境权益交易市场;最后,鼓励地方政府积极实施和推进绿色金融财政、税收等多方位支持政策,从而期望建成由中央进行顶层设计,地方政府具体实施推进,积极寻求国际合作,各类金融机构广泛积极参与的多层次绿色金融市场体系。新时代,中国的经济社会环境要求高质量发展,绿色金融不仅对经济调结构、转方式、促进生态文明建设具有重要意义,也是中国履行对《巴黎协定》承诺的重要抓手。当今中国正在以前所未有的力度加强生态文明建设,以坚定不移的决心推进绿色可持续发展,生态环境保护正在渗透到经济社会发展的方方面面。

  绿色金融是绿色革命的助推器,是在环境问题日趋严重的约束条件下未来金融发展的必由之路。绿色金融是绿色与金融的基因化合物,它将金融产业、环境保护和经济增长有效结合,在发展金融产业的同时注重生态环境保护和经济增长的双重目标。绿色金融是金融业可持续发展的活力剂,使金融带动绿色发展,绿色又促进金融可持续增长。绿色金融体系作为绿色金融发展的导航仪,不仅能指引绿色金融朝着符合中国国情的方向发展,也能使绿色金融的发展始终保持与中国经济发展相适应的步伐,促进中国经济金融发展的绿色健康可持续。因此,研究绿色金融供给存在现状、存在的问题并提出促进其发展的对策对于中国经济社会的高质量全面发展具有重要意义。

二、研究意义

  绿色、低碳、环保已经成为中国经济"补短板"和"促发展"的新引擎。金融在现代经济发展中处于核心地位,通过资金融通配置社会各类资源,并通过承接和管理风险博取相应的收益。绿色金融不再只是单一强调收益,而是在传统金融的基础上加入生态环境因素,通过控制和减少污染及优化生态环境而实现经济社会和金融的可持续发展,在实现经济效益的同时实现社会效益。"绿色"是解决中国经济社会发展所面临的资源环境与经济增长之间矛盾的钥匙,绿色金融正是通过在资源配置阶段引导资本流向节能环保领域,突破资源和环境的约束,实现经济社会可持续发展。绿色金融体系着力于经济的绿色发展,要求金融体系高度关注气候变化、环境保护和节约能源,从可持续发展的角度作出各种金融制度安排和重要机制的创新。虽然经济社会对绿色发展具有旺盛的需求,但传统市场经济环境下,市场主体甚至政府习惯了以经济利益为核心,追求私利最大化,忽略了他人与社会利益,只重视短期利益,忽略长期利益和后代人的福利,市场体制和机制也缺乏对履行社会责任的激励,从而造成了绿色金融有效供给不能满足社会的需求,形成巨大的缺口。中国已开始着手建立绿色金融体系,旨在在短期内完成绿色金融发展的顶层设计,指引绿色金融的整体发展,激励绿色投资、抑制污染性投资,提高绿色项目的投资回报率同时降低污染性项目的投资回报率,并提升投资者和企业的环境责任感以及消费者对绿色消费的偏好。"绿色+"是当前全球各国经济社会发展的主旋律,政府、企业、公众和金融机构都应该以此为出发点和落脚点,主动创新,深耕细作,政府和金融机构以"绿色"发展理念为指导,从体制和机制上理顺新的可持续发展模式的激励问题,抓住供给侧结构性改革的契机,促进绿色金融的有效供给。《巴黎协定》已生效,中国作为负责任的大国做出了可持续发展的重要承诺,选取绿色金融有效供给为研究对象,有着重要的现实意义和理论价值。

(一)促进经济转型和金融结构优化

中国经济体量已居全球第二,但经济发展的质量仍落后于发达国家,亟待进行产业结构调整升级,走环境友好型和资源节约型的经济发展之路,绿色金融是助力中国经济发展模式转变和经济结构调整的关键因素。中共十八届五中全会将绿色发展理念上升到战略高度,明确提出将绿色发展理念作为关系中国发展全局、引领"十三五"乃至更长时期经济社会发展的基本理念。贯彻和落实绿色发展理念,促进中国实体经济向绿色经济转型,必须借助绿色金融。绿色金融业务成为中国现有金融体系内金融机构的创新,丰富了金融体系的内涵,拓展了金融体系的边界,增加了金融体系的内容,促进金融体系与其他领域的交叉融合,金融体系的广度和深度都得到进一步延伸。

绿色金融的发展有助于启动新的增长点并提升经济增长潜力。绿色寓意着生机、活力和健康,预示着创新、变革和更替。绿色金融将生态环境、能源及金融市场有机结合起来,三者相互融合和渗透,形成了全新的领域,其宗旨是降低不可再生能源的消耗,促进新能源技术发展及应用,保护生态环境,实现人与自然和谐共生。一方面,金融助推绿色,通过在金融市场中发行绿色金融产品,提供绿色金融服务,促进社会资源向绿色项目集中,推进低碳发展、循环发展,实现经济高质量发展和社会可持续发展。另一方面,绿色反过来巩固金融,将自然资本作为一种重要的资本引入经济社会发展及金融决策,将大幅降低生态环境因素所造成的不确定性,有效控制系统风险的发生,维护金融领域的稳定、可持续发展。此外,绿色金融体系能够为促进生态环境发展提供一系列政策和制度安排,从而使金融经营活动中加强生态环境保护、资源节约及环境治理,达到实现绿色发展和可持续发展,提高绿色资金的使用效率的目的。据中国人民银行测算,"十三五"期间中国绿色经济每年需投入约3%的GDP规模,年均在2万亿元以上。在全部绿色投资中,中央及地方财政资金仅能覆盖10%—15%的绿色投资需求,社会资本占比约为85%—90%。如果这些潜在投资需求能够得到绿色金融的支持,即通过绿色金融支持节能环保技术创新和绿色产业等新兴战略性产业的发展,改变原有依赖能源和资源的粗放发展模式,支持企业采用节能减排的新设备和新技术,以促进产业改造升级,并形成新的产业,将提升中国经济增长潜力,缓解稳增长的压力,为引领"新常态"培育新的增长点。

绿色金融有效供给增加将助力供给侧结构性改革。从中国供给侧的现状来看,产业结构、能源结构、空间布局均存在着诸多不合理之处,直接导致了污染超量排放、资源过度使用、环境容量不足等问题。供给侧的总量过剩,低水平和无效供给占比过高,以及由此导致的资源错配是中国资源环境困局的重要成因。然而,绿色金融体系可以严格的筛选流程,改变不同类型项目的融资成本与可获得性,引导资本退出传统高污染和高耗能行业,转而进入节能环保行业,将有助于优化中国产业结构。一是绿色金融通过强化环境硬约束,减少污染行业的投资,降低"两高一剩"行业的规模,逐步淘汰落后过后的产能,降低低质低效的供给,增加高质量高效供给,使供给结构逐步适应需求结构的变化,即以消费引领和促进供给侧结构性改革,反过来,供给侧结构性改革促进消费的优化升级,两者相长,最终实现去除落后和过剩产能,推动经济社会的健康持续发展。二是绿色金融拥有严格的环境准入,以绿色金融支持节能环保技术创新和绿色产业等新兴战略性产业的发展,支持企业采用节能减排的新设备、新技术,促进传统产业改造升级,进而优化产业布局和结构、促进企业加快升级改造来提升既有产能的节能环保绩效,促进新增产能质量的提高。三是绿色金融能够给予差异化的政策支持,降低绿色经济的成本,使绿色经济的参与者和投资者得到奖励,扭转由于环保标准落实难和执法不力而造成的"劣币驱逐良币"现象,"内部化"绿色经济的正外部性。四是绿色金融体系的构建能够通过绿色金融支持多数清洁技术、节能技术、新能源技术和相关的设备制造与服务业等高科技产业,鼓励通过示范试点、模式创新、技术应用等手段,提升中国经济的技术含量,促进绿色基础设施的投资建设。

绿色金融供给水平提高有利于缓解环境问题对财政的压力。据统计,"十三五"期间环保、节能、新能源等绿色产业的年投资需求总额至少为2万亿元,但中央和地方财政却只能提供2 000多亿元,存在巨大缺口。根据生态环境部的测算,5年内中国治理大气污染的投资需求为1.7万亿元,但财政投资在未来3年内的预算只有500亿元,可以说是杯水车薪。受政府财力约束,未来几年财政投入资金只占全部绿色投资需求的10%—15%,其余则需要社会资本予以补充。巨大的生态环境投资需求对政府财政构成很大压力,资金的缺乏将导致难以完成污染治理的目标,因此,亟待社会资本参与绿色投资,与政府资金相配合,形成政府资金作引导、社会资金作支撑的强大绿色金融资金体系。从国际经验来看,一个完善高效的绿色金融体系,能够通过绿色银行、绿色贴息、绿色债券免税等措施使政府资金撬动多倍以上的民间资金进入节能环保领域,并通过法律法规为民间资本参与绿色金融提供法律保障,解决了资金的安全和收益问题,形成了有效的市场激励,最大限度发挥了财政资金的杠杆作用和导向作用。

(二) 应对国际金融市场的竞争与挑战

2016年11月4日,《巴黎协议》作为《京都议定书》以来具有里程碑意义的气候变化全球治理协定正式生效,它提出的气候环境议题在世界范围内取得共识,倡导全球共同致力于绿色低碳、可持续发展的道路。G20杭州峰会上提出的绿色金融议题,不仅成为全球经济发展共识,也为中国践行绿色金融引航。在当前绿色金融的国际化发展中,不仅G20各方积极响应改善全球金融治理,解决绿色可持续发展和气候变化的问题,世界各国也不断加强本国发展绿色金融的力量,国际竞争日益加大。在提高中国绿色金融国际竞争力的现实要求下,加快绿色金融供给侧结构性改革是大势所趋。

长期以来,中国追求经济的快速增长,碳排放规模大且增长较快,节能环保技术相对落后,导致对外投资项目中时常出现污染事故,使得中国在环境和气候变化领域的国际谈判和国际舆论中都处于较为被动的位置。目前,中国已成为世界第二大经济体,正在全球治理和国际组织中争取更多的话语权和影响力,并在2016年主办的G20杭州峰会中以主办国身份首次将绿色金融纳入G20重点议题进行讨论。2016年8月31日,中国人民银行、财政部等七部委联合发布《构建绿色金融体系指导意见》,定义了绿色金融、绿色金融体系,指出了构建绿色金融体系的重要意义。维护中国负责任大国的国际形象,并在全球治理和国际组织中获取更多的话语权和影响力,推动中国进行绿色金融发展,提高绿色金融有效供给水平,已经势在必行。

(三) 参与国际金融体系改革的契机

G20杭州峰会期间,二十国集团领导人首次承诺共同推动绿色金融发展,为进一步推进绿色金融国际合作提供了契机。同时,峰会也向全球金融市场释放一个重要信号,未来相当长时间内,绿色金融作为一种新的金融业态竞争优势会日益突显。为了应对气候变化,碳减排获得全球共识,碳排放权成为一种稀缺资源,其计价基础成为各主要国家争夺的对象,"碳货币"和"碳金融"成为流行语,其影响力与日俱增。中国是碳排放大国,同时中国是一个发展中国家,经济增长仍是非常重要的发展目标。中国如何适应国际经济发展新趋势成为一个重要的不可回避的课题。中国绿色金融体系的构建可以推动中国的企业更好地"走出去",参与国际绿色项目的建设,也可以促进"引进来",吸引更多资金助推中国的绿色发展,提升全球绿色投资的水平与能力,并使中国成为推进国际金融体系重构的重要力量。此外,绿色金融的发展也为人民币国际化带来前所未有的机遇,有助于提升中国的软实力和国际话语权。绿色金融体系构建中的一项重要举措便是推出全国统一的碳市场,并且和欧洲进行连接,这将促进建立碳市场全球统一的大格局,将极大地推动人民币国际化。推进绿色金融发展,使人民币成为碳交易计价的主要结算货币,将有助于推进人民币国际化,并在国际金融体系改革过程中掌握更多的主动权。

(四) 丰富绿色金融研究内容

虽然绿色金融已不是新生事物,发达国家已经在理论和实践方面作出了重要贡献,诸多研究成果为绿色金融制度和机制设计提供了智力支持,但绿色金融的建设仍存在诸多问题,还没有任何一个国家建成完善的绿色金融体系,绿色金融有效供给在全球范围内都存在较大缺口,国际协调机制尚不完善,绿色金融的理论支持仍不到位。本研究以绿色金融的有效供给为研究对象,从供给侧视角分析绿色金融供给不足的原因,作出绿色金融属于准公共产品的基本判断,建立动态博弈模型来分析政府和不同市场主体在绿色金融供给中的利益关系,分析绿色金融激励不相容和期限错配的成因并给出解决方案,构建包括识别、度量和控制在内的完善的绿色金融风险控制系统和完备的绿色金融政策和市场体系,以期为促进绿色金融有效供给提供智力支持。本研究是对绿色金融相关研究的拓展,在方法上有所创新,丰富了该领域的研究内容。

第二节 绿色金融供给研究文献综述

生态环境恶化几乎是全球各个国家均面临的问题,1987年世界环境与发展委员会提出了可持续发展政策目标并被广泛接受,绿色金融的概念也随之诞生(Bouma etc.，2001)。针对经济发展与生态环境之间的矛盾,国内外学者们就绿色金融的内涵、市场机制和政策及法律法规体系等方面进行了研究,得出了许多有价值的结论,不断提出促进绿色金融发展的政策建议。中国于2016年启动绿色金融体系建设,绿色金融领域还有许多理论和实践上亟待解决的问题。本研究期望承前人研究之要义和成果,为该领域研究添砖加瓦。

一、国内研究现状

(一)绿色金融的内涵界定

绿色金融的内涵体现在"绿色"上,较有代表性的观点是金融部门将生态环境保护这一基本国策,在通过金融业务运作促进生态环境资源保护和经济协调发展的同时实现金融业务的可持续发展(何建奎等,2006),绿色是金融实现自身可持续发展的手段。绿色金融是以建设生态文明为导向,以促进节能减排和经济资源环境协调发展为目的的宏观调控政策,代表了未来金融发展的新趋势与新方向,是金融领域的一场创新与变革,有利于促进产业转型升级、推动区域经济可持续发展(安伟,2008;西南财经大学发展研究院、环保部环境与经济政策研究中心课题组,2015),绿色是金融促进经济可持续发展的目标。金融业对生态发展的支持不能简单地理解为金融业践行社会责任要求、执行国家发展规划的被动性工作,生态发展蕴藏巨大商机,为金融业提供了源源不断的交易服务机会和不断延伸的金融创新空间(张靖,2007;阎庆民,2010),绿色是未来金融和经济实现可持续发展的基础,绿色经济和绿色金融互为条件。绿色金融更为具体一点的含义是指通过贷款、私募投资、债券和股票发行、保险、排放权等金融服务将社会资金引导到环保、节能、清洁能源和交通等绿色产业发展领域的一系列政策、制度安排和相关的基础设施建设(安国俊和敖心怡,2018)。也有学者认为绿色金融的内涵应当更广泛丰富一些,不仅要投入到绿色产业中,还要在投资决策的过程中考虑潜在的环境影响,后者准确地指出了绿色金融是通过金融业务的运作来体现可持续发展战略这个核心思想(李勋,2009)。绿色金融含义与可持续发展有关,运用金融市场机制与政府政策支持,来引导社会资金流向绿色产业,使得"环境友好"产业得到融资资金支持(易纲,2016)。虽然多位学者对绿色金融的内涵进行界定,但业界并没有达成共识,综合来看,绿色金融是新的金融形态,是与"绿色"紧密结合的资本运作方式,是引导资金从传统行业向节能环保行业配置的新方向,在所有开展的金融业务中注重环境保护和社会责任,通过创新金融工具和产品,促进在经济和社会实现可持续发展的同时实现金融业自身可持续发展。

(二) 绿色金融供给的市场激励约束

企业以利润最大化为目标,不考虑社会责任和可持续发展,市场失灵问题一直困扰经济的绿色发展。绿色金融产品创新匮乏,市场尚不完善,绿色金融盈利能力不足,盈利模式单一等市场因素制约绿色金融的发展(西南财经大学发展研究院、环保部环境与经济政策研究中心课题组,2015)。实证研究发现,公司治理对环境信息披露水平影响非常显著,部分金融机构也在践行内含绿色金融宗旨的赤道原则,在公司内部治理机制中拓展绿色金融内涵,内在化相关政策和规则(沈洪涛等,2010;杨熠等,2011;杜莉和张鑫,2012)。但是,利用市场评级引导资源配置,却没有完善市场机制,仍难以对绿色金融形成激励约束,造成有效供给不足(安国俊,2016)。从供给角度看,建立环境信用机制和信息约束共享机制,鼓励白名单,限制黑名单,并注重绿色项目的吸纳,通过推动绿色技术创新优化绿色金融产品供给等措施在一定程度上可以提高绿色金融的供给水平(傅京燕和原宗琳,2018)。从政策激励机制角度看,当前中国以直接补贴激励为主,对投资者的支持力度非常低,不能充分调动投资者的积极性,可以采取内外部双重手段来激励金融机构开展绿色金融业务的积极性,将绿色金融业务纳入职工考核体系中,激发员工积极性;政府制定税收减免等政策来激励金融机构的积极性(李云燕和孙桂花,2018)。因此,绿色金融供给受到制约的因素主要可归因于市场体系的不完善,没有解决信息不对称问题,无法对绿色项目的外部性进行评估,除了政策直接补贴外,市场机制作用没有充分发挥。

(三) 绿色金融有效供给的政策法律制度保障

虽然绿色金融创新实践发展迅速,但牵头部门缺位,协调机制缺失,统筹协作不足,体制机制的激励与约束手段不完善,社会资本参与绿色金融的意愿不强和配套机制体制建设不健全等问题制约着绿色金融的发展(曹明弟,2016),因此,需要将绿色金融纳入国家发展战略,逐步深化政策顶层设计(翁智雄和葛察忠,2016)。政府应尊重市场主体并引导和支持绿色金融的发展,厘清政府职能边界,处理好金融机构的盈利性和公益性选择问题(李晓西,2017)。政府应为市场的绿色金融创新提供有效激励,作为绿色金融的引导者,建立最严格的环境保护制度,改革环境资源价格、财政、税收政策,调整财政资金投资结构,加大环境保护财政资金的有效供给(韩立岩等,2010;天大研究院课题组,2011;马中等,2016);发挥政策性金融机构的优势,调动商业银行对环保领域投入的积极性(常杪等,2008),利用政策手段,增加社会资金对绿色发展领域的投入,开发和利用绿色金融指数、建立强制性的绿色保险制度和环境信息披露制度（马俊，2016）；加强外部监管，以形成对绿色金融的激励和约束（麦均洪和徐枫，2015）。目前中国没有专门针对绿色金融发展的法律法规，现有的政策法规操作可行性较差，有关部门应进一步完善细化相关政策文件，明确各主体的环境责任，以此对绿色金融发展形成激励与规范（王建发，2020）。通过分析中国2010—2015年制造业上市企业的数据，研究发现：中国绿色政策整体上提高了绿色金融配置效率，但监管政策的缺失抑制了政策的正向作用，政府应尽快出台相关法律法规，完善绿色金融监管体系（王凤荣和王康仕，2018）。在政策方面，应该建立财政部与金融部门跨业态合作机制，促进财政政策与金融政策有效配合，健全建立贴息补贴机制，加大对绿色金融发展的激励力度（曹军新，2016）。在法律方面，应该从绿色认证、绿色金融风险防范、绿色金融激励三个方面构建绿色金融法律制度体系（袁康，2017）。中国绿色金融发展起步较晚，现有的战略部署和配套政策体系不完善，无法有效防控来自金融、互联网等多方面的系统性风险，应加强政府的引导作用，尽快构建完善绿色金融发展组织框架，落实相关法律法制的配套支持（杨培祥、马艳和刘诚洁，2018）。综合来看，由于绿色金融具有外部性，需要政府出台政策引导其发展，出台法律法规规范绿色金融市场发展，并对绿色金融进行有效监管，从而防范绿色金融的系统性风险。

二、国外研究现状

1992年，联合国环境与发展大会通过了《里约环境与发展宣言》和《21世纪议程》两个文件，在签署《联合国气候变化框架公约》和《生物多样化公约》之后，环境保护和减排成为了世界各国关注的焦点，绿色金融得以较快推广。1997年，《京都议定书》的签订，进一步推动了绿色金融的研究和发展。2003年，花旗银行、巴克莱银行、荷兰银行等10家银行宣布实行赤道原则（Equator Principles，EPs）。这是用于确定、评估和管理项目融资过程中所涉及的环境和社会风险的一套自愿性原则，从而将绿色金融理念正式纳入规范的银行风险管理框架。快速发展的绿色金融离不开理论的支持，国外围绕绿色金融开展了系列研究，包括环境变化与金融关系、绿色金融市场激励和绿色金融供给的制度保障及国际博弈等方面。

（一）环境变化与金融的适应性变革

环境变化引起人们对原有生产方式的反思，金融作为配置资源的核心力量，其运营方式也会随之发生变化。自绿色金融概念提出以来，环境变化与金融的适应性变化就成为学者们研究的热点问题之一。绿色金融旨在通过最优金融工具和金融产品组合解决全球环境污染和气候变迁问题，实现经济、社会、环境的可持续发展(Scholtens and Dam,2007)。Jeucken(2006)结合金融机构自身可持续发展的需求,指出绿色金融是金融业可持续发展的客观需求。早期学者重点关注的是如何将发达国家所成立的基金用于接受国的可持续发展项目,包括减少森林砍伐(Van Soest and Lensink,2000)和保持生物多样性(Ferraro and Kiss,2002)等,一些学者还对全球各类环境基金的运行机制进行了深入研究(Grafton,2004)。进入21世纪,减少石化能源的使用和发展新能源受到各界关注,金融资源投向碳收集和储存项目以及金融机构参与生态项目成为研究热点(Chaurey and Kandpal,2009;Kessels and Beck,2009),也有学者关注绿色金融如何支持经济欠发达地区洁净水等资源的获取(González Ruiz etc.,2016)。近期有学者指出,企业应该主动适应环境的变化,并因此而赢得更多的财富和发展机会,如清洁技术已获得巴黎协定的认可并将成为下一个技术突破的方向(Linnenluecke etc.,2016)。因此,绿色金融可以理解为应对或适用生态环境变化的被动性金融创新,是资源和环境硬约束下的金融行业发展的必然选择,金融资源投向绿色项目是金融机构防范风险,实现可持续发展的必然选择。

(二)绿色金融供给的市场激励

Charmi etc.(2002)认为,金融企业推行绿色金融不仅能更好地实现企业风险管理,还能提高其声望、满足利益相关者日益提高的要求。在考虑社会、环境成本和收益的可持续价值创造框架下,绿色金融会创造可持续财富(Liang and Reiner,2009)。虽然 Galema etc.(2008)的实证研究结果显示,由于金融产品种类的多样性、投资需求的差异性,金融企业承担社会责任与否对其经营风险和收益状况并不会产生显著差异。但 Scholtens 和 Dam(2007)通过实证研究发现采纳了"赤道原则"的金融机构社会责任感更强,且社会声望更高。绿色金融考虑项目的投资周期、项目机会、组织机构和个人行为,更注重未来的综合收益和发展机会,其发展保护了生态环境,生态环境反过来又影响商品及金融衍生品的价格,进而促进经济和社会的可持续健康发展(Liang and Reiner,2009;Thur,2010;Giebel and Rainer,2011)。在考虑碳信用的情况下,可再生能源方面的金融投资能够获得较高的收益(Tang etc.,2012)。以银行为代表的金融机构通过配置资源优化产业结构,是经济可持续发展的推动力(Stephens and Skinner,2013)。尽管绿色金融发展遇到一些困难,但越来越多的欧洲银行仍通过发展绿色金融来避免危机时期的经济低迷(Stankeviciene and Nikonorova,2014)。国际环境基金和民间资本也成为推动绿色金融发展的重要组成部分,并从可持续(经济、社会和环境)基础设施项目中获得更高的收益率、流动性和减税额(Lu etc.,2015)。由于各国的经济发展阶段不同,金融市场环境存在较大差异,绿色金融供给的市场激励水平也各不相同,但整体来看,绿色金融契合了未来金融发展的方向,向外传递积极信号,有助于金融机构的可持续发展。

(三)绿色金融供给的制度保障及国际博弈

实践表明,清洁发展机制(Clean Development Mechanism)的运行是低效的(Lewis,2010),发达国家为发展中国家的商业公司提供减排资金,滋生新贸易保护主义,不利于发达国家进行技术创新(Cooper,2012)。尽管如此,各国之间应探索绿色金融多样化合作方法及合作机制(Pickering etc.,2015)。全球建立碳交易市场非常必要,但为了避免市场失灵问题,政府应制定稳定性强、持续期久且可信度高的供给侧政策和环境政策,引导金融资源流向低碳绿色部门,促进经济生态发展(Criscuolo and Menon,2015;Campiglio,2016)。在缺乏国际统一标准的情况下,绿色金融供给受到制约,需要全球协同,共同推动绿色金融实施标准和合作机制。

三、国内外研究评述

国内外学者对绿色金融的概念、理论前沿、市场激励和约束及政策法律制度等方面进行了研究,为绿色金融发展提供了一定的理论基础和经验借鉴,也使本研究有了较高起点。但已有文献没有明确绿色金融的公共产品属性,忽略了其环境价值溢出效应,更不必说获得生态补偿,只将其视为传统金融机构所开展的一类业务,进而在一般均衡框架下分析并提出对策建议,效果甚微。在已有研究的基础上,本研究首先将绿色金融发展不畅及有效供给不足的主因归于供给侧,并在以下四个方面做进一步探讨:一是绿色金融的准公共产品性质及其正外部性所形成的溢出价值;二是绿色金融有效供给不足的现实困境;三是绿色金融的期限错配和风险承担的纠正和化解;四是遵循导向性、协调性和长效性原则的绿色金融政策协调和保障体系的构建。

第三节 本研究的创新之处

一、研究视角创新

已有关于绿色金融的研究都将绿色金融归为传统金融工具或业务创新,没有将其列为一种独立的金融业态,从而无法为绿色金融当前面临的激励不相容和期限错配等问题的解决提供理论支持。本研究将绿色金融定义为与环境和资源结合的一种新的金融业态,其支持绿色产业发展实现了价值传递,具有准公共产品性质。笔者认为,只有从公共产品视角审视绿色金融,才能准确把握其有效供给不足的根本原因,将激励的最终责任归于政府,为政府适度干预市场、解决市场失灵问题和构建绿色金融法律法规及政策体系提供理论依据。

二、研究方法创新

本研究采用静态分析和动态分析结合方法、定量分析法、层次分析法、博弈分析法、VAR方法、规范构建法等研究方法,以经济学和金融学的相关理论为支撑,基于外部性理论、久期理论、投资组合理论、博弈理论和风险管理理论等,紧扣绿色金融供给不足的现实、成因和解决对策展开,既具有一定的理论深度又具备较强的实践操作性。本研究运用层次分析法揭示绿色金融通过绿色产业进行价值传递;运用动态博弈法分析政府和相关市场主体的利益关系能够厘清绿色金融的激励最终责任在于政府,并借助市场化的期限转换金融衍生工具进行有效激励;采用久期模型和VAR模型等重点解析绿色金融的期限错配和风险承担问题,B-S期权定价模型为绿色金融定价提供新的方法;运用现代计量方法研究环境责任对企业和金融机构绩效的影响;通过规范构建法建立了包括顶层设计、市场体系和政府支撑体系等的绿色金融有效供给政策协调和保障系统。

三、主要观点创新

一是绿色金融具有溢出价值且没有获得合理补偿。绿色金融投资具有溢出价值,现行的生态补偿政策仅落于绿色项目,绿色金融溢出价值没有获得相应的补偿,而且当前绿色金融相关政策仅考虑需求侧,忽略了供给侧的诉求和利益,从而造成绿色金融有效供给不足。

二是绿色金融期限错配的根本原因在于正外部性收益的代际传递。绿色金融当期投入不直接产生收益,溢出价值无法依据"受益者付费"原则用当期的税收予以支付,造成了绿色金融的期限错配问题。当期对绿色金融的激励不到位,导致绿色金融有效供给不足。通过期限转换金融衍生产品实现绿色金融的代际补偿,可纠正绿色金融正外部性所形成的市场失灵。采用市场化的原则将补偿落于供给侧,可提高绿色金融有效供给的规模和质量。

三是环境信息披露和ESG战略实施显著提高绿色金融有效供给水平。绿色金融的近期收益不稳定与远期潜在高收益存在一定矛盾,环境信息披露和ESG战略实施存在逆向选择问题,金融机构需要正确处理环境保护、社会责任和公司治理之间的关系。实证分析发现,环境信息披露和ESG战略实施与企业和金融机构绩效之间存在显著正向关系,意味着合理提高绿色金融有效供给水平能够提高机构的收益。考虑环境保护与经济发展之间存在复杂性、关联性和非线性等特点,本研究提出构建绿色金融政策协调和保障体系,促进市场主体进行环境信息披露并实施ESG战略,解决绿色金融市场主体多元化、利益诉求多样性、影响因素复杂性、目标和任务多样化等问题。

第二章 绿色金融供给的价值基础

《关于构建绿色金融体系的指导意见》把绿色金融定义为"绿色金融是指为支持环境改善、应对气候变化和资源节约高效利用的经济活动,即对环保、节能、清洁能源、绿色交通、绿色建筑等领域的项目投融资、项目运营、风险管理等所提供的金融服务"。该定义从政府视角对绿色金融的发展目标、投资领域和业务范围进行了明确的界定,能使政府出台相关政策时具有更好的针对性和可操作性,但绿色金融与公众、企业和金融机构等多方的利益高度相关,更需要进一步考虑其他国家共同参与和利益及资源的代际配置,其内涵和外延都需要扩展。已有的概念反映了当时的经济社会环境对绿色金融发展的要求,肯定了绿色金融的资源配置功能,但新时代绿色金融的含义更为丰富,绿色金融已不再仅仅是一种投资理念或创新的工具,而是逐步演变成为关乎全人类福祉的全新的经济社会发展模式。绿色金融可以定义为遵循自然和人类经济社会发展的客观规律,以人与自然和谐共生和经济社会可持续发展为目标,发挥金融在资源配置中的核心作用,通过顶层制度设计、政府政策引导和市场机制调节,利用创新的金融工具、市场交易机制和补偿制度,解决期限错配、信用不对称及激励不到位等问题,促进包括自然资源的代际均衡配置和金融部门的经济与社会效益协调,保证金融部门效率与安全的同时实现经济社会可持续发展的经济活动。

绿色金融与传统金融的区别在于"绿色",不仅表示所投资项目和企业为绿色,而且金融机构自身也应可持续发展。金融机构虽然作为中介并不直接创造价值,但作为资源配置的中心力量,能够决定资金的投向,使投资标的创造更多的价值或节约社会成本,从而增进社会福利,提高社会整体价值,即金融机构间接创造价值。绿色金融通过改变资金投向,促使企业或项目节能减排,虽然从短期看增加了部分企业的生产经营成本和风险,但降低了整个社会成本和风险,取得了良好的社会效益,即获得正外部性效应。由政府或市场进行相应补偿后,绿色金融的正外部性价值得以实现。

第一节 绿色金融的正外部性

绿色金融的正外部性不是孤立和直接的,而是通过绿色企业和项目得以实现。在生态资源紧约束下,人类的活动早已超出了自然资源自我修复的界限,地球变暖、持续雾霾、土壤和水污染等在严重威胁人类的健康甚至生存。节能环保的绿色发展成为全球各国唯一的选择,然而,当前全球市场体系运行的基础是私人成本最小化和收益最大化,社会成本被忽略,社会效益得不到补偿,节能环保企业和项目的正外部性未被完全认识、重视和补偿。

一、资源的稀缺性

现代经济学运行的基础是资源的稀缺性,没有稀缺性就没有经济管理。稀缺性既是一个绝对概念,又是一个相对概念。1798年,托马斯·马尔萨斯在其《人口学原理》中提出人口的过度繁殖与增长会超出土地提供充足食物的潜力,导致饥荒和死亡。虽然随着科技的发展,粮食的产量不断提高,马尔萨斯所设想的饥荒没有如约而至,以至于其理论被很多科学家诟病,但我们不得不正视的是人口的急剧增长和几乎无节制的人类活动正在严重影响地球的生态平衡,地球变暖成为不争的事实,极端天气在各地频频再现,空气、水和土壤污染已经造成大量的疾病和死亡,部分自然资源面临枯竭,动植物的多样性受到严重威胁,人类生活也受到极大威胁。回顾人类历史,百年前甚至几十年前取之不尽的自然资源当前几乎都变得稀缺起来,洁净的空气、纯净的水和无污染的食物都变成了昂贵的商品。毫不夸张地说,这个地球上除了人和垃圾,几乎没有什么自然资源是不稀缺的。

稀缺性的绝对概念是指资源的数量随着人们的开发和利用在数量上的减少和质量上的降低。当一些不可再生自然资源能够为人类生活带来便利和价值的时候,开采和利用会使其数量不断减少,或者随着污染的增加,一些自然资源即使总量没能发生明显变化,但部分或全部质量上有所降低。如果没有发现新的替代资源,而且人类对该资源的需求没有显著减少,该资源必然会出现短缺。石油和天然气都经过非常长的时间才能形成,短期内无法再生,当前大量的需求必然导致两种资源的数量不断减少乃至枯竭。大量的污染导致部分水、土壤和空气的质量不断下降,也势必造成这些可用资源大量减少,或者转化为可用资源的成本大幅提高。这些情况都会造成资源的稀缺性。

稀缺性的相对概念是指资源的数量和质量在未发生明显变化的情况下不能满足人们日益增长的需求。稀缺性的相对概念包括两种情况，一是总量稀缺，二是结构性或体制性稀缺。前者是指资源总量不足，不能满足所有人的总需求；后者是资源总量并不稀缺，但由于分配不均，少数人占有大量资源，而大多数人的需求仍未得到满足。人类社会文明的发展使人类利用和改造自然的能力越来越强大，越来越多的资源被开发，但全球人的数量急剧增长，而且人类对于资源的占有欲望也在日益膨胀，人均资源消耗的数量也大幅增长，这些必然造成资源的紧缺。各国经济发展阶段和水平不一，一国内部不同群体之间的收入水平也存在显著差异，导致各种资源不能平均配置，少数人占有大多数的资源，多数人追逐剩余资源，造成结构性或体制性的稀缺。无论哪一种情况，现有资源不能满足人们日益增长的欲望是造成资源稀缺的根本原因，欲望除了满足基本的衣、食、住等的刚性需求外，更多是追求比较优势和奢华的弹性需求，后者对资源的需求数量更多。不可否认，欲望是推动人类进步和发展的动力，但不加约束的欲望又会造成过度开发和利用资源而破坏生态环境。

由于历史原因，发达国家和富有人群占用并使用了大量资源。人们在欲望的驱使下对物质的追求越来越多，自然资源的消耗数量也日趋增加，大量不利于人体健康的垃圾因此产生，短期内无法处理，被任意地排放、丢弃、焚烧或者掩埋，污染的蔓延导致原本并不稀缺的洁净的水和新鲜的空气等自然资源也变得稀缺。生物的多样性受到威胁，许多物种被列入濒危物种和保护对象，也成了稀缺资源。市场经济下，虽然人们无法用价格衡量所有资源的稀缺性，但价格作为供求关系的直接反映仍可衡量多数资源的稀缺性，与人们生活高度相关的自然资源变的稀缺使市场的调节作用趋于弱化。

分配问题涉及历史、政治、文化和经济制度，不合理的分配制度导致部分资源的过度集中并形成结构性短缺，因此而造成的稀缺性对人类的影响，可以通过循序渐进的制度改革解决。然而，总量稀缺性却会影响一地区、一国甚至是全人类的命运，需要引起广泛的重视和全民参与。简化起见，以下分析暂不考虑结构稀缺性，只考虑总量稀缺性。分析结论适用于整体，遇到结构短缺性时，再做深入分析。

二、企业生产经营的外部性

市场经济运行的前提条件之一是明晰的产权，有效的产权结构需要具备排他性、可转让性和强制性。若决策者不用承担其行动所造成的后果时，外部性就会产生。外部性普遍存在,企业和个人的活动都可能产生外部性,除了自身因素外,还受到其他因素的影响。在传统的市场经济条件下,企业作为一个理性决策和经营主体,与其他所有的市场主体既存在合作,更存在竞争,法律法规明确规定了触犯某些行为需要承担后果。除此之外,企业可以依照自己的需要通过市场交易完成生产经营目标,获取收益。不同市场主体只对自己的生产经营负责,只考虑自身利益的最大化,当行为结果没有第三方介入调整时,外部性就无法消除。人类开发和利用资源,进行生产经营活动,满足自身生存和发展需要。为了扩大再生产,追求利润和积累成为必然选择,理性的决策者只会从事正收益的项目。收益和成本的计算只限于企业自身,企业的利润只是企业直接所得与付出的差额,差值为正企业就会有动力进行继续生产和经营,否则企业就会停业。只要企业没有违背法律,基于其自身的成本和收益核算一直被视为正常经营。

外部性影响可以分为积极和消极两类,即外部经济和外部不经济,或正外部性与负外部性。外部经济或正外部性代表能给企业外部带来利益;相反,外部不经济或负外部性代表给企业外部造成损失。由于市场经济条件下产权带有排他性,若没有政府或第三方介入,正外部性无法自主获得补偿,负外部性也不会有额外支付。在没有获得补偿的情况下,正外部性决策者只会根据个人收益去决定产品和服务的数量,而不去理会社会的合宜的供给,造成供给远小于需求;反之,若没有额外支付,负外部性决策者的提供产品和服务的数量一定大于社会合宜的供给量。因此,在传统的市场经济条件下,以价格为基础交易条件,以私人成本和私人收益为利润计算基准的模式中,市场主体自由充分竞争必然会产生外部性问题,而且无法通过市场机制自行解决。

外部性又可以分为生产外部性和消费外部性。生产正外部性是指生产者自身生产经营活动惠及其他市场主体,常见的如退耕还林、退牧还草、庭院种花、养蜂、高质量教育和培训、公益演出、新能源汽车生产等,生产者的行为促进了社会福利的增加,但生产者无法从受益者获得额外支付。生产负外部性是指生产者的生产经营活动殃及其他市场主体,常见的如污染物排放、过度放牧和偷猎等,生产者行为虽然为个人创造了价值或减少成本,但却降低了社会福利,而且受影响的群体无法向生产者直接追偿。消费正外部性是指消费行为增加了社会福利或降低社会成本,如打疫苗和低碳出行等,消费节省成本和带来的福利无法直接获得补偿。消费的负外部性是指消费行为对其他市场主体形成危害、降低社会福利且不用付出额外成本,如公共场所抽烟和小区养狗等。由于生产相对于消费更为集中,规模更大,影响面就会更大，所以对生产外部性的干预或矫正就相对容易、成本更低，对于消费外部性的干预和矫正可以通过对生产者的干预或矫正实现，如生产者可以向具有正外部性的消费者提供折扣或奖励。

虽然外部性从理论上很容易解释，但实际应用却非常困难。从微观经济角度，企业生产经营的外部性多用私人边际成本和社会边际成本、私人边际收益和社会边际收益去解释。若私人边际成本小于社会边际成本，则存在负外部性；相反，若私人边际成本大于社会边际成本，则存在正外部性。若私人边际收益大于社会边际收益，则存在负外部性；相反，则存在正外部性。实践来看，私人边际成本和私人边际收益的计算有成熟的制度和方法，但社会边际成本和社会边际收益却很难计算，这也成为解决外部性问题的重要障碍之一。如养蜂人可以计算自己的成本和收益，然而因其所养蜜蜂给所在区域其他经济主体增加的收益和节约的成本计量起来却非常复杂，需要确定受益市场主体、受益标的及增加收益的比例，多数情况下根本无法计算。因此，我们往往只从定性的角度分析养蜂的正外部性，却很难为其正外部性进行补偿。

三、绿色项目的正外部性

中国虽然经历了 30 多年经济的快速增长，但资源和环境成为经济可持续发展的最大约束，大量环境污染事件让全社会付出巨大的成本，粗放的经济增长模式难以为继。中共十八届中央委员会第五次全体会议提出，实现"十三五"时期发展目标，破解发展难题，厚植发展优势，必须牢固树立并切实贯彻创新、协调、绿色、开放、共享的发展理念。其中，绿色发展理念把坚持节约资源和保护环境上升为基本国策，要求坚持可持续发展，加快建设资源节约型、环境友好型社会，形成人与自然和谐发展现代化建设新格局，推进美丽中国建设，为全球生态安全作出新贡献。绿色发展理念的抓手是绿色生产，绿色生产依赖绿色项目，绿色项目承载着节能环保和可持续发展的任务。在资源和环境紧约束下，绿色项目作为可持续发展的必然选择，具有显著的正外部性。

绿色项目具有稀缺性。在以经济利益为中心的指挥棒下，各级政府必然将经济增长列为重要考核指标。发达地区为发展经济对资源进行掠夺性开发和使用，对生态环境造成了巨大的破坏。中国实施了区域经济发展战略，东中西部地区经济发展阶段和程度不同，经济相对发达的东部地区已经完成了工业化升级，有一定的经济和技术力量降低能源和资源消耗，降低污染。经济欠发达地区不具备经济实力和技术条件，为摆脱贫困会向发达地区学习，可能走以环境为代价发展经济的老路，从而导致生态环境不断恶化，绿色项目成为稀缺品。由于经济转型需要一定时间,短期内经济活动产生的污染排放仍未达到峰值,绿色项目具有可以降低污染增量和存量的重要作用,具有现实的经济价值。

绿色项目外部效应不能自行获得补偿。外部效应是绿色项目产生价值的基础。在严格的产权制度下,如果绿色项目的投资者和受益者为同一人、企业或其他实体,则绿色项目的价值全部为私人价值。在市场经济条件下,产权归属不同市场主体,每个市场主体都有自己的私益追求,从而导致私人成本和社会成本存在差异,私人收益和社会收益也会不同。绿色项目的投资者和受益者多数情况下并不一致,存在正外部效应,然而市场机制无法自行调节各主体的利益,从而使绿色项目的正外部性无法自行获得补偿。

社会管理是有效的。由于绿色项目及其依附资源产权的不完整导致相关各方利益分配失衡,进而降低了社会福利。绿色项目价值需要建立在投资者都能表达自己的利益诉求,并能够顺畅地通过社会管理机制实现之上。绿色项目具有公共产品性质,单一依赖市场无法完成有效激励,需要政府进行适度干预和管理解决市场失灵问题。政府通过制定旨在调节各市场主体利益的法律法规和政策,明确不同市场主体的权利和义务,使绿色项目投资者可以通过产权界定明确收益权,进而绿色项目需求者和受益者也能够通过产权归属明确支付额度及支付对象。更为重要的是,现有的法律制度无法保证为前期、当期及未来的绿色项目投资者提供补偿,同时生态服务的受益者或生态破坏者都需要且能够支付,即当受益者或破坏者的支付对象不明时,政府作为绿色项目投资者代表向前者征收税费或罚没,进而转移支付给后者。

人类对生态系统施加影响的活动行为可以分为两大类:改善性活动和破坏性活动,两类活动都会产生外部性效应。为了考察两类活动对生态系统产生的影响,笔者只分两类区域初始状态,即生态盈余区和生态赤字区。初始状态为此前的所有市场主体所施加的活动行为的综合结果,当前的市场主体可以在法律法规框架内向前期所有市场主体进行生态追偿或补偿(无法追偿的可理解为政府监管失当,由政府进行补偿)。假设直接对生态系统施加影响的市场主体称为投资者,与之毗邻的利益相关方称之为相关者。无论投资者是居于生态盈余区还是赤字区,其期初的绿色项目价值均为零。投资者通过投资对生态环境产生影响,若其进行的是改善性活动,则称活动具有正外部性;反之,若其进行的是破坏性活动,则该活动具有负外部性。由于假设初始状态的绿色项目价值为零,则绿色项目价值的计算只考虑增量,而不考虑存量。若每一期的增量价值都得到补偿,则期末投资者的绿色项目价值仍为零。换言之,投资者若从事改善性活动,则当期可获得绿色项目价值补偿;

反之,投资者从事破坏性活动,应支付绿色项目价值费用。生态环境作为公共产品,政府应作为最终负责人,保证生态环境可以满足所有经济主体的共同需求,相应地,绿色项目价值的确定也应由政府主导或者由政府认可的第三方实施。

四、绿色金融的正外部性和准公共产品性质

绿色项目存在正外部性,作为资金提供方的金融机构是否存在正外部性?如果存在,那么绿色金融的正外部性与绿色项目正外部性之间的关系如何?为了厘清这些问题,需要对绿色金融的性质进行准确界定,即绿色金融是否具有公共产品特性。

由于存在市场失灵,中国经济绿色转型中的资金需求无法依靠现有条件下自发的市场活动得以满足,环境、生态、资源等"绿色"问题天然具有外部性、公共物品性、垄断性等市场失灵特征。然而,部分国内学者否认了绿色金融的公共产品性质,认为大部分的绿色项目是带有一定外部性的私人产品(而非纯粹公共产品),是有盈利的,这是对环境保护没有盈利所以绿色投资必须由财政来承担这种观点的否认。公共产品是与私人产品相对的一个概念,是指具有消费或使用上的非竞争性或受益上的非排他性的产品。所谓非竞争性是指一部分人对某产品的消费不会影响其他人的消费,一部分人从某产品中获得收益同样也不影响其他人从中受益,换言之,受益对象之间不存利益冲突。非排他性是指产品的消费的过程中所产生的利益不能为某个人或群体专有,而将其他人排斥在外,不能让他们享受该产品的利益是不可能的。这两点要求生产由政府公共财政支出,而管理则交由非营利组织。然而,属于以上定义的纯公共产品的生产和服务在各个国家都不多,符合该定义的只有国防等少数领域,绿色金融不应该属于纯公共产品,因为大部分绿色金融所投资绿色项目都不能同时具备非竞争性和非排他性,而且绿色项目的投资也不能完全依赖财政且其管理者也并非非营利组织。

准公共产品分为三类:具有非竞争性的同时也具有排他性,如教育;具有非排他性的同时也具有竞争性,如公有森林和牧场;在一定条件下具有非竞争性和非排他性,如收取拥堵费的公路。笔者认为,节能环保等绿色项目可以将部分生产成本根据"受益者付费"原则向受益者收取,体现了私人物品特点,但不可忽视的是绿色项目能够带来节能减排、控制污染的"正外部性",使项目参与者之外的许多人受益,即体现了一定的非排他性特征。虽然大部分绿色项目都有盈利,但其盈利水平低于社会平均利润率,或者绿色项目的风险高于其他项目的平均风险。差额部分是由于其外部性引起,且无法通过

市场自行获得补偿,需要政府财政解决。绿色投资的需要承受额外的风险,但其收益却显著低于非绿色项目,若没有政府介入进行相应补偿或补贴,绿色投资难以自行完成。从这个意义上讲,绿色金融具备准公共产品性质。

如果绿色金融是准公共产品,则从市场经济运行规律看,绿色金融的供给一定是不足的,不能满足社会需求。换言之,如果没有政府进行补贴,作为理性的追求盈利的金融机构是不会主动投资和参与绿色项目。以兴业银行为代表的一些金融机构自行参与绿色项目,实施赤道原则,发放绿色信贷,而且投资项目也获得了正常收益,似乎证明了绿色金融是私人产品,可以通过市场自行供给以满足需求。然而,现行的一些绿色信贷、绿色债券和绿色保险等产品毕竟非常有限,而且也多选择了风险较低且收益较高的项目。换言之,多数已存在的绿色项目都能够根据"受益者付费"原则而获得支付,项目的外部性受益面非常有限,而且其中大部分还可获得政府相当比例的补贴,如新能源项目、垃圾处理项目、退耕还林项目等。我们应该清楚地看到,环境污染问题还非常严峻,不可再生能源正在面临枯竭,所以绿色金融供给仍非常少,新投资项目的边际收益越来越低,意味着单独依赖市场的绿色金融供给已几乎接近零,甚至现行绿色项目补贴的退坡或取消会导致绿色金融供给的大幅度下降。所以,绿色金融具有显著的准公共产品性质,其正外部性在现行市场经济条件下无法得到自行补偿,需要厘清政府和市场的边界,通过市场化的运作和政府干预,共同促进对绿色金融正外部性的补偿,提高绿色金融的收益,从而激励更多市场主体参与绿色金融市场,动员更多社会资金为节能环保等绿色项目提供融资,实现经济社会可持续发展。

第二节 绿色金融的溢出价值分析

绿色金融的正外部性和准公共产品性质决定其存在溢出价值。绿色金融有效供给不足与垄断所造成的供给不足存在明显区别。前者创造了价值,但无法确定特定受益者,或者即使确定了受益者也无法向其收取费用而造成实际收益低于其创造价值;后者则通过资源垄断,刻意降低供给,获得更多的生产者剩余。垄断可以通过改变市场制度和规则予以打破,引入竞争者从而实现供给增加;绿色金融供给不足只能采取政府介入,向非特定正外部性受益者征税,通过财政、税收优惠和相关手段向绿色金融提供一定补偿,弥补其增加的成本和损失的收益,提高绿色金融的吸引力,促进有效供给。绿色金融的价值源于其所投资的绿色项目,而绿色项目的溢出价值等于其所创造的社会价值。

一、绿色项目的价值来源

自 1989 年英国经济学家戴维·皮尔斯提出"绿色经济"概念以来,全球大多数国家都将可持续发展列为经济社会发展改革的新方向,绿色经济成为一种新的经济发展模式。绿色经济作为一种新的经济形态,是基于节能环保和高新科技的技术经济和知识经济的,体现了人和自然和谐发展、物质文明与生态文明的高度统一。

绿色经济的核心是"既能满足当代人的需求而又不对满足后代人的需求的能力构成危害",有别于唯 GDP 论、唯生态论和唯人本论,绿色经济将生态、经济和人本综合为一体,要求经济发展应在生态环境可承载、可尽快修复的前提下进行,以最小的资源消耗为代价并以高新技术为支撑来获得最大的经济利益产生,不以损失后代福利为代价而最大限度提高当代人的福利水平。

绿色经济将可持续发展的理念贯穿于整个生产、流通、消费和分配的各个环节,借助科技的力量,使绿色项目的成果不以牺牲环境的人和健康为代价,最大限度为每个人提供公平享有成果的机会。Porter and Van der Linde (1995)提出的"波特假说"否定了环境制约经济发展的观点,认为节能减排可以实现经济和环境的双赢,即严格且适宜的环境管制将引致技术创新,可以部分甚至完全弥补企业遵守环保标准的成本,而且履行社会责任可以让企业提高生产力和市场竞争力。到目前为止,仍有人认为环境和经济发展存在矛盾,保护环境会影响经济发展,换言之,保护环境和经济发展不能同时实现。因此,唯 GDP 论在此前很长一段时间在全球范围内大行其道,为其辩护的理由是:只有先发展经济,才能有条件保护环境,发达国家基本都是先发展后治理。毋庸置疑,发达国家或地区大多经历过先发展后治理的阶段,如英国、美国等在历史上都出现过非常严重的环境污染事件,造成了巨大的经济损失,而后才开始注重环境保护。但全球的生态环境已经发生了不可逆转的变化,地球变暖趋势已基本明确,很多国家的生态环境已经严重影响到人类的健康甚至生存,再不采取绿色经济发展模式将难以为继。换言之,绿色项目已经具备了较强的稀缺性,绿色项目的价值在资源和环境紧约束下已越来越高。实证结论也支持绿色经济的价值所在。王兵和刘光天(2015)认为,节能减排主要通过推动技术进步促进绿色全要素生产率增长,进而实现环境和绿色经济的双赢。实证研究发现,节能减排可以通过强化节能减排技术与管制,挖掘节能和COD减排潜力,实施区域差异化的节能减排政策,进一步促进中国绿色全要素生产率增长,推动绿色经济发展。

绿色经济发展模式下的绿色项目的价值体现在稀缺性上。资源环境约束已成为既定事实,绿色发展理念已深入人心。稀缺性建立在人的需求基础上,人类对可持续发展的要求不断提升绿色项目的价值。传统经济模式认为,自然环境与经济增长和社会发展之间彼此不能兼容,环境问题是经济与社会发展过程中的必然现象,促进经济增长就必须要牺牲生态环境,从而导致资源枯竭和严重环境污染。从全球来看,过度的物质索取造成的生态环境的破坏已经使人们开始高度重视人的本质、人与自然的关系及人类可持续发展的问题,各国际组织和国家已采取行动共同阻止环境的进一步恶化。我们不仅要关注当前的人的健康问题,而且要给子孙后代争取健康发展的权利,放弃粗放式的经济发展模式已被广泛认同。因此,绿色项目的需求非常旺盛。随着能源的大量消耗,部分传统能源存量越来越少,价格也会不断提高;人们环保意识的不断提高,跨区域处理废品的机会日渐减少,污染物排放的成本也在不断提高,传统部门和传统生产经营方式的成本不断攀升。然而,经济模式的转变非一朝一夕之功,现有经济发展的体制和机制不能支持绿色经济自行完成资源配置和市场激励,必然造成绿色项目的有效供给不足甚至短缺。虽然绿色项目当前不能够为投资主体直接创造利益,但其所创造的价值远超过其所创造的经济效益。考虑到资源的稀缺性和环境污染对经济可持续发展的潜在威胁,节能环保项目可以有效降低经济对资源和环境的依赖,发展新能源,修复生态环境,在不影响后代福利的前提下为当代人创造更多的福利。因此,基于绿色项目正外部性的旺盛需求与供给不足形成的稀缺性决定了其价值所在。资源环境约束性越高,绿色项目的稀缺性就越大,其价值就越高;反之,随着资源环境约束水平的下降,绿色项目的价值反而不断降低。

二、绿色金融的价值传递

绿色项目直接创造社会价值,绿色金融借助于绿色项目创造项目价值,故绿色项目是绿色金融创造社会价值的载体。本研究选取了绿色金融的创新性产品绿色信贷为例研究绿色金融创新发展对产业环境的影响。先是建立了PSIR模型,将从理论上从压力层、状态层、影响层和响应层来分析绿色信贷对绿色产业的影响,之后运用层次分析法构建关于绿色金融创新发展比较完整的评价体系,最终得出河南省绿色金融创新发展对产业环境的影响。现从理论角度分析PSIR的P、S、I、R各个层次。

P层是"压力"层,体现的是人类的经济社会活动对生态环境所造成的压力。P层主要指标为"人均GDP""绿色信贷比"和"绿色信贷不良贷款率"。其中,绿色信贷比用绿色信贷余额与银行贷款余额的比值计算得出。人均GDP和绿色信贷的正向增长都会扩大绿色信贷对经济绿色转型的作用,即这两个指标都起正向作用。相反,绿色信贷不良贷款率的正向增长会缩小绿色信贷对经济绿色转型的作用,即该指标起负向作用。

S层是"状态"层,是指在当前的压力下,整个产业经济的状态情况。S层指标主要为"第二产业占比""第三产业占比"和"绿色PPP项目投资比"。其中的绿色PPP项目投资比是由生态建设和环境保护PPP项目投资额与PPP项目总投资额的比值得出。由于绿色信贷的主要受众为第二产业,故第二产业比重越大,绿色信贷的作用越大,所以第二产业占比具有正向作用。绿色PPP项目投资比的正向增长也会扩大绿色信贷对经济绿色转型的作用;对于第三产业而言,该指标则起负向作用。

I层是"影响"层,是指在目前产业经济所处状态下,对环境和经济社会系统发展质量的影响。I层指标主要为"绿色发展指数""单位工业产值的工业废水处理量"和"水利、环境和公共设施管理业与服务业营业收入的比值"。这三个指标的正向增长均可以扩大绿色信贷对经济绿色转型的影响,故判定其作用方向是正向的。

R层是"响应"层,是指在发展绿色金融过程中,人类所作出的积极努力和贡献。R层指标主要为"一般工业废弃物综合利用量/产生量""节能环保财政支出占比"和"A股上市环保企业数量(全国取平均,不含港澳台)"。这三个指标均为人类为了发展绿色经济而做出的积极努力和成效,体现了绿色金融对经济绿色转型起正向促进作用。

相对于单一指标法和主要指标法等,基于PSIR模型分析绿色信贷对绿色产业的影响更为全面、综合和准确。基于数据的可获得性、样本的代表性和可比性,本研究选择了四川省、广东省和河南省及全国作为样本,分别代表了西部、东部、中部和总体。全国(总体)数据的加入有助于消除误差,一并进行计算和比较,从而使结果更为稳健。数据来自万德数据库以及其他公开信息。

(一)基本统计数据描述

P层的变量有X_{11}:人均GDP(元),X_{12}:绿色信贷比,X_{13}:绿色信贷不良贷款率。就人均GDP指标X_{11}而言,广东显著高于河南、四川和全国平均水平。该指标越大,绿色金融的投入将越有效。发达地区已具备了良好的经济基础和科技水平,绿色信贷对经济绿色转型的作用比较明显。就绿色信贷

比指标 X_{12} 而言，四川最高，河南次之，广东最低，后两者均低于全国平均水平。绿色信贷比值越大，意味着当地的绿色信贷接受程度越好，越能促进经济绿色转型。就绿色信贷不良贷款率指标 X_{13} 而言，四川最高，河南次之，广东最低，四川省略高于全国平均水平。该指标值越大，越不利于金融机构的借贷，导致绿色信贷的发展受阻，使得绿色信贷影响力变弱。

S 层的变量有 X_{21}：第二产业占比，X_{22}：第三产业占比，X_{23}：绿色 PPP 项目投资比＝生态建设和环境保护 PPP 项目投资额/PPP 项目总投资额。就第二产业占比的指标 X_{21} 而言，四川、广东和河南依次升高，均高于全国均值。第二产业占比越高，经济转型对绿色信贷的需求越大，换言之，绿色信贷对经济绿色转型的影响力越大。就第三产业占比的指标 X_{22} 而言，广东最高，四川次之，河南最低，且后两者均低于全国平均水平。该数值越高表示其越发达，绿色信贷可发展空间越小，绿色信贷对经济绿色转型的影响力越小。就绿色 PPP 项目投资比指标 X_{23} 而言，河南最高，为 8.98%，高于全国平均值 5.77%；四川次之，为 5.30%；广东最低，为 4.01%。该项指标越大，表明政府对环境保护的态度越积极，绿色信贷的发展更为容易。

I 层选取的变量有 X_{31}：绿色发展指数，X_{32}：单位工业产值的工业废水处理量，X_{33}：水利、环境和公共设施管理业/服务业营业收入。就绿色发展指数指标 X_{31} 而言，广东省最高，四川次之，最低为河南，后两者均低于全国平均水平。该指标能够综合全面地对某个区域的经济发展水平与生态资源环境保护状况进行评价。其值越大，说明经济发展和生态环境的协调越好，绿色信贷对经济绿色转型的影响越大。就单位工业产值的工业废水处理量指标 X_{32} 而言，广东省最高，河南次之，四川最低，前两者均高于全国平均水平。该指标从一定程度上体现出绿色信贷对废水处理进程的促进作用，从而反映了绿色信贷对经济绿色转型的积极影响。就单位服务业营业收入中水利、环境和公共设施管理业占比指标 X_{33} 而言，四川最高，河南次之，广东最低，前两者高于全国平均水平。该指标值越大，意味地方政府对环境的投入比例越高，改善环境的意愿和行动力越强。

R 层选取的变量有 X_{41}：一般工业废弃物综合利用量/产生量，X_{42}：节能环保财政支出占比，X_{43}：A 股上市环保企业数量（全国取平均，不含港澳台）。就一般工业废弃物综合利用量/产生量指标 X_{41} 而言，广东最高，河南次之，四川最低，且前两者均高于全国平均水平。该指标衡量工业废弃物转化为可利用物的比率，值越大，说明相关产业对生态环境的保护态度越积极，绿色信贷的发展越容易。就节能环保财政支出占比指标 X_{42} 而言，河南最高，广东次之，四川最低，前两者高于全国平均值。该指标反映政府对节能环保、优化环境的态度,值越大,越积极,越利于绿色信贷的发展。就A股上市环保企业数量(全国取平均,不含港澳台)的指标X_{43}而言,广东最多,四川次之,河南最少,均高于全国平均水平。该指标反映了企业在节能环保方面的投入。其值越大,意味着绿色信贷对经济绿色转型的支持作用越大。

表2-1 准则层指标的统计性描述

标准层		方向	四川	广东	河南	全国
P层	X_{11}:人均GDP(元)	+	40 003	74 016	42 575	53 980
	X_{12}:绿色信贷比(%)	+	13.95	3.64	4.76	7.15
	X_{13}:绿色信贷不良贷款率(%)	−	0.48	0.09	0.19	0.41
S层	X_{21}:第二产业占比(%)	+	40.84	43.42	47.70	40.50
	X_{23}:第三产业占比(%)	+	47.23	52.01	42.70	51.60
	X_{23}:绿色PPP项目投资比=生态建设和环境保护/PPP项目总投资额(%)	+	5.30	4.01	8.98	5.71
I层	X_{31}:绿色发展指数	+	79.400	79.570	78.100	79.460
	X_{32}:单位工业产值的工业废水处理量	+	0.035	0.140	0.087	0.053
	X_{33}:单位服务业营业收入中水利、环境和公共设施管理业占比(%)	+	0.034	0.014	0.028	0.021
R层	X_{41}:一般工业废弃物综合利用量/产生量	+	0.447	0.910	0.780	0.610
	X_{42}:节能环保财政支出占比(%)	+	2.258	2.620	2.626	2.522
	X_{43}:A股上市环保企业数量(全国取平均,不含港澳台)	+	5	6	4	3

数据来源:wind数据库。

(二)实证模型和方法

绿色信贷是将绿色环保融入信贷的创新产品,引导资金流入环保行业。由于绿色信贷具有准公共产品性质,其促进经济绿色转型的作用机制并非线性的,PSIR模型和层次分析法能够将政府与市场、宏观与微观有效结合起来,清晰解构绿色信贷促进经济绿色转型的作用过程。

PSIR 模型是基于对 P(压力层)、S(状态层)、I(影响层)和 R(响应层)的分析得出的评分模型,记 i 为层指标,$i=1,2,3,4$ 分别对应于 P 层、S 层、I 层、R 层,记各层得分的权重为 $w=(w_1,w_2,w_3,w_4)$,设第 i 层有 N_i 个评价指标,记第 i 层的权重向量为 $x_i=(X_{i1},X_{i2},\cdots,X_{iN_i})$,记研究对象第 i 层的得分向量为

$$a_i = (A_{i1}, A_{i2}, \cdots, A_{iN_i}) \tag{2.1}$$

则研究对象第 i 层的加权得分为

$$h_i = x_i \cdot a_i^T, \tag{2.2}$$

研究对象在 PSIR 下的总得分为

$$P = w \cdot (h_1, h_2, h_3, h_4)^T \tag{2.3}$$

由此得出研究对象在 PSIR 模型下的评分。下文中将详细论述由层次分析法计算权重和评分的过程。

在 PSIR 模型的基础上,笔者运用了层次分析法进行进一步的研究。层次分析法(AHP)是用来系统决策的一个重要工具,经常被使用于冲突分析、预测分析、资源分配、评价、规划等过程中进行最优化。层次分析法的应用中主要依据的三个基本公理是互反公理、同质公理和合成公理。

在数据的处理上,首先是进行层次单排序权重向量的计算,设判断矩阵为 $A=(a_{ij})_{n\times n}$,则有

$$m_i = \prod_{j=1}^n a_{ij}, i = 1, 2, \cdots, n \tag{2.4}$$

接着计算其 n 次方根,可得

$$\overline{w}_i = \sqrt[n]{m_i}, i = 1, 2, \cdots, n \tag{2.5}$$

再将向量 $\overline{w}=(\overline{w}_1,\overline{w}_2,\cdots,\overline{w}_n)^T$ 进行归一化,则有

$$w_i = \overline{w}_i / \sum_{i=1}^n \overline{w}_k, i = 1, 2, \cdots, n \tag{2.6}$$

最大特征根为

$$\lambda_{\max} = \frac{1}{n} \sum_{i=1}^n \frac{(Aw)_i}{w_i} \tag{2.7}$$

对层次排序进行处理得出层次总排序。设第一层、第二层、第三层分别有 1 个、n 个、m 个指标,可得第二层对第一层的层次单排序的权重

向量为

$$w^{(2)} = (w_1^{(2)}, w_2^{(2)}, \cdots, w_n^{(2)})^T \tag{2.8}$$

第三层对第二层的层次单排序的权重向量为

$$w_k^{(3)} = (w_{k1}^{(3)}, w_{k2}^{(3)}, \cdots, w_{kn}^{(3)})^T, k = 1, 2, \cdots, n \tag{2.9}$$

计算处理后可得到矩阵

$$B^{(3)} = (w_{k1}^{(3)}, w_{k2}^{(3)}, \cdots, w_{kn}^{(3)})^T = \begin{bmatrix} w_{11}^{(3)} & w_{21}^{(3)} & \cdots & w_{n1}^{(3)} \\ w_{12}^{(3)} & w_{22}^{(3)} & \cdots & w_{n2}^{(3)} \\ \vdots & \vdots & \ddots & \vdots \\ w_{1m}^{(3)} & w_{2m}^{(3)} & \cdots & w_{nm}^{(3)} \end{bmatrix}_{m \times n}$$

$$\tag{2.10}$$

于是可以得到

$$w^{(3)} = B^{(3)} w^{(2)} \tag{2.11}$$

设层次模型共有 p 层,则可以得到

$$w^{(k)} = B^{(k)} w^{(k-1)}, k = 3, 4, \cdots, p \tag{2.12}$$

其中 $B^{(k)}$ 是以第 k 层对第 $k-1$ 层的排序权重向量为列向量组成的矩阵,$w^{(k-1)}$ 是第 $k-1$ 层对第一层的层次总排序权重向量。由上述公式进行递推可以得到,第 p 层,即方案对第一层的总排序权重向量为

$$w^{(h)} = B^{(h)} B^{(h-1)} \cdots B^{(3)} w^{(2)} \tag{2.13}$$

(三)研究结果

首先将绿色信贷对经济绿色转型的影响进行层次排序,主要任务为计算判断矩阵的特征值和特征向量,采用方根法。判断矩阵如表 2-2 所示。

表 2-2 绿色信贷对绿色产业影响指标判断矩阵

PSIR	P层	S层	I层	R层
P层	1.00	2.00	0.33	0.25
S层	0.50	1.00	0.33	0.20
I层	3.00	3.00	1.00	0.50
R层	4.00	5.00	2.00	1.00

接下来将表2-3的判断矩阵进行方根法的处理,如表2-3所示。

表2-3　绿色信贷对经济绿色转型影响判断矩阵方根处理

PSIR	P层	S层	I层	R层	行要素几何平均	权重
P层	1.00	2.00	0.33	0.25	0.639	0.127
S层	0.50	1.00	0.33	0.20	0.427	0.085
I层	3.00	3.00	1.00	0.50	1.456	0.289
R层	4.00	5.00	2.00	1.00	2.515	0.499

由表2-3的计算结果可以得到 $w=(0.13,0.09,0.29,0.50)^T$,即为该矩阵的特征向量。同理,对其他层进行处理的结果如表2-4所示。

表2-4　各准则层元素间的判断矩阵

	人均GDP(元)	绿色信贷比	绿色信贷不良贷款率
P　层			
人均GDP(元)	1.00	0.20	0.33
绿色信贷比	5.00	1.00	2.00
绿色信贷不良贷款率	3.00	0.50	1.00
S　层	第二产业占比	第三产业占比	生态建设和环境保护占PPP项目总投资比例
第二产业占比	1.00	3.00	0.33
第三产业占比	0.33	1.00	0.25
生态建设和环境保护PPP项目投资额占PPP项目总投资比例	3.00	4.00	1.00
I　层	绿色发展指数	单位工业产值的工业废水处理量	水利、环境和公共设施管理业/服务业营业收入
绿色发展指数	1.00	4.00	5.00
单位工业产值的工业废水处理量	0.25	1.00	3.00
单位服务业营业收入中水利、环境和公共设施管理业占比	0.20	0.33	1.00

续表

R 层	一般工业废弃物综合利用量/产生量	节能环保财政支出占比	A股上市环保企业数量
一般工业废弃物综合利用量/产生量	1.00	0.50	0.20
节能环保财政支出占比	2.00	1.00	0.25
A股上市环保企业数量	5.00	4.00	1.00

接着,用以上的计算方法,可以得到每一层指标的权重数值,如表2-5所示。

表2-5 绿色信贷对绿色产业影响力评价指标体系及其权重

准则层	指 标 层	行要素几何平均	权重	作用方向
P层(0.13)	人均GDP(元)	0.405	0.109	+
	绿色信贷比	2.154	0.582	+
	绿色信贷不良贷款率	1.145	0.309	−
S层(0.09)	第二产业占比	1.000	0.268	+
	第三产业占比	0.437	0.117	−
	绿色PPP项目投资比=生态建设和环境保护PPP项目投资额/PPP项目总投资额	2.289	0.614	+
I层(0.29)	绿色发展指数	2.714	0.674	+
	单位工业产值的工业废水处理量	0.909	0.226	+
	单位服务业营业收入中水利、环境和公共设施管理业占比	0.405	0.101	+
R层(0.50)	一般工业废弃物综合利用量/产生量	0.464	0.117	+
	节能环保财政支出占比	0.794	0.200	+
	A股上市环保企业数量	2.714	0.683	+

利用前述数据继续进行运算,对各个区域进行打分,同理,首先以P层下的人均GDP指标为例,计算各个区域在该指标下的得分。

用前述的方法计算各个区域的几何平均数,然后归一化得出每行要素的权重,如表2-7所示。

表2-6 人均GDP指标下各个区域的比较　　　　　　　　　　　　单位：元

区　域	四川	广东	河南	全国
四川	1.00	0.14	0.50	0.25
广东	7.00	1.00	5.00	4.00
河南	2.00	0.20	1.00	0.33
全国	4.00	0.25	3.00	1.00

表2-7 人均GDP指标下各个区域的得分　　　　　　　　　　　　单位：元

区域	四川	广东	河南	全国	行要素几何平均	归一化
四川	1.00	0.14	0.5	0.25	0.37	0.06
广东	7.00	1.00	5.00	4.00	3.44	0.60
河南	2.00	0.20	1.00	0.33	0.60	0.11
全国	4.00	0.25	3.00	1.00	1.32	0.23

为了便于比较和理解，表中打分满分为100。由前述计算可知，P层的人均GDP(元)指标的权重为0.11，故需要继续进行计算，将上述过程进行计算后的结果如表2-8所示。

表2-8 人均GDP指标下各个区域的加权得分　　　　　　　　　　单位：元

区　域	四川	广东	河南	全国
得分×100	6.384	60.076	10.554	22.985
加权得分	0.699	6.575	1.155	2.516

方法保持不变，其他指标的计算结果如表2-9所示。

表2-9 绿色信贷对绿色产业影响力评价指标体系及其权重

准则层	指标层	区域加权得分			
		四川	广东	河南	全国
P层	人均GDP(元)(0.11)	0.699	6.575	1.155	2.516
	绿色信贷比(0.58)	34.591	3.774	6.597	13.194
	绿色信贷不良贷款率(0.31)	3.018	17.479	7.063	3.34
S层	第二产业占比(0.27)	3.624	6.745	13.273	3.199
	第三产业占比(0.12)	2.924	1.129	6.538	1.129

续表

准则层	指标层	区域加权得分			
		四川	广东	河南	全国
S层	绿色PPP项目投资比＝生态建设和环境保护PPP项目投资额/PPP项目总投资额(0.61)	8.042	4.008	38.026	11.373
I层	绿色发展指数(0.67)	10.797	31.459	6.422	18.706
	单位工业产值的工业废水处理量(0.23)	2.646	1.514	12.538	5.857
	单位服务业营业收入中水利、环境和公共设施管理业占比(0.10)	4.883	0.684	2.819	1.676
R层	一般工业废弃物综合利用量/产生量(0.12)	0.713	7.421	2.426	1.125
	节能环保财政支出占比(0.20)	1.72	6.401	9.052	2.808
	A股上市环保企业数量(0.68)	18.969	31.903	10.949	6.512

然后将上面计算的每一指标层的各区域在不同指标下所获得的加权得分进行相加,结果如表2-10所示。

表2-10 各区域在不同标准层下的得分

准则层	区域加权得分			
	四川	广东	河南	全国
P层(0.13)	38.308	27.828	14.815	19.049
S层(0.09)	14.589	11.882	57.838	15.691
I层(0.29)	18.326	33.657	21.778	26.239
R层(0.50)	21.402	45.725	22.428	10.446

从表2-10可以看出,在压力层,四川的得分最高,广东次之,河南最低。这表明河南省经济发展水平较低且面临的绿色转型压力最大;四川省虽然经济发展水平不高,但生态环境保持较好,经济绿色转型的压力比较小。在状态层,河南的状态最佳,广东最差。这反映了河南对保护生态环境高度重视,并采取了诸多有力的措施;而广东的生态环境问题具有一定惯性,短期内转移或关闭传统污染企业具有较大的难度,政府和企业之间需要长时间博弈。在影响层和响应层都是广东最好,四川最差,表明广东的金融市场发育程度较高,相对于内地省份绿色金融运营的市场效率更高。

将每个区域所在准则层的得分乘以准则层的权重，然后将每个区域自身按照前面所述算出的数相加，可以得到每个区域的总得分，即四川 22.079 分、广东 37.096 分、河南 24.278 分、全国 16.548 分。这也是各个区域绿色信贷对经济绿色转型影响大小的顺序，即经济相对发达的广东省绿色金融对该省经济绿色转型的效率最高，河南次之，四川最差。这个结果与预期和实际均相符合。

（四）模型检验及反思

对于层次分析法得出的模型，需要进行一致性检验，判断矩阵的合理性，从而检验模型结果的正确性。首先需要对同一个准则层下的三个指标层进行一致性检验，以 P 层下的第一个指标人均 GDP 为例进行说明。从表 2-6 可以得出其判断矩阵，设为 A。利用前述权重计算方法求得判断矩阵 A 的权重向量为

$$w = (0.06, 0.60, 0.11, 0.23)^T \tag{2.14}$$

计算在此指标层的各个区域的特征值 λ_i，计算方法为

$$\lambda_i = \frac{\sum_{i=1}^{n} a_{ij} w_j}{w_i} \tag{2.15}$$

计算得出各个区域的特征值分别为四川 $\lambda_1 = 4.071$，广东 $\lambda_2 = 4.153$，河南 $\lambda_3 = 4.074$，全国 $\lambda_4 = 4.124$。接着求判断矩阵 A 的最大特征值

$$\lambda_{\max_1} \approx \frac{1}{n} \sum_{i=1}^{n} \lambda_i = \frac{1}{n} \sum_{i=1}^{n} \frac{(Aw)_i}{w_i} \tag{2.16}$$

计算得 $\lambda_{\max_1} = 4.110$。接着计算层次总排序一致性指标 $C.I.$、随机一致性指标 $R.I.$、一致性评价指标 $C.R.$。计算方法如下：

$$C.I. = \sum_{J=1}^{m} a_j C.I._j \tag{2.17}$$

$$C.R. = C.I./R.I. \tag{2.18}$$

计算得 $C.I. = 0.037$，因为矩阵阶数为 4，故查表可知 $R.I. = 0.89$，最终得 $C.R. = 0.041$。

由上述的方法可以求得其他层的 λ_i 和 $\lambda_{\max}$，并且可以计算出对应的 $C.I.$、$R.I.$、$C.R.$。计算 $C.I.$、$R.I.$、$C.R.$ 的结果如表 2-11 所示。

表 2-11 中，$n = 4$，$R.I. = 0.89$，$C.R._j$ 均小于 0.1，可通过一致性检验，认为结果是可靠的。接着对准则层进行一致性检验，按照上述的计算方法，得到的结果如表 2-12 所示。

表2-11 各个指标层的检验结果

准则层	指 标 层	C.I.	R.I.	C.R.
P层(0.13)	人均GDP(元)	0.036	0.89	0.041
	绿色信贷比	0.012	0.89	0.014
	绿色信贷不良贷款率	0.011	0.89	0.013
S层(0.09)	第二产业占比	0.008	0.89	0.009
	第三产业占比	0.014	0.89	0.016
	绿色PPP项目投资比＝生态建设和环境保护PPP项目投资额/PPP项目总投资额	0.056	0.89	0.063
I层(0.29)	绿色发展指数	0.010	0.89	0.012
	单位工业产值的工业废水处理量	0.024	0.89	0.027
	单位服务业营业收入中水利、环境和公共设施管理业占比	0.010	0.89	0.012
R层(0.50)	一般工业废弃物综合利用量/产生量	0.051	0.89	0.057
	节能环保财政支出占比	0.037	0.89	0.030
	A股上市环保企业数量	0.010	0.89	0.012

表2-12 各个准则层的检验结果

准则层	P层	S层	R层	I层
C.I.	0.015	0.038	0.013	0.018
R.I.	0.890	0.890	0.890	0.890
C.R.	0.164	0.043	0.015	0.021

表2-12中，$n=4$，$R.I.=0.89$，$C.R._j$均小于0.1，可通过一致性检验，结果稳健。最后对层次总排序的一致性进行检验，结果为总体$C.I.=0.033$，总体$C.R.=0.037$，其中$n=4$，$R.I.=0.89$，通过一致性检验，计算结果稳健有效。

（五）结论及建议

1. 结论

中国长期实行区域经济发展战略，东部地区获得发展先机，前期依赖在贸易、税收和其他政策方面的优势，发展劳动密集型产业，迅速完成了基础设施建设和资本及技术方面的积累，形成了雄厚的工业基础，带动了金融等现代服务业的发展,也必然伴随着资源的高消耗和环境恶化。进入 21 世纪以来,随着东部地区产业升级,当地加大力度治理污染,高耗能、高污染产业向外转移,环境开始不断优化,而中西部地区逐步承接了部分高耗能、高污染产业,生态环境日渐恶化。从实证结果看,在压力层,河南得分最低,广东次之,四川最高;在状态层,河南得分最高,四川次之,广东最低;在影响层和响应层,广东得分最高,河南次之,四川最低。从现实来看,中部地区雾霾最为严重,已威胁到人们的身心健康和经济社会可持续发展,东部地区虽然随着产业转移环境有所改善,但环境污染有一定惯性,难以在短时期内获得根本性转变。西部地区生态环境保持相对较好,环境保护的压力较小。从促进经济绿色转型的态度来看,中部省份行动力最强,可以理解为应对环境恶化的被动反应。从绿色金融实施的效果来看,东部地区显著优于中西部地区,以广东为代表的经济发达地区在环境保护方面具备资金和技术方面的优势,绿色金融促进经济绿色产业转型的市场效率更高;而中西部地区的经济发展仍对资源和环境有高度的依赖,绿色金融资源有限且市场效率偏低。综合来看,东部地区绿色金融促进经济绿色转型的效率最高,这是金融市场高效率的体现;中西部地区虽然投入比例较高,但绝对水平较低且金融市场效率低下,经济绿色转型的效果并不理想。

2. 对策建议

一是保持经济稳定发展。经济发展与环境保护之间存在一定矛盾和冲突,需要进行权衡,不能牺牲环境发展经济,也不能因为保护生态环境而使经济发展停滞。中国经济发展进入新常态,资源和环境紧约束已使经济发展从量的增加转向质的提升,不再一味追求 GDP 增长,各地区在生态环境承受能力范围内结合自身的资源禀赋发展经济,其中绿色发展成为努力的方向。从实证结果看,虽然广东省在绿色金融方面投入比例显著低于中西部地区,但强大的经济基础、高效的金融市场和雄厚的科技力量使绿色金融资源配置更为高效。借助绿色金融在经济发展和环境保护之间寻找结合点,保持经济稳定发展,能为保护环境提供资金和技术支持。

二是加强政府政策配套。绿色金融在中国起步较晚,是金融与环境相结合的创新性业态,具有准公共产品性质,需要政府相关政策进行配套,解决市场激励问题,以促进其提高市场效率,服务于经济绿色转型。中央政府正在构建绿色金融体系,涉及金融、科技、环保、财政和税收等多个部门,需要相关部门协同,在统一的绿色金融体系下发挥各自的作用。具体而言,金融部门应该根据国家经济绿色转型的需要做好绿色金融发展的顶层设计,形成国家绿色金融中长期发展规划,其他单位及地方政府应根据规划中所规定的权利和义务支持绿色金融体系建设,落实配套政策的执行。

三是创新和丰富绿色金融产品。经济绿色转型不能一蹴而就,政府和金融机构应该根据不同发展阶段下的经济转型发展需要创新不同的绿色金融产品,使得绿色金融产品种类更为丰富,企业具有更多选项。应鼓励各类政策性、开发性和商业性的金融机构积极推广和发行相关的绿色债券、绿色基金、环保现货远期、绿色掉期、绿色信贷等绿色金融产品和衍生工具。应拓展绿色金融产品的发行主体和受众,如可针对小微企业以及家庭个人发行多元化、针对性强、操作方便的绿色金融产品,让全社会成员通过投资绿色金融产品树立环保意识,推动经济的绿色转型。

三、绿色金融的价值构成

继马歇尔提出外部经济概念后,庇古在其基础上提出了外部不经济,并从福利经济角度研究和解释外部性问题。庇古将个别企业和全社会追加一个单位生产要素的产值分别称为边际私人净产值和边际社会净产值。若两者相等,而且产品价格等于边际成本时,资源配置达到最优状态。如果两者不相等,就存在外部性。若在边际私人净产值之外,其他人还从中得利,则边际社会价值就大于边际私人净产值;相反,若其他人受到损失,则边际个人净产值大于边际社会净值。前者称为边际社会收益,后者称为边际社会成本。边际私人收益与边际外部收益之和就是边际社会收益,绿色项目存在边际外部收益。

根据上面的分析,绿色项目的价值应该等于社会价值,即私人收益和外部收益两个部分。然而,若政府没有介入,单靠市场无法解决绿色金融正外部性激励问题,则企业仅获得私人收益;若政府介入,绿色项目的正外部性得到补偿,则企业在获得私人收益的同时,也获得外部收益。若企业运作绿色项目完全依赖自有资本,则所有收益归企业所有;否则,若企业从外部融资,则企业的收益还应该支付融资成本,即金融机构的收益。市场经济条件下,资金具有逐利性,即资金会投向可以获得正收益的项目。尽管投资者的风险偏好不同,理性的投资者会将资金投向可供选择项目中经风险调整收益率最高的项目,即绿色项目的融资成本为投资者要求的投资回报率。

绿色项目具有稀缺性,反映了其供给远小于需求,因此投资绿色项目应该具有较高收益,属于绿色金融优先配置的领域。然而,绿色金融的供给却相对有限,两者之间存在矛盾。按照庇古的观点,绿色项目的正外部性意味着有外部收益,当前市场条件下正外部性无法自行获得补偿,造成绿色金融的私人收益低于社会收益。绿色项目的收益会在企业、金融机构和外部受益者之间进行分配。企业和金融机构享受的是绿色项目的私人收益,外部受益者享受的是外部收益。在政府没有介入的情况下,绿色项目的私人收益等于账面收益,在企业和投资方进行分配;若政府介入,向外部受益者征收税费并向绿色项目进行补贴,则外部收益也纳入企业的收益,并在企业和金融机构之间进行分配。绿色项目收益在企业和金融机构之间具体分配需要视融资方式而定,遵从风险-收益权衡原则,即高风险高收益,低风险低收益。

金融部门是否创造价值一直受到部分学界的质疑。在传统的观点中,金融部门只是充当中介,进行资源配置,并不创造价值,形象的说法是金融部门只是分蛋糕的,不是做蛋糕的,金融部门理应获得较低的利润甚至无法获取利润才是合理的。然而,实践中金融部门在充分竞争的情况下却获得了丰厚的利润,这与其不创造价值的说法相悖。所以,金融部门应该创造了价值,主要体现在其解决了信息不对称问题,提供了风险管理等增值服务,使企业能够捕捉到利润丰厚的项目并保证企业顺利运营,在提高收益的同时降低企业的成本,也是一个价值创造的过程。

巨大的供需缺口是绿色项目价值之所在。随着《巴黎协定》等全球性针对保护环境的多边协定的签订和生效、中国《生态文明体制改革总体方案》的实施、国内 GDP 考核指标的淡化,以及环保措施的越来越严格,各级政府对绿色项目的需求也日趋增加。在绿色金融供给方面,以兴业银行为代表的金融机构纷纷引入赤道原则,开展绿色信贷、绿色债券、绿色保险等绿色金融业务。但中国绿色金融体系尚在建设之中,绿色金融法律法规体系尚不健全,绿色金融市场体系和政策体系还不完善,导致绿色金融溢出价格无法得到合理、准确和及时的补偿,绿色金融的供给还存在较大的政策风险和市场风险。再加上绿色项目多是高新技术项目,绿色金融还要面临较高的技术风险,绿色金融的收益难以得到保证。因此,绿色金融的供给受到制约,有效供给不足。绿色金融巨大的供需缺口源于其准公共产品性质,正外部性没有被正确认识、评估和补偿。

第三节 绿色金融溢出价值的模型

从可持续发展角度,绿色金融的价值体现在通过改变金融资源配置方向,新的项目替代传统项目未来所节省的社会成本和增加的社会收益,也可以理解为未来外部收益的贴现值。基于此,我们可以用期权定价模型来计算绿色金融溢出价值。

一、绿色金融的成本和收益

金融即资金融通，是一种交易活动，将资金盈余方与资金赤字方连接起来，实现资金的跨空间、跨期限配置，促进实体经济扩大再生产和满足各市场主体的资产配置及风险管理需要。《新帕尔·格雷夫经济学大字典》将金融定义为资本市场的运营和资产的供给与定价，其基本内容涵盖有效市场、风险与收益、替代与套利、期权定价和公司金融等。金融是以货币为交易对象，以借贷为主要方式，以资金使用权让渡换取收益权，或者承接风险换取收益的交易活动。绿色金融有两层含义：一是通过资源配置，引导资金流向节约资源技术开发和生态环境保护产业，引导企业生产注重绿色环保，引导消费者形成绿色消费理念，可以理解为一种手段；二是明确金融业要保持可持续发展，避免注重短期利益的过度投机行为，可以理解为一种目的。无论是目的还是手段，绿色金融都应该符合市场规律，收益覆盖成本且有盈余，即通过金融活动实现利润，才能实现可持续发展。

作为准公共产品，绿色金融的成本和收益不能再用简单的供求理论进行分析，而是应该考虑政府的作用。传统经济学理论认为，供不应求是指生产不能满足有效需求。有效需求可以理解为有支付能力和愿望的需求。在供给不变的情况下，有效需要越高，则价格越高，企业的收益越高。只要存在合理竞争，市场价格会随着竞争者的加入和产品供给的增加不断下降，直到产品的边际生产成本等于边际收益，即达到市场均衡状态。只有存在垄断时，企业才会以高于均衡价格供给少于均衡水平数量的产品，垄断是低效率的。绿色金融的供给不足不是垄断因素造成的，而是由于无法追索到受益者并向其收取费用，从而造成收益低于不存在正外部性时的收益。

绿色金融的成本与同期其他类型项目的成本基本相同，可以分为直接投资和间接投资两种主要方式分析其成本决定因素。从间接投资看，商业银行是投资主体，通过发放绿色贷款实现对绿色项目的投资，而商业银行主要资金来源为储蓄资金。最重要的资金来源渠道——储蓄资金的投资者并不清楚银行资金投向，也并不关注资金投向，他们最关注的是资金的安全。因此，资金的成本是确定的，与其他类型项目并无明显差异。从直接投资看，主要分为发债和发行股票两种方式。发行债券会明确说明债券的投资标的、期限、回报率等，债券投资者也只会关注债券的票面利率和本金的安全。发行股票融资的成本取决于发行主体的整体经营情况，与绿色项目并无直接关系，因此，也可以把其成本看成是既定的。

绿色金融的要求收益则与成本不同,会根据绿色项目的情况而有较大差异。一般来讲,投资者会对所投资绿色项目进行风险和收益的权衡,风险较大则要求的回报率较高,风险较小则要求的回报率较低,即风险与要求回报率之间呈正相关关系。由于绿色金融的正外部性,其市场回报率往往难以达到投资者的要求,而且投资标的多是高科技或长期限的项目,技术风险、政策风险和期限错配风险都比较大,因此,需要政府给予特定的补贴,如税收优惠、直接补贴和风险补偿等。获得补贴后的绿色金融收益基本可以达到市场平均收益率。随着资源和环境约束程度的提高,政府还会引导和加大力度支持绿色金融的发展,补贴率会随之提高,由此绿色金融的收益率会高于市场平均收益率,更多金融资源会向绿色产业配置。

二、绿色金融溢出价值的期权性质

绿色金融所投资项目多为节能环保项目,一般投资期限都比较长,项目获得收益的期限更长。如太阳能发电项目,需要投资大量的资金进行研发,投产后每日发电量也非常有限,需要较长周期才能回收成本,减排的效益需要更长时间才能显现出来。项目正常运营后可以根据"受益者付费"原则向直接受益者收费,但无法向外部间接受益者进行直接收费,只能由政府代为收费,并向投资方进行补贴。政府作为外部受益者的代表,以税收等补贴方式鼓励绿色金融投资,相当于支付期权金。未来如果项目获得成功,外部受益者获得收益,即执行期权,政府可以通过税收增加财政收入;若外部受益者无法获得收益,则放弃执行期权,政府的税收不增加,也不向投资方追加补贴。由此承担了收益的波动性。政府的财政补贴、税收优惠等行为可以理解为对准公共产品外部性的补偿,或向绿色金融支付期权的权利金;政府向外部受益者征税或收取费用可以理解为期权的执行。

绿色金融的价值具有很大的不确定性,既有可能获得巨大的外部收益,也有可能因投资失败而导致外部收益甚微。外部受益者的支付虽然在当期无法实现,但可以在项目实现外部收益后由政府代为追索或直接收费。未来绿色项目的价值越高,为外部受益者创造的价值和收益就越大,其执行期权即进行支付的可能性和金额就越大;如果项目创造的效益很小,外部受益者获得的收益甚微或没有,则其支付的可能性及金额就会非常小。外部受益者相当于持有绿色金融所投资绿色项目的看涨期权,权利金即为外部受益者对绿色金融溢出价值所应该支付的费用。绿色项目除了可以向直接收益者根据合同约定收取项目收益外,还可以根据项目正外部性所创造的外部收益向间接受益者收取一定补偿。如果无法确定外部受益者或无法向外部受益者直接收费，则可以向政府提出补偿诉求，由政府进行补偿。

以一个生态旅游区项目为例。某地有大量荒山和薄地，A公司投入资金进行退耕还林改造进行生态恢复，后期建生态旅游区进行经营。该项目不仅可以惠及区内居民，也可以惠及周边居民。旅游区建成后，区内居民依据合同参与经营各种项目，并向公司交纳费用，符合"受益者付费"原则。随着生态的恢复，生态区周边也有了吸引力，可以开发与生态区相关的配套项目，房地产价格上涨，餐饮住宿等服务价格也随之上涨，居民收入提高。生态区无法向周边居民收取因为绿色项目间接创造的价值，但当地政府税收增加，可以为生态区补偿部分维护生态的费用，可以通过减税的方式为其补偿前期的投资。本例中，生态旅游区为准公共产品，存在显著的正外部性，为周边居民改善了生态环境，且带来了经济效益。虽然周边受益者没有直接向生态旅游区进行支付，但政府介入后，通过税收和补偿的方式实现了"受益者支付"，即绿色金融的正外部性得到补偿。生态旅游区外的居民相当于持有一个看涨期权。投资成功后，他们通过经营各类配套项目获取收益而执行了期权。如果投资没有成功，则他们就不执行期权，不增加任何成本，也无法获得收益。该例中，生态旅游区投资方可以在期初将外部受益者未来的收益计算进来，并要求政府进行减税或补贴，即代外部受益者支付看涨期权的权利金，以博取后期增加的税收和其他收入。如果项目投资成功，政府后期通过向外部受益者征税等方式获得收益。如果投资失败，政府不能向生态旅游区投资方要求退还补贴。政府作为外部受益者的代表承担了绿色项目的价值波动性风险，以此来博取未来的收益权。这符合看涨期权的特点，即绿色金融溢出价值具有期权性质。

三、期权定价模型的构建

期权定价方法有两种：二项式期权定价和B-S期权定价（布莱克-斯克尔斯期权定价）。二项式定价并不常用，主要原因在于其假设未来资产价格只有上涨或下跌，而且上涨或下跌的概率和报酬率均已知，这个假设条件对于绿色项目而言并不现实。绿色项目的价值随着经济和社会环境的变化不断变化，尤其是当前生态环境比较脆弱，能源消费仍未达到峰值，资源和环境的约束越来越强，这些因素在给绿色项目带来损失和风险的同时，也会提高其稀缺性而增加收益，综合影响非常复杂，难以确定未来项目上涨和下跌的概率及报酬率，进而难以确定其价值的变化。B-S期权定价方式的假设相对比较合理，基于历史数据，采用了统计学的方法计算项目执行的概率及项目价值的波动性，能够对项目价值进行相对准确的预测，适合应用于绿色金融溢出价值的确定。

前文已经分析了绿色金融溢出价值的期权性质,外部受益者持有绿色金融投资项目的看涨期权,期权的价值即为绿色金融的溢出价值。根据 B-S 期权模型的思想,做基本假设条件如下:

(1) 假设外部受益者持有绿色金融投资项目的看涨期权;

(2) 该模型仅考虑警戒期权,即外部受益者会持有到期,并在到期日行权;

(3) 不存在交易成本,即假设市场是完美的,不存在摩擦;

(4) 绿色金融投资标的的价格呈随机游走状态,即收益率呈正态分布;

(5) 绿色金融投资标的项目的收益率方差在持续期内不变。

以上所列部分假设条件可能与现实不符,主要在于绿色金融所投资的节能环保项目存在正外部性,价值是政府与企业和金融机构博弈的结果。虽然价值会随着博弈力量的变化而不断变化,但并不代表其可以通过市场进行自由交易。绿色项目的理论价值可以用来决定外部收益或绿色金融溢出价值,故这些假设条件有其合理性,有助于推导出和解释绿色金融溢出价值的形成。

基于以上假设条件,采用的模型如式 2.19 所示。

$$c = S_t N(d_1) - K e^{-r\tau} N(d_2) \tag{2.19}$$

其中:

$$d_1 = \frac{\ln\left(\frac{S_t}{K}\right) + \left[r + \frac{1}{2}\sigma^2\right] \cdot \tau}{\sigma \cdot \sqrt{\tau}} \tag{2.20}$$

$$d_2 = \frac{\ln\left(\frac{S_t}{K}\right) + \left[r - \frac{1}{2}\sigma^2\right] \cdot \tau}{\sigma \cdot \sqrt{\tau}} \tag{2.21}$$

其中,S_t 代表资产当前价格,可以理解为绿色项目的市场价值。该值越高,则期权价值越高,即绿色项目的价值越高,其正外部性收益越高或溢出价值越高。

K 为执行价,绿色项目的投资总额,该值越大,溢出价值越低。

$N(d_1)$ 为对冲比率,是对冲一份期权所需要的基础资产的比率。由于所要计算的是外部效益之和或者是整体正外部性溢价,因此,该比率可以理解为对冲该期权所需要的绿色项目总投资额的比率。该值介于 0—1 之间。

$N(d_2)$ 为期权执行的概率。该值介于 0—1 之间。

r 为无风险收益率。该值越大,绿色金融溢出价值越高。

σ 为绿色项目市场价值的波动率。该值越大,表示绿色金融溢出价值越高。

τ 为期权距离到期日的期限。期限越长,绿色项目的不确定性越大,绿色金融溢出价值越高。

第四节 绿色金融溢出价值的数值模拟

绿色金融溢出价值可以简单地理解为外部受益者持有绿色金融所投项目的期权,期权费或权利金即为其享有绿色金融正外部性所应支付的费用。由于绿色项目缺乏有效的交易市场,无法获得连续的项目价值和收益率相关数据,故本研究采用数值模拟的方法来解构部分市场变量和政府政策对绿色金融溢出价值的影响和作用机制。

一、现金流贴现案例

(一)案例引入

为了鼓励政府部门和企事业单位节能减排,财政部、发展改革委、生态环境部和市场监管总局出台了《关于调整优化节能产品、环境标志产品政府采购执行机制的通知》(财库〔2019〕9 号),市场监管总局办公厅也出台了《关于扩大参与实施政府采购节能产品、环境标志产品认证机构范围的通知》。以灯具为例,除了新项目购买的灯具为节能产品,对原有照明系统更换也被视为节能环保的一项重要措施。一些大型的企业、事业单位和政府机关都是照明耗电的大户,通过签订照明系统更新节电协议,项目实施单位可以向用户提供新能源灯具,更换其原有传统照明灯具。

为了推进该项目被潜在客户接受,需要让客户改造后用电总成本不高于改造前成本,而且客户也无需在改造初期增加新的投入;项目结束后,还需要给客户一定的运营持续期,且后期的总运营成本也低于改造前的总成本。从市场角度看,只要项目投资后,总节电费用及降低的运营成本的现值高于投资额,则就会有金融机构愿意自行投入;或者,即便节电费用及降低的运营成本的现值低于投资额,只要政府愿意提供一定的补贴,使项目的收入净现金流为正,也会促进金融机构为项目融资。从客户角度看,使用节能灯系统近期不需要新增加投资,也不会增加运营成本,而且还会大幅度节约用电,为社会节约能源;从远期看,节能灯系统合同结束后,项目交给自己运营,会节省开支和用电量。从政府角度看,资源和环境紧约束下,节能减排的任务需要压力非常大,需要动员一切力量去完成任务。社会资金进入项目后,不需要政府直接财政投入资金,而仅需要提供少量利息补贴,提高了财政资金的利用效率。从金融机构角度看,节能灯项目有稳定的现金流入,是政府大力支持项目,并给予一定的财政补贴,项目风险较低,且投资于绿色项目履行了社会责任,能提高ESG评级分数或级别。

由于多数的绿色项目并不进行市场公开交易,其项目的价值无法获得市场评估,故只能采用账面价值法计算项目价值。绿色项目的市场参与者包括项目运营者、项目投资者、客户和政府部门。节能灯项目的运营者与客户接洽推介该项目,与其达成意向后签订项目执行合同;然后与投资方(绿色金融机构)磋商进行融资,确定融资用途、额度、利率、期限等条款;最后向政府相关部门申请补贴,确定补贴的形式和额度。前期工作准备完毕后,项目进入实际运营阶段。由于节能灯项目的客户用电量基本稳定,故可以用现金流贴现方法计算项目的现值。决定节能灯项目是否能够执行的关键因素在于项目投资是否能够最终获得正收益,或者,即使项目本身无法获得正收益,政府进行补贴后,项目总收益是否为正。若为前者,政府不需要介入,节能灯项目可以通过市场激励自行完成投资运营;若为后者,政府需要提供一定额度的补贴,使项目的预期收益为正。相比直接投资绿色项目,采用补贴的方式不仅减轻了政府财政支出的压力,有利于提高财政资金投入的效率,政府有动力去支持这类项目的立项和运营。

(二)关键变量说明

假设某高校愿意接受该项目,某金融机构为项目提供融资,支持绿色项目实施,项目运营方与高校、金融机构和政府相关部门进行协商并订立合同。决定项目收益的主要变量包括:高校原用电量、装入节能灯的用电量、节能灯系统初装成本、原照明系统运维成本、节能灯项目运维成本、项目运营期限、资金使用成本(市场利率)、政府补贴额度(或补贴比率)等八个变量。从项目运营方来看,前五个变量均是预知或可控变量,后两个变量是外生变量,需要与金融机构和政府进行磋商确定。其他条件不变情况下,资金使用成本(市场利率)和政府补贴额度(或补贴比率)是影响项目能否盈利、立项和运营的关键变量。若每期的现金流入为正,项目运营期限越长,项目的净现值也越大。然而,实际运营过程中,项目运营方会确定合理的期限,保证项目净现值为正,此后便转交给高校,以提高高校立项的积极性。

假定节能灯项目执行期限为 T,t 为合同执行期间的某个年份,即项目

立项实施年 $t=0$,项目结束年 $t=T$。第 T 年项目运营方将项目移交给高校,不再获取相关收入。此后,高校会从项目运营中较系统改造前节省一定成本。假定学校在节能灯系统改造前每年的用电量为 M_{Ut},项目改造后该高校的年用电量减少至 M_{Nt},则第 t 年可节省用电量为 $(M_{Ut}-M_{Nt})$。高校除了照明用电外,还包括空调、办公设备、实验室设备等用电,但照明用电是高校最大的用电项目,为了简化且不影响结论的稳健性,除照明外其他用电不纳入用电量 M_{Ut}。由于中国没有实行市场化电价,故在特定的时间内,电价是固定的,假定为 P。因实施节能灯项目而节省的用电成本为 $P\times(M_{Ut}-M_{Nt})$。

由于灯具损坏,电路老化,需要更新设备\耗材和聘用电工进行维修,则假定改造前高校投入年运维成本为 C_{Ut}。项目实施前,高校每年在照明上的支出为 $P\times M_{Ut}+C_{Ut}$。若要实施该项目,高校在照明上的支出应不高于 $P\times M_{Ut}+C_{Ut}$。假设该高校将全部用电成本和运维成本支付给项目实施单位,则该项目每年的现金流入为 $P\times M_{Ut}+C_{Ut}$。项目运营以后,每年仍要投入一定的人力和耗材进行运维,成本为 C_{Nt},则该项目年现金流入为 $P\times M_{Ut}+C_{Ut}-C_{Nt}$。

假定该项目被政府部门和金融机构认定为绿色项目,即金融机构愿意向项目提供融资,融资额度为 F,期限与项目合同期限相同,均为 T,利息为 R。政府部门愿意为项目提供一定的财政支持,具体为贴息 R_G,期限也为 T。项目融资 F 涵盖了所有前期成本、购置灯具成本和施工成本,但每年的运维成本 C_{Nt} 从收入中扣减。

$$\begin{aligned}项目每年的净现金流入 &= P\times(M_{Ut}-M_{Nt})+C_{Ut}-\\&\quad F\times(R-R_G)-C_{Nt}\\&= P\times(M_{Ut}-M_{Nt})_t-\\&\quad F\times(R-R_G)+(C_{Ut}-C_{Nt})\end{aligned}$$

$$\begin{aligned}项目到期年份的净现金流入 &= P\times(M_{Ut}-M_{Nt})+C_{Ut}-\\&\quad F\times(R-R_G)-C_{Nt}-F。\end{aligned}$$

其中,$P\times(M_{Ut}-M_{Nt})$ 为实施项目所节省的用电成本,该值越大,意味着项目的收益越高,项目立项的可能性越大。从另一个角度看,$(M_{Ut}-M_{Nt})$ 越大,表示节省的用电量越大,即折算成标准煤的数量就越高,节能减排的效果就越明显,项目的社会效益越大。利息 R 为市场利率或到期收益率,为了简化,将其也视为贷款利率。政府补贴比率为 R_G,其不随期限变化,每年按贷款额度的固定比率发放,故 $F\times(R-R_G)$ 是贷款项目实际支付的利率。该利率越低,项目立项的可能性越大。$(C_{Ut}-C_{Nt})$为项目实施前后运维费用的差。该值越大,表示节能灯项目实施的效果越好,立项的可能性越大。投资额度F与项目期限T之间呈正相关关系,即其他条件不变,投资额度越高,期限越长,反之,投资额度越低,则期限越短。换言之,在其他条件既定的情况下,可以计算出节能灯项目净现值为零时的投资期限。只要投资期限超过该值,项目就可获得超额收益;否则项目收益低于市场收益率,甚至可能出现亏损。

由于最后一期项目需要还本付息,最后一期的现金流为$P \times (M_{Ut} - M_{Nt}) + C_{Ut} - F \times (R - R_G) - C_{Nt} - F$,贴现因子为$1/R^T$,则节能灯项目各期现金流贴现后的项目净现值

$$NPV_N = \sum_{t=1}^{T-1} \frac{P \times (M_{Ut} - M_{Nt}) + C_{Ut} - F \times (R - R_G) - C_{Nt}}{R^t} + \frac{P \times (M_{UT} - M_{NT}) + C_{UT} - F \times (R - R_G) - C_{NT} - F}{R^T}$$

如果项目净现值为正,则投资方愿意投资,该值越多,投资意识就越强烈。当其他条件不变时,政府补贴越多,项目净现值越高,因此,政府在推动绿色金融项目建设中起到至关重要的作用。政府作为公众利益(社会利益)的代表,在生态环境方面起基础性作用,应出台法律法规和政策对破坏生态环境、侵害社会公众利益的行为进行惩治,并对保护生态环境、节能减排的经济行为给予一定奖励或补偿。按照公共产品理论,绿色金融属于准公共产品,不能完全依赖市场完成激励,需要政府调节各类市场主体的利益。在没有违犯法律法规时,当私人成本显著高于社会成本时,应对企业或个人增加税收或其他费用,约束和减少相关经济行为,形成负向激励;当创造的社会收益高于私人收益时,则存在溢出效应,政府应给予一定的补偿,鼓励增加相应经济行为,形成正向激励。节能灯项目节约了用电,减少了生态环境的污染,具有一定的价值溢出效应,在市场不能完成激励的情况下,政府应代表社会公众提供一定补偿,完成正向激励。

(三)数据生成方法

高校用电量属于内部数据,没有法定义务对外公开,故难以取得长周期真实数据。因模拟数据并不影响对该研究结果的稳健性和理论意义,故以一个中型规模高校的模拟数据作为本研究的样本,不失一般性。

假设项目投资于2019年,建成于2020年,项目持续期为5年,至2014年结束。项目总投资额为800万元,贷款年利率为5%,项目持续期为5年,

投资期限为 5 年，电价为 0.55 元/度，其他变量数值如表 2－13 所示。其中预节电金额=(用电量－新系统理论用电量)×电价。改造前的运维成本高于改造后的运营成本是因为新系统使用的多为 LED 照明，照明元器件的寿命普遍较长，需要更新的耗材价值低于原系统。

表 2－13　某高校 2020—2024 年新系统运营情况模拟数据

年份	用电量（度）	新系统理论用电量（度）	预节电量（度）	预节电金额（元）	改造前运维成本（元）	改造后运维成本（元）
2020	3 850 000	1 155 000	2 695 000	1 482 250	320 000	126 000
2021	3 920 000	1 176 000	2 744 000	1 509 200	326 000	129 000
2022	3 875 000	1 162 500	2 712 500	1 491 875	329 000	131 000
2023	3 890 000	1 167 000	2 723 000	1 497 650	331 000	136 000
2024	3 965 000	1 189 500	2 775 500	1 526 525	333 600	142 000
合计	19 500 000	5 850 000	13 650 000	7 507 500	1 639 600	664 000

用电量、新系统理论用电量、改造前运维成本和改造后运维成本数据均为根据现某高校照明设备的规模估算而得，可能与实际数值存在一定的出入，但各年度之间数值的具有可比性，对模拟结果不产生实质性影响。

从政府的角度看，虽然财政投入了 800 000 元，但该项目在运营期间即节省用电量 13 650 000 度，预计节省电费的金额也达到 7 507 500 元。根据国家统计局 1 度电折合为 0.404 千克标准煤计算，该项目在其运营 5 年间节约标准煤的数量达到 5 514.6 吨。这些节约的标准煤可以视为该项目为生态环境保护作出的贡献。由于新系统照明器具的寿命更长，也会在一定程度上降低耗材成本和用工成本，五年节省的总成本＝1 639 600－664 000＝975 600 元。

（四）数值模拟

若无政府贴息，项目的运营现金流如表 2－14 所示。2020—2024 年，总节电金额为 7 507 500 元。项目节省的运维成本(原运维成本－现运维成本)也视为项目的现金流入。利息为现金流出项。2024 年项目需要偿还贷款本金，故现金流入为负。未考虑贴现因素前项目的净现金流入为－1 516 900 元，市场利率为 5%。考虑贴现因素后，项目的净现值为－657 477 元。若没有政府进行补贴，节能灯运营方的净现金流入为负，即项目相对于市场利率无法获得正收益，因此，从理性人视角看，项目不会运营。

表 2–14 未考虑政府补贴的项目运营现金流　　　　　　　　单位：元

年份	节电金额	原运营成本	现运营成本	年利息支出	现金流入	贴现因子	现金流
2020	1 482 250	320 000	126 000	400 000	1 276 250	0.952 381	1 215 476
2021	1 509 200	326 000	129 000	400 000	1 306 200	0.907 029	1 184 762
2022	1 491 875	329 000	131 000	400 000	1 289 875	0.863 838	1 114 243
2023	1 497 650	331 000	136 000	400 000	1 292 650	0.822 702	1 063 466
2024	1 526 525	333 600	142 000	400 000	−6 681 875	0.783 526	−5 235 424
合计	7 507 500	1 639 600	664 000	2 000 000	−1 516 900		−657 477

然而，绿色项目属于准公共产品，具有较高社会价值，政府应为该项目提供一定的补贴，以鼓励金融机构为其投资。假定贴息率为2%，则每年贴息金额达到160 000元，贴息总额为800 000元。在其他条件不变的情况下，贴息后项目的现金流贴现值 NPV 为35 239.34元，表明项目可以获得相对于市场利率的超额收益，项目可以获得运营。如前所述，政府作为公众的代表，向绿色项目支付了一定补贴，从而推动项目落地实施，使绿色项目的溢出价值得以实现。从项目实施方看，其能够从金融机构获得绿色贷款，并从与高校的合作中获得稳定的现金流，在收回投资和获取利润的同时，节约了电力，保护了生态环境，履行了企业的环境社会责任。从高校看，在不增加任何成本的情况下更换节能灯，节约了资源的使用，也履行了环境社会责任。因此，通过政府的补贴和市场的激励，绿色项目得以实施，并创造了价值。

表 2–15 考虑政府补贴的项目运营现金流　　　　　　　　单位：元

年度	年利息支出	现金流入	贴现因子	现金流现值	贴息	贴息后净现值
2020	400 000	1 276 250	0.952 381	1 215 476	160 000	1 367 857
2021	400 000	1 306 200	0.907 029	1 184 762	160 000	1 329 887
2022	400 000	1 289 875	0.863 838	1 114 243	160 000	1 252 457
2023	400 000	1 292 650	0.822 702	1 063 466	160 000	1 195 099
2024	400 000	−6 681 875	0.783 526	−5 235 424	160 000	−5 110 060
合计	2 000 000	−1 516 900		−657 477	800 000	35 239.34

以上两种情形均是在项目运营期间既定时计算项目的 NPV，然而，项目也可以适当延长期限，从而使其获得更多现金流。假定2024年项目还本付

息,项目实施方将该项目完全交由学校运营,则项目将没有了利息、本金支出项,也没有了政府的贴息。随着期限的延长,原有照明器具会逐步老化,运维成本会按照一定比例增加,但用电量不会增加。假定运维成本2025年比前一年增长一倍,随后趋于稳定,项目运营一直延长下去。此后,每年节省的用电量按2024年计,从2025年开始,学校每年节省的支出＝1 526 525＋333 600－142 000×2＝1 576 125元。仅从经济效益角度所度量的绿色金融溢出价值包括前期项目的NPV和项目延长期内所节省的总费用的净现金值之和。如果绿色金融投资标的项目可以公开交易,其价格可以由市场决定,理论上讲可采用期权定价模型计算该项目的溢出价值。

本案例充分说明了绿色金融可以通过市场和政府共同解决激励问题。采用现金流贴现的方法可以计算出绿色项目的市场价值,金融机构根据其是否获得正NPV而决定对其投资,政府则需要考虑该项目是否有益于节能减排和生态环境。若绿色项目可以获得正NPV,政府不需要进行财政补贴;若绿色项目不能实现正收益,政府就需要通过财政资金补贴使项目的NPV为正。在该项目上所投入的财政资金可以向污染企业收取,或者向社会公众征税,绿色金融作为一个理性市场主体只需要按市场规则运行,通过投资获取收益。因此,绿色金融溢出价值必须由政府作为公众代表进行补偿,补偿机制越完善,金融机构投资绿色项目的积极性就越高,越有利于生态环境的改善。

二、期权定价方法案例

虽然上市公司对所投资的绿色项目进行信息披露,但从实践来看,这些项目大多并非独立运营,财务数据都并入公司报表,很难从公开渠道获得其经营和财务数据,故无法用真实案例求绿色项目的溢出价值。本章第三节从理论上说明了绿色项目的溢出价值即为社会公众所持有的该项目看涨期权的价值,其权利金的支付即为政府补贴。即使多数项目未获得相应的支付,也并不影响绿色项目溢出价值的计算。

（一）案例引入

绿色项目多为节能环保项目,属于节能环保行业。节能环保行业是指为节约能源资源、发展循环经济、保护生态环境提供物质基础和技术保障的产业,是国家加快培育和发展的7个战略性新兴产业之一,包括节能技术和装备、高效节能产品、节能服务产业、先进环保技术和装备、环保产品与环保服务六大领域。假定某环保公司欲投资一个节能环保项目,项目的总投资额为K。由于项目投资期较长,故采用股权投资的方式。作为项目的出资方,K 即为其要求的最低回收额度,换言之,其可以作为期权的执行价。项目运营后,项目价值为 S_t,随时间推移而不断变化。若项目进入产权交易市场,则该股权价格反映了投资者和社会公众对项目风险的评价。

(二) 关键变量说明

根据前文分析和公式 2.19、公式 2.20 和公式 2.21,该绿色项目的溢出价值可以视为一个买入看涨期权。该期权的价值越高,预示着社会公众对其社会价值的认同度越高,并愿意为其进行支付;反之,该值越低,表示社会公众对项目认同度越低,支付意愿就越低。$N(d_1)$ 为对冲比率。$N(d_2)$ 为期权执行的概率,其数值均介于 0—1 之间。r 为无风险利率。该值越大,预示着项目的成本就会越高,则绿色金融溢出价值越高。σ 为绿色项目市场价值的波动率,与溢出价值成反比,即项目的不确定性越大,项目投资的风险越大,投资者的投资意愿越低,需要社会公众的支付就应该越高。τ 为期权距离到期日的期限。期限越长,绿色项目的不确定性越大,绿色金融溢出价值越高。

(三) 数值生成方法

假定绿色项目总投资额为 10 亿元,总运营期限为 20 年,现已投产 2 年,则剩余期限 $\tau=20-2=18$ 年。项目的运营可能会出现多种情形,总体可以分为上涨、不变和下跌三种情况。资产价值 S_t 的设定如表 2-16 所示。数值本身并无特殊意义,但基本可以表达其发展态势,对研究结论能起到很好支撑作用。情形 1 为项目价值下跌至 8.5 亿元,表明市场对项目未来的运营持悲观态度,投资者和社会公众不愿意为其支付高的价格;情形 2 项目价值为 10 亿元,表示项目运行平稳;情形 3 项目价值达到 12 亿元,表示市场对该绿色项目持乐观态度,投资者和社会公众愿意为其支付较高金额。K 为前述项目投资额度,无论哪种情形,项目投资额度都不会变化,是投资方要求的最低回报。同理 r 和 τ 两个变量也不会因为资产价值变化而发生变化,前者设定为 4.2%,后者设定为 18 年。由于该项目并没有特殊要求,则这两个变量的数值设定不失一般性。σ 为标准差,衡量的是资产价值的稳定性。σ 并不必然与 S_t 相关,而是特定时期内价值波动性的表现。σ 与持续期正相关,一般而言,时间跨度越大,资产的波动性越大。由于没有历史数据,也没有对 σ 做前置设定,则其值可用随机数据生成。采用 STATA 的随机数据生成器,设定样本数为 100,初始值为 10,生成随机时间序列,然后计算 σ。结果如表 2-16 所示。

表 2-16　绿色项目主要变量数据生成　　　　　单位：亿元

模拟情景	S_t	K	r	σ	τ
情形 1	8.5	10	4.2%	0.092 7	18
情形 2	10	10	4.2%	0.085 7	18
情形 3	12	10	4.2%	0.125 3	18

（四）模拟结果

根据表 2-16 所提供的数据，代入公式 2.20、公式 2.21 和公式 2.19 计算三种情形下的 c 值。计算过程并不复杂，这里略去。三种情形下的期权价值如表 2-17 所示。

表 2-17　绿色项目溢出价值　　　　　单位：亿元

模拟情景	d_1	d_2	$N(d_1)$	$N(d_2)$	c
情形 1	1.705 9	1.312 7	0.956 4	0.904 9	3.880 5
情形 2	2.261 7	1.898 2	0.988 1	0.971 3	5.320 3
情形 3	2.030 6	1.499 0	0.978 8	0.933 2	7.363 8

结合表 2-17 可以看出，情形 1 项目的溢出价值最小，而情形 3 项目的溢出价值最大。究其原因，当其他条件不变时，在情形 1 中，项目当前价值和标准差都比较小，投资者和社会公众的需要支付的金额相对较小；反之，在情形 3 中，项目的当前价值和标准差都比较大，投资者和社会公众需要支付的金额较大。在未来项目运营过程中，如果绿色项目的溢出价值无法通过市场获得补偿，则政府应通过多种方式代为补偿，对绿色项目形成正向激励，促进绿色金融有效供给。

第三章 中国绿色金融发展历程及供给现状

第一节 绿色金融法律制度

　　法律是最高的社会规则,是以规定当事人权利和义务为内容并对全体社会成员具有普遍约束力的一种特殊行为规范。法律具有明示作用,其以法律条文形式明确规定和告知人民,哪些是可以做的,哪些是被禁止的,并通过强制力来机械地校正社会行为中所出现的一些偏离了法律轨道的不法行为,使之回归到正常的法律轨道。绿色金融法是有关调整绿色金融的法律规范的总和,体现了环境保护理念。绿色金融相关法律规定了经济主体可以从事和被禁止的行为,在可持续发展理念下调整不同经济主体之间的关系。中国目前没有单独就绿色金融进行立法,但多部与环境保护和金融相关的法律对绿色金融起到支撑作用。

表 3-1　我国绿色金融相关立法情况

颁布日期	实施日期	最近修订日期	法律名称
1989 年 12 月 26 日	1989 年 12 月 26 日	2014 年 4 月 24 日	中华人民共和国环境保护法
1995 年 10 月 30 日	1996 年 4 月 1 日	2020 年 4 月 29 日	中华人民共和国固体废物污染环境防治法
2002 年 6 月 29 日	2003 年 1 月 1 日	2012 年 2 月 29 日	中华人民共和国清洁生产促进法
2002 年 10 月 28 日	2003 年 9 月 1 日	2018 年 12 月 29 日	中华人民共和国环境影响评价法

续表

颁布日期	实施日期	最近修订日期	法律名称
2005年2月28日	2006年1月1日	2009年12月26日	中华人民共和国可再生能源法
2007年10月28日	2008年4月1日	2016年7月2日	中华人民共和国节约能源法
2008年8月29日	2009年1月1日		中华人民共和国循环经济促进法
2016年12月25日	2018年1月1日	2018年10月26日	中华人民共和国环境保护税法
2018年4月16日	2019年1月1日		环境影响评价公众参与办法
2018年8月31日	2019年1月1日		中华人民共和国土壤污染防治法
2019年8月26日	2020年9月1日		中华人民共和国资源税法

在环境问题日益严峻并已严重威胁到居民健康的背景下，为保护和改善环境，防治污染和其他公害，保障公众健康，推进生态文明建设，促进经济社会可持续发展，《中华人民共和国环境保护法》进行了修订，细化了政策措施，加大了责任范围和力度。该法强调一切单位和个人都有保护环境的义务，但地方各级人民政府应当对本行政区域的环境质量负责，国家采取财政、税收、价格、政府采购等方面的政策和措施，建立、健全生态保护补偿制度，支持环保产业发展。虽然并没有明确金融部门参与环保产业，但前述政府的各项政策措施和生态保护补偿制度会熨平环保产业可能面临的各种不确定性，增加收益，降低了金融机构投融资的风险，间接引导金融机构在环保产业配置更多金融资源。

针对固体废物污染生态环境问题，为了保障人民群众生命健康，维护生态环境安全，促进经济可持续健康发展，全国人民代表大会常务委员会特制定《中华人民共和国固体废物污染环境防治法》，其完善了固体废物污染环境防治制度，强化明确企业生产者的社会责任，实行举证责任倒置制，促进清洁生产和经济循环可持续发展。

《中华人民共和国清洁生产促进法》要求国务院和县级以上地方人民政府将清洁生产促进工作纳入国民经济和社会发展规划、年度计划，以及环境保护、资源利用、产业发展和区域开发等规划中，且应当制定有利于实施清洁生产的财政税收政策。该法规定中央和地方政府都要安排资金支持清洁生产，包括"中央预算应当加强对清洁生产促进工作的资金投入，包括中央财政清洁生产专项资金和中央预算安排的其他清洁生产资金""县级以上地方人民政府应当统筹地方财政安排的清洁生产促进工作的资金，引导社会资金，支持清洁生产重点项目"和"在依照国家规定设立的中小企业发展基金中，应当根据需要安排适当数额用于支持中小企业实施清洁生产"。这些条款明确了各级政府是清洁生产的重要推动力量，通过财政的直接投入和税收政策鼓励企业清洁生产，同时引导社会资金进入清洁生产领域，由此金融也成为促进企业清洁生产的重要力量。虽然政府对降低环境污染和能源消费的清洁生产负有首要责任，解决部分企业的外部性问题，体现了生态环境问题的公共产品性质，但金融作为资源配置的核心力量，也会通过资金供给的数量、价格和期限及难易程度促进企业向节能环保方向转型。作为履行社会责任的补偿，金融机构会通过所投资企业间接获得来自政府的补贴，提高了收益。

为了贯彻落实可持续发展战略，避免因项目规划建设不当对生态环境造成不良影响，促进经济社会协调健康发展，中国出台了《中华人民共和国环境影响评价法》，其明确要求对项目规划建设实施后的环境影响进行分析和评估，并对可能造成的不良影响提出应对措施，为项目决策提供科学依据。国家不断加强和完善环境影响评价指标体系的建设，建立环境影响评价信息共享制度，以提高项目环境影响评价的科学性和严谨性。

为了保护环境，实现经济可持续发展，中国出台了《中华人民共和国可再生能源法》，以增加能源供应，改善能源结构和保护能源安全。该法规定实行可再生能源发电全额保障性收购制度，县级以上人民政府应当对农村地区的可再生能源利用项目提供财政支持，国家对列入可再生能源产业发展指导目录的项目给予税收优惠。同时，该法还规定，国家财政设立可再生能源发展基金，主要资金来源为国家财政年度安排的专项资金和依法征收的可再生能源电价附加收入等；引导金融机构对列入国家可再生能源产业发展指导目录、符合信贷条件的可再生能源开发利用项目提供财政贴息的优惠贷款。金融部门的加入使政府能利用财政资金动员和撬动更多的社会资金支持可再生能源项目的发展，可再生能源企业通过获得优惠贷款降低成本和收入的不确定性并实现稳健发展。

为了推动全社会节约能源，提高能源利用效率，保护和改善环境，促进经济社会全面协调可持续发展，中国制定了《中华人民共和国节约能源法》，其强调节约能源是中国的基本国策，实行固定资产投资项目节能评估和审查制度，中央和省级地方财政安排节能专项资金，并采取包括税收优惠、财政补贴和政府优先采购等方式支持节能环保产业的发展。国家引导金融机构增加对节能项目的信贷支持,为符合条件的节能技术研究开发、节能产品生产以及节能技术改造等项目提供优惠贷款;推动和引导社会有关方面加大对节能的资金投入,加快节能技术改造。政府对节能环保产业的投入和支持可以对全社会起到示范效用,金融机构的优惠贷款有利于更多资源配置在节能环保产业,其他社会资金的投入也在一定程度上丰富了节能环保产业的资金来源。

为了促进循环经济发展,提高资源利用效率,保护和改善环境,实现可持续发展,中国制定了《中华人民共和国循环经济促进法》。国务院和省级地方政府通过设立专项资金、安排财政性资金、给予税收优惠等方式支持循环经济的发展,县级以上政府应当将节能、节水、节地、节材、资源综合利用等项目列为重点投资领域,金融机构应当给予相关项目优先贷款等信贷支持,并积极提供配套金融服务。金融机构不得向列入淘汰目录的企业提供任何形式的授信支持。该法明确金融机构向循环经济领域优先提供信贷支持,并禁止向被列入淘汰目录的企业提供授信,正负激励措施同时使用,使金融资源的配置更富操作性。

《中华人民共和国环境保护税法》共5章,分别为总则、应税污染物的计税依据和应纳税额、环境保护税收减免、税收征收管理、附则。这是中国第一部专门为推行生态文明建设而制定的税法,针对排污费实际执行中遇到的问题,对环境保护税进行了详细规定,对减少污染物排放以及生态文明建设有非常重要的意义。

为进一步规范公众参与环境影响评价机制,切实保障公众对环境保护信息的知情权、参与权与监督权,依据中国环境保护法等各项法律法规,制定了《环境影响评价公众参与办法》。公众通过各种方式参与生态环境保护建设,进一步提高了公众参与环境影响评价的效率,优化了市场经营环境。

为了进一步加强对工矿企业环境风险的监管防控,遏制污染源头进一步扩大,建立污染土地分级管理技术体系,2018年8月,第十三届全国人大常委会第五次会议通过《中华人民共和国土壤污染防治法》,制定土壤污染防治标准,建立土壤环境信息共享制度,要求各级政府加强对土壤污染风险的防控管理。这对保障公众健康及实现土壤资源可持续利用具有积极的意义。

为了合理利用资源,提交资源的利用效率,中国制定了《中华人民共和国资源税法》,于2020年9月1日起开始施行,1993年12月25日国务院发布的《中华人民共和国资源税暂行条例》同时废止。该法规定了缴纳资源税的税率《资源税税目税率表》,实行从价计征或从量计征两种方法。该法详细规定了免征、减征税收的情形。

虽然前述法律规范没有将绿色金融纳入其中,但从环境保护和可持续发展角度看,金融机构所参与的绿色项目均为绿色金融的业务领域,这些法律规范能够为绿色金融的发展起到一定的支持作用。针对当前日益复杂和严峻的环境问题,亟待出台专门的绿色金融法,明确绿色金融的参与主体及相关法律责任和义务,确定绿色金融的投资范围、风险分担、激励措施及法律责任,从而更好地发挥绿色金融的资源配置作用,引导更多资源投入到节能环保产业,实现经济社会的可持续发展。

第二节 绿色金融相关政策

金融是国民经济的传统部门,绿色概念的提出则相对晚很多,而且其内涵也在不断地发展变化,绿色和金融结合为绿色金融是一个相对较新的概念。金融作为资源配置的核心力量,与绿色的结合势必引起投融资领域和方式的转变。绿色是绿色金融发展的基础,对绿色的界定和论述关乎绿色金融的发展方向和目标。"十五"规划以来,中国对绿色发展的论述不断丰富,与绿色相关的概念越来越多,绿色金融的内涵也随之扩展。绿色发展理念对绿色金融发展起指导性作用,绿色产业、行业和部门是绿色金融资源配置的客体,绿色制度是绿色金融制度法律、法规、政策和监管的依据。

"十五"至"十二五"期间,针对日益严重的环境污染问题,中央政府越来越重视经济增长方式的转变,绿色概念被不断应用到一些行业、产业的部门中,绿色发展理念也逐步被接受和推崇。表3-1详细列举出"十五"至"十二五"期间中央政府关于绿色发展概念的论述。其中,绿色金融的概念是在"十二五"提出的,当时绿色金融的服务对象仅局限于小微企业,而且绿色金融仅仅是金融产品和服务创新模式之一。

表3-2 国家"十五"至"十二五"规划关于绿色发展的论述

五年规划	绿色名词	相 关 论 述
"十五"计划	绿色农业	发展有特色的农牧业、绿色食品、旅游、中草药及生物制药等
	绿色消费	开展全民环保教育,提高全民环保意识,推行绿色消费方式
	绿色流通	加快"绿色通道"建设,大力开展植树种草和城市绿化

续表

五年规划	绿色名词	相关论述
"十一五"规划	绿色农业	扩大养殖、园艺等劳动密集型产品和绿色食品生产
	绿色流通	完善鲜活农产品"绿色通道"网络
	绿色建筑	大力发挥节能环保的新型建筑材料、保温材料以及绿色装饰装修材料
	绿色工业	着力发展高技术、高性能、差别化、绿色环保纤维和再生纤维
"十二五"规划	绿色理念	必须增强危机意识，树立绿色、低碳发展理念，以节能减排为重点，加快构建资源节约、环境友好的生产方式和消费模式
	绿色生活和消费模式	倡导文明、节约、绿色、低碳消费理念，推动形成与中国国情相适应的绿色生活方式和消费模式
	绿色矿业	发展绿色矿业，强化矿资源节约与综合利用
	绿色建筑	建筑业要推广绿色建筑、绿色施工
	绿色金融	围绕促进小型微型企业发展、推动科技创新、发展绿色经济、支持企业跨境经营，以及发展网上交易等新型服务业态，创新金融产品和服务模式
	绿色采购	推行政府绿色采购，逐步提高节能节水产品和再生利用产品比重

资料来源：邬晓霞和张双悦（2017）。

"十三五"期间，绿色概念的外延和内涵都在延伸，绿色化开始从理念转向制度，绿色税收体系概念的提出表示政府将用行政手段推动经济发展方式的转变，构建绿色金融体系也被提上日程。

表3-3 国家"十三五"规划关于"绿色发展"的阐述

绿色名词	相关阐述
绿色定位	绿色是永续发展的必要条件和人民对美好生活追求的重要体现。必须坚持节约资源和保护环境的基本国策，坚持可持续发展，坚定走生产发展、生活富裕、生态良好的文明发展道路。加快建设资源节约型、环境友好型社会，形成人与自然和谐发展现代化建设新格局，推进美丽中国建设
绿色制度	建立覆盖资源开采、消耗、污染排放及资源性产品进出口等环节的绿色税收体系。统筹推行绿色标识、认证和政府绿色采购制度。建立绿色金融体系，发展绿色信贷、绿色债券，设立绿色发展基金

续表

绿色名词	相 关 阐 述
绿色区域发展	西部地区：大力发展绿色农产品加工、文化旅游等特色优势产业。京津冀地区：北京重点发展知识经济、服务经济、绿色经济。长江经济带：坚持生态优先、绿色发展的既定战略定位。建设集聚程度高、竞争力强、绿色低碳的现代产业走廊
绿色生态空间	拓展绿色宜人的生态空间
绿色城市	实行绿色规划、设计、施工标准，实施生态廊道建设和生态系统修复工程，建设绿色城市。发展适用、经济、绿色、美观建筑。推广城市自行车和公共交通等绿色出行服务系统
绿色产业	支持新一代信息技术、新能源汽车、生物技术、绿色低碳、高端装备与材料、数字创意等领域的产业发展壮大。加快构建绿色供应链产业体系
绿色农业	深入推进粮食绿色高产高效创建。加快生物育种、农机装备、绿色增产等技术攻关。促进中药材种植业绿色发展
绿色交通	推进交通运输绿色低碳发展。实行公共交通优先，加快发展城市轨道交通、快速公交等大容量公共交通，鼓励绿色出行
绿色制造	促进制造业朝高端、智能、绿色、服务方向发展。实施绿色制造工程，推进产品全生命周期绿色管理，构建绿色制造体系
绿色消费	生产方式和生活方式绿色、低碳水平上升。支持信息、绿色、时尚、品质等新型消费
绿色流通	大力发展第三方物流和绿色物流、冷链物流、城乡配送
绿色基础设施	加快完善安全高效、智能绿色、互联互通的现代基础设施网络。坚持网络化布局、智能化管理、一体化服务、绿色化发展，建设国内国际通道连通、区域城乡覆盖广泛、枢纽节点功能完善、运输服务一体高效的综合交通运输体系。加快发展城市轨道交通、快速公交等大容量公共交通，鼓励绿色出行
绿色海洋经济	发展海洋科学技术，重点在深水、绿色、安全的海洋高技术领域取得突破
绿色能源资源	推进大型煤炭基地绿色化开采和改造。实施绿色建筑全产业链发展计划。大力推进绿色矿山和绿色矿业发展示范区建设

国家"十三五"规划对于"绿色发展"相关概念的界定为后期绿色发展奠定了基础，使金融机构投资有了明确的依据，使各市场主体的环境责任更为明晰，对金融机构投资绿色项目给予的政策支持也更精准、更具操作性。

一、中央和地方绿色金融宏观政策

（一）中央绿色金融发展宏观政策梳理

《关于改进和加强节能环保领域金融服务工作的指导意见》没有明确提出绿色金融的概念，但在思想上已充分认识改进和加强节能环保领域金融服务工作的重要性和紧迫性，对鼓励类和限制类项目实行有差别的信贷政策，支持节能环保行业的技术创新与改造，将环保信息纳入征信系统，进一步改善节能环保领域的直接融资服务，多项措施出台为绿色金融的发展起到引导作用。

表 3-4 中央及各部委出台的绿色金融发展规划和宏观支持政策

部门	发布时间	文件名称
中国人民银行	2007年7月	关于改进和加强节能环保领域金融服务工作的指导意见
中共中央、国务院	2015年4月	关于加快推进生态文明建设的意见
中共中央、国务院	2015年9月	生态文明体制改革总体方案
全国人大	2016年3月	"十三五"规划纲要
中国人民银行等七部委	2016年8月	关于构建绿色金融体系的指导意见
国务院办公厅	2016年12月	关于建立统一的绿色产品标准、认证、标识体系的意见
国家发展改革委	2017年12月	全国碳排放权交易市场建设方案（电力行业）
中国人民银行	2017年12月	中国银行业绿色银行评价实施方案（试行）
中国人民银行	2018年1月	绿色信贷专项统计制度
中国人民银行	2018年3月	关于加强绿色金融债券存续期监督管理有关事宜的通知
国务院办公厅	2018年4月	关于全面推进金融业综合统计工作的意见
生态环境部	2018年5月	环境污染强制责任保险管理办法（草案）
中共中央、国务院	2018年6月	全面加强生态环境保护 坚决打好污染防治攻坚战的意见
中国人民银行	2018年7月	关于开展银行业存款类金融机构绿色信贷业绩评价的通知
国家发展改革委	2018年7月	关于创新和完善促进绿色发展价格机制的意见
证监会	2018年9月	上市公司治理准则

续表

部门	发布时间	文件名称
中国证券投资基金业协会	2018年11月	绿色投资指引(试行)
国家发展改革委、财政部等九部门	2019年1月	建立市场化、多元化生态保护补偿机制行动计划
国家发展改革委	2019年2月	绿色产业指导目录(2019年版)
工业和信息化部、国家开发银行	2019年3月	关于加快推进工业节能与绿色发展的通知
农业农村部办公厅	2019年4月	2019年农业农村绿色发展工作要点
中共中央办公厅、国务院办公厅	2019年4月	关于统筹推进自然资源资产产权制度改革的指导意见
中共中央办公厅、国务院办公厅	2019年5月	国家生态文明试验区(海南)实施方案
国家发展改革委、科学技术部	2019年5月	关于构建市场导向的绿色技术创新体系的指导意见
国家市场监管总局	2019年5月	绿色产品标识使用管理办法
中共中央办公厅、国务院办公厅	2019年6月	中央生态环境保护督察工作规定
国家发展改革委	2019年11月	生态综合补偿试点方案
国家发展改革委	2019年11月	绿色生活创建行动总体方案
国家发展改革委	2020年1月	全国公共资源交易目录指引
中共中央办公厅、国务院办公厅	2020年3月	关于构建现代环境治理体系的指导意见
国家发展改革委、司法部	2020年3月	关于加快建立绿色生产和消费法规政策体系的意见
国家发展改革委	2020年7月	关于组织开展绿色产业示范基地建设的通知

资料来源：作者整理。

《关于加快推进生态文明建设的意见》指出，中国生态文明建设水平滞后，发展与人口资源环境之间的矛盾日益突出，制约经济社会的可持续发展，通过健全价格、财税、金融等政策，激励、引导各类主体积极投身生态文明建设，到2020年，资源节约型和环境友好型社会建设取得重大进展。该文件明确指出要"推广绿色信贷，支持符合条件的项目通过资本市场融资；探索排污权抵押等融资模式；深化环境污染责任保险试点，研究建立巨灾保险制度"，体现了绿色金融助推绿色经济发展的重要作用。

以建设美丽中国为目标,中共中央、国务院出台了《生态文明体制改革总体方案》,明确提出要构建绿色金融体系。在信贷方面,研究采取财政贴息等方式加大扶持力度,鼓励加大绿色信贷的放贷力度。在资本市场方面,研究设立绿色股票指数和发行绿色债券,鼓励绿色信贷证券化,设立绿色发展基金。在担保方面,完善节能环保项目的担保机制,加大补偿力度。在市场培育方面,建立绿色评级体系。该方案最后还提出要积极推动绿色金融领域各类国际合作。这些措施的出台已将绿色金融视为一种金融业态,政府采用包括财政手段在内的各项政策支持其发展。

"十三五"规划纲要是国民经济发展的纲领性文件,明确提出要建立绿色金融体系,发展绿色信贷、绿色债券,设立绿色发展基金,表明在"十三五"期间中央将重视和常态化支持绿色金融体系的建设及绿色金融的发展。

《关于构建绿色金融体系的指导意见》分别从重要意义、绿色信贷、绿色投资、绿色基金、绿色保险、环境权益交易市场和融资工具、地方发展绿色金融、开展国际绿色金融合作及防范金融风险等方面提出了构建绿色金融体系的具体指导意见。该意见是目前为止最为全面的绿色金融体系建设文件,操作性强,对绿色金融发展具有重要意义。

为健全绿色市场体系,增加绿色产品供给,国务院办公厅制定《关于建立统一的绿色产品标准、认证、标识体系的意见》,主要任务为统一绿色产品内涵和评价方法,构建统一的绿色产品标准、认证、标识体系,实施统一的绿色产品评价标准清单和认证目录,创新绿色产品评价标准供给机制,健全绿色产品认证有效性评估与监督机制,加强技术机构能力和信息平台建设及推动国际合作和互认。

为推动建设全国碳排放权交易市场,贯彻落实党中央、国务院的战略部署,国家发展改革委印发了《全国碳排放权交易市场建设方案(发电行业)》,将碳市场作为控制温室气体排放政策工具,有效控制和减少企业碳排放量,激发企业低碳减排潜力,推动企业绿色转型升级。

为全面加强生态环境保护,打好污染防治攻坚战,提升生态文明,建设美丽中国,中共中央、国务院制定《全面加强生态环境保护 坚决打好污染防治攻坚战的意见》,主要任务为推动形成绿色发展方式和生活方式,坚决打赢蓝天保卫战,着力打好碧水保卫战,扎实推进净土保卫战,加快生态保护与修复,改革完善生态环境治理体系等。需要完善助力绿色产业发展的价格、财税、投资等政策,发展绿色信贷、绿色债券等金融产品,设立国家绿色发展基金,落实有利于资源节约和生态环境保护的价格政策,落实相关税收优惠政策。

为了使绿色金融更好地服务经济高质量发展和绿色转型升级,促进绿色信贷大力发展,中国人民银行印发《银行业存款类金融机构绿色信贷业绩评价方案(试行)》《关于开展银行业存款类金融机构绿色信贷业绩评价的通知》,依据绿色信贷政策综合评价银行业存款类金融机构绿色信贷业绩,并根据综合评价结果对金融机构绿色信贷发展进行激励约束。

为助力打好污染防治攻坚战,促进生态文明和美丽中国建设,国家发展改革委发布《关于创新和完善促进绿色发展价格机制的意见》,主要任务为完善污水处理收费政策,健全固体废物处理收费机制,建立有利于节约用水的价格机制和健全促进节能环保的电价机制等。2018年,为了进一步完善绿色信贷业务考核机制,央行发布《绿色贷款专项统计制度》,要求金融机构定期上报绿色贷款专项统计情况,使得绿色信贷业务评价更加细致和有操作性。为了进一步加强对绿色金融债券存续期的监督管理,改善信息披露质量,激发发行人绿色发展的积极性,央行印发《中国人民银行关于加强绿色金融债券存续期监督管理有关事宜的通知》。

为增强金融服务实体经济能力,健全货币政策和宏观审慎双支柱调控框架,完善金融监管体系,守住不发生系统性金融风险的底线,国务院办公厅制定《关于全面推进金融业综合统计工作的意见》,要求加强绿色金融、普惠金融等专项统计,合理评估金融对实体经济的支持力度。

为了贯彻落实中共十九大精神,建立健全绿色金融体系,打好污染防治攻坚战,环境保护部和保监会出台《环境污染强制责任保险管理办法(征求意见稿)》,要求在环境高风险领域建立"环境污染强制责任保险制度"。鼓励和督促高环境风险企业投保,以市场化手段解决环境污染损害,有助于企业加强环境风险管理。

中国上市公司治理面临很多的新问题和挑战,旧准则很难适应这些新变化,为了引导上市公司关注生态文明建设,积极履行社会责任,2018年9月,证监会下发修订后的《上市公司治理准则》,其对上市公司经营转型升级,完善治理结构具有重要的意义。

为了激励基金管理人关注环境风险,强化对环境可持续的认知,推动基金行业绿色可持续发展,优化基金投资活动中的环境效益,中国证券投资基金业协会特制定《绿色投资指引(试行)》。该指引为各类机构投资者开展绿色投资提供了指导,将基金优先投资于环境效益好的项目,促进经济的高质量绿色低碳发展。

为了践行"绿水青山就是金山银山"的发展理念,推进市场化、多元化生态保护补偿机制的建设,国家发展改革委、生态环境部等9部门联合印发《建立市场化、多元化生态保护补偿机制行动计划》。该计划要求政府加强顶层设计,创新生态保护补偿机制体制,使生态保护者和受益者之间的互动更加良性、协调。

2019年,国家发展改革委印发《绿色产业指导目录(2019年版)》,要求各级地方有关部门按照指导目录,根据各自经济发展重点,出台投资、价格、金融、税收、融资等方面政策措施,致力于发展节能环保、清洁低碳的绿色产业。为了进一步提升工业能源效应,发挥部行合作优势,建立健全绿色制造体系,实现工业绿色清洁发展,工业和信息化部、国家开发银行联合印发《关于加快推进工业节能与绿色发展的通知》,要求进一步完善政策配套,探索创新绿色制造机制体制,培育经济发展的新动能。

为加快健全自然资源资产产权制度,进一步推动生态文明建设,中共中央办公厅和国务院办公厅制定《关于统筹推进自然资源资产产权制度改革的指导意见》,主要任务为健全自然资源资产产权体系,明确自然资源资产产权主体,开展自然资源统一调查监测评价,加快自然资源统一确权登记,强化自然资源整体保护,促进自然资源资产集约开发利用,推动自然生态空间系统修复和合理补偿,健全自然资源资产监管体系和完善自然资源资产产权法律体系等。

为了提升农业农村绿色发展水平,充分发挥绿色发展对乡村振兴的引领作用,农业农村部印发了《2019年农业农村绿色发展工作要点》。该文件制定了2019年中国农业农村绿色发展的工作要点,在绿色生产、污染防治、农业资源利用与保护方面制定具体工作方向,持续推进农业农村可持续发展。中共中央办公厅、国务院办公厅印发的《国家生态文明试验区(海南)实施方案》,旨在把海南建设成国家生态文明体制改革创新先行区,为全国生态文明建设积累宝贵经验,提升生态环境治理能力,建立健全生态环境资源监管体系,推进国家生态文明建设现代化。

《全国公共资源交易目录指引》提出拓展公共资源交易平台覆盖范围,逐步扩大到适合以市场化方式配置的自然资源、资产股权、环境权等各类公共资源。

《关于组织开展绿色产业示范基地建设的通知》提出建立绿色产业示范基地,推动绿色产业聚焦,提高绿色产业竞争力,构建技术创新体系,打造营运服务平台,完善政策体制机制。

为推进建设绿色技术创新体系,《关于构建市场导向的绿色技术创新体系的指导意见》界定了绿色技术的概念,计划到2022年基本建成市场导向的绿色技术创新体系,从培育壮大绿色技术创新主体、强化绿色技术创新的导向机制、推进绿色技术创新成果转化示范应用、优化绿色技术创新环境、加强绿色技术创新对外开放与国际合作等方面推进工作。

为规范绿色产品标识的使用,国家市场监管总局制定《绿色产品标识使用管理办法》,规定由市场监管总局统一发布绿色产品标识,建设和管理绿色产品标识信息平台,并对绿色产品标识使用实施监督管理。其主要内容为绿色产品标识的样式、绿色产品标识的使用和绿色产品标识的监督管理。

为了规范生态环境保护督察工作,落实生态环境保护责任,推进生态文明建设,建设美丽中国,中共中央办公厅、国务院办公厅出台《中央生态环境保护督察工作规定》,对组织机构和人员、督察对象和内容、督察程序和权限、督察纪律和责任等做了明确的规定。

为进一步完善生态保护补偿机制,《生态综合补偿试点方案》提出进行生态综合补偿试点工作,主要工作任务包括创新森林生态效益补偿制度、推进建立流域上下游生态补偿制度、发展生态优势特色产业和推动生态保护补偿工作制度化。

为在全社会开展绿色生活创建行动,《绿色生活创建行动总体方案》提出要统筹开展7个重点领域的创建行动,在理念、政策、教育、行为等多方面共同发力,形成多方联动、相互促进、相辅相成的推进机制。主要创建内容包括节约型机关创建行动、绿色家庭创建行动、绿色学校创建行动、绿色社区创建行动、绿色出行创建行动、绿色商场创建行动和绿色建筑创建行动。

为加快建立绿色生产和消费法规政策体系,《关于加快建立绿色生产和消费法规政策体系的意见》提出,到2025年,相关的法规、标准和政策进一步健全,激励约束到位的制度框架基本建立,主要任务为推进绿色设计,强化工业清洁生产,发展工业循环经济,加强工业污染治理,促进能源清洁发展,推进农业绿色发展,促进服务业绿色发展,扩大绿色消费等。

《关于构建现代环境治理体系的指导意见》指出,到2025年,建立健全环境治理的领导责任体系、企业责任体系、全民行动体系、监管体系、市场体系、信用体系、法律法规政策体系,落实各类主体责任,提高市场主体和公众参与的积极性,形成导向清晰、决策科学、执行有力、激励有效、多元参与、良性互动的环境治理体系。

虽然中国政府尚未出台专门的绿色金融法,但中央各部门早已对支持和规范绿色金融发展进行了探索,已经出台的各项规划和政策中,多数都具有较强的针对性和可操作性,为绿色金融的发展奠定了基础。为了全面推进中国绿色金融体系建设,2017年国务院常务会议决定在浙江、江西、广东、贵州、新疆5省份建设绿色金融改革创新试验区,选择部分地方,建设各有侧重、各具特色的创新试验区。主要任务包括支持金融机构设立绿色金融事业部或绿色支行;鼓励发展绿色信贷,探索特许经营权、项目收益权和排污权等环境权益抵质押融资;探索建立排污权、水权、用能权等环境权益交易市场,建立企业污染排放、环境违法违规记录等信息共享平台,建设绿色信用体系;建立绿色金融风险防范机制,健全责任追究制度,依法建立绿色项目投融资风险补偿机制等。绿色金融创新实验区先行先试,探索促进绿色金融发展完善的体制机制,为其他地区和全国绿色金融的发展提供经验。

(二)地方政府绿色金融总体政策梳理

在中央构建绿色金融体系,促进绿色金融发展的指引下,地方政府纷纷根据中央精神出台相应支持当地绿色金融发展的政策文件(见表3-5)。北京、福建、新疆等部分省份明确提出了构建绿色金融体系,浙江、广东、辽宁、贵州、江西等省份进行了绿色金融改革创新,其他省份虽然没有在文件名称中显示绿色金融,但文件将绿色金融列为重要内容。

表3-5 地方政府出台的促进绿色金融发展的部分政策文件

颁布地区	政策名称及主要内容
北京	关于促进首都金融业发展的意见 北京市"十三五"时期金融业发展规划 关于构建首都绿色金融体系的实施办法
上海	上海市国民经济和社会发展第十二个五年规划纲要 "十二五"时期上海国际金融中心建设规划 上海市环境保护和生态建设"十二五"规划 上海市城市总体规划(2017—2035年)
天津	天津市国民经济和社会发展第十二个五年规划纲要 2010年天津市政府工作报告 天津市环境保护"十二五"规划
浙江	浙江省环境保护"十二五"规划 浙江省绿色经济培育行动实施方案 推进湖州市、衢州市绿色金融改革创新试验区建设行动计划
江苏	江苏省国民经济和社会发展第十二个五年规划纲要 江苏省"十二五"环境保护和生态建设规划 江苏省网络借贷信息中介机构打造绿色金融管理指引(征求意见稿)

续表

颁布地区	政策名称及主要内容
山东	山东省"十二五"金融业发展规划纲要
广东	广东省金融改革发展"十三五"规划 广东省广州市建设绿色金融改革创新试验区总体方案 广州市黄埔区、广州高新区促进绿色金融发展政策措施 关于加强环保与金融融合促进绿色发展的实施意见 广东省广州市绿色金融改革创新试验区绿色企业认定方法 广东省广州市绿色金融改革创新试验区绿色项目认定方法 关于广州扩大金融对外开放 提高金融国际化水平的实施意见
福建	2014年福建省政府工作报告 福建省"十二五"环境保护与生态建设专项规划 福建省绿色金融体系建设实施方案 关于促进厦门市保险行业发展绿色金融的意见 关于促进厦门市资本市场发展绿色金融的意见
辽宁	辽宁省环境保护"十二五"规划 吉林省人民政府办公厅关于推进绿色金融发展的若干意见
内蒙古	内蒙古自治区"十二五"节能减排规划 内蒙古自治区人民政府关于构建绿色金融体系的实施意见 内蒙古环保基金设立方案
河北	河北省国民经济和社会发展第十二个五年规划纲要 承德市关于建立绿色金融体系的工作方案
湖北	湖北省国民经济和社会发展第十二个五年规划纲要 湖北省金融业"十二五"发展规划 2014年湖北省政府工作报告
黑龙江	黑龙江省环境保护"十二五"规划 关于加强黑龙江省节能环保领域金融工作的信贷指导意见 关于金融支持黑龙江低碳循环经济发展的指导意见
河南	河南省国民经济和社会发展第十二个五年规划纲要 河南省银行业"十二五"发展规划纲要 河南省环境保护"十二五"规划
安徽	安徽省"十二五"环境保护规划 安徽省绿色金融体系实施方案
湖南	湖南省环境保护"十二五"规划 关于促进绿色金融发展的实施意见
四川	四川省"十二五"金融业发展规划 四川省"十三五"生态保护与建设规划

续表

颁布地区	政策名称及主要内容
新疆	新疆维吾尔自治区环境污染责任保险试点工作实施方案 新疆维吾尔自治区哈密市、昌吉州和克拉玛依市建设绿色金融改革创新试验区总体方案 构建绿色金融体系的实施意见 货币政策工具支持绿色金融改革创新试验区绿色经济发展实施细则（暂行）
山西	山西省环境保护"十二五"规划 山西省绿色信贷政策效果评价办法（试行）
广西	广西壮族自治区环境保护和生态建设"十二五"规划 广西壮族自治区绿色金融改革创新实施方案
重庆	重庆市"十二五"生态建设和环境保护规划 重庆市绿色金融发展规划(2017—2020) 加快推进全市绿色金融发展行动计划(2017—2018)
云南	云南省环境保护"十二五"规划
宁夏	宁夏回族自治区环境保护"十二五"规划
贵州	贵州省"十二五"金融业发展专项计划 贵州省贵安新区建设绿色金融改革创新试验区总体方案 关于加快绿色金融发展的意见
甘肃	关于进一步加快推进生态文明制度建设的意见 关于构建绿色金融体系的指导意见
青海	关于发展绿色金融的实施意见
江西	江西省赣江新区建设绿色金融改革创新试验区总体方案 江西省"十三五"建设绿色金融体系规划 江西省生态环境损害赔偿制度改革实施方案 关于加快绿色金融发展的实施意见
海南	海南省绿色标准体系建设三年行动方案

资料来源：作者整理。

二、绿色金融发展行业政策

为了应对日益严峻的生态环境问题，各部委分别针对各自管辖的业务出台相应的支持节能环保事业的政策文件，其中也有两个或多个部门联合发布文件，以期能够产生联动效应，发挥协同效应，加快绿色金融的发展。鉴于中国分类监管的现状和绿色金融业务的属性，笔者将绿色金融分为绿色信贷、绿色证券、绿色保险和碳金融四个市场,分别梳理已经出台的政策。

(一)绿色信贷市场政策

绿色信贷是商业银行发放贷款的一个品种,政策协调方包括中国人民银行、银监会、环保部(原环保总局)、国家开发银行和国家发展改革委等四个部门。其中,银监会成立于2003年4月,证监会成立于1995年3月,之前的监管统一归属中国人民银行。第一份绿色信贷政策是由中国人民银行发布的,明确提出环境保护工作与信贷政策联系起来,随后,国家发展改革委和原环保总局等部门围绕绿色信贷出台了一系列政策。其中,第一份以绿色信贷命名的文件为2012年银监会发布的《绿色信贷指引》。

表3-6 中国信贷市场绿色金融政策

发布部门	发布日期	政策名称
中国人民银行	1995年2月	关于贯彻信贷政策与加强环境保护工作有关问题的通知
国家发展改革委、中国人民银行、银监会	2004年4月	关于进一步加强产业政策和信贷政策协调配合控制信贷风险的通知
原环保总局、国家开发银行	2005年10月	开发性金融合作框架协议
中国人民银行、原环保总局	2006年12月	关于共享企业环保信息有关问题的通知
中国人民银行	2007年6月	中国人民银行进一步改进和加强节能环保领域金融服务工作的指导意见
原环保总局、中国人民银行、银监会	2007年7月	关于落实环保政策法规防范信贷风险的意见
银监会	2007年11月	节能减排授信工作指导意见
原环保总局、中国银监会	2008年2月	信息交流与共享协议
环保部、中国人民银行	2009年6月	关于全面落实绿色信贷政策进一步完善信息共享工作的通知
中国人民银行、银监会、证监会	2009年12月	关于进一步做好金融服务支持重点产业调整振兴和抑制部分行业产能过剩的指导意见
中国人民银行、银监会	2010年5月	关于进一步做好支持节能减排和淘汰落后产能金融服务工作的意见

续表

发 布 部 门	发布日期	政 策 名 称
银监会	2012年2月	绿色信贷指引
银监会、国家发展改革委	2015年1月	能效信贷指引
中国银行业协会	2017年12月	中国银行业绿色银行评价实施方案（试行）
中国人民银行	2018年1月	绿色贷款专项统计制度
中国人民银行	2018年7月	关于开展银行存款类业金融机构绿色信贷业绩评价的通知
工业和信息化部、国家开发银行	2019年3月	关于加快推进工业节能和绿色发展的通知

资料来源：作者根据文献资料整理。

（二）绿色证券市场政策

资本市场是公司募集资金的主要场所，主要形式为发行股票和债券，证监会是其监管机构。自2001年3月来，证监会、中国人民银行和环保部（原环保总局）、国家发展改革委及上海交易所等部门和机构多次发文推动公司在融资时纳入环境保护因素，强调上市公司进行环境信息披露，并列出了绿色债券支持项目目录和发行指引。

表3-7 中国资本市场绿色金融政策

发 布 部 门	发布时间	政 策 名 称
证监会	2001年3月	公开发行证券的公司信息披露内容与标准格式第一号——招股说明书
原环保总局、证监会	2001年5月	上市公司环境审计公告
原环保总局、证监会	2003年	上市公司环境信息披露的建议
原环保总局、证监会	2003年	上市公司或股票再融资进一步环境审计报告
原环保总局	2007年8月	进一步规范重点污染行业生产经营公司申请上市或再融资环境保护核查工作的通知
证监会	2008年1月	关于重污染行业生产经营公司IPO申请文件的通知
原环保总局	2008年2月	关于加强上市公司的环境保护监督管理工作的指导意见

续表

发布部门	发布时间	政策名称
上海证券交易所	2008年5月	上海证券交易所上市公司环境信息披露指引
环保部	2010年7月	关于进一步严格上市环保核查管理制度加强上市公司环保核查后督查工作的通知
环保部	2011年2月	关于进一步规范监督管理严格开展上市公司环保核查工作的通知
环保部	2012年3月	关于开展铅蓄电池和再生铅企业环保核查工作的通知
环保部	2012年3月	关于深入开展重点行业环保核查进一步强化工业污染防治工作的通知
环保部	2012年10月	关于进一步优化调整上市环保核查制度的通知
环保部	2014年4月	上市公司信息披露指南
环保部	2014年10月	关于改革调整上市环保核查工作制度的通知
中国人民银行	2015年12月	关于发行绿色金融债券有关事宜的公告
中国人民银行	2015年12月	绿色债券支持项目目录
国家发展改革委	2016年1月	绿色债券发行指引
证监会	2017年3月	中国证监会关于支持绿色债券发展的指导意见
环保部、证监会	2017年6月	关于共同开展上市公司环境信息披露工作的合作建议
中国人民银行、证监会	2018年1月	绿色债券评估认证行为指引(暂行)
中国人民银行	2018年3月	中国人民银行关于加强绿色金融债券存续期监督管理有关事宜的通知
上海证券交易所	2018年3月	上海证券交易所公司债券融资监管问答(一)——绿色公司债券
上海证券交易所	2018年4月	上海证券交易所服务绿色发展推进绿色金融愿景与行动计划(2018—2020年)
中国证券投资基金业协会	2018年11月	绿色投资指引(试行)
国家发展改革委、中国人民银行等七部委	2019年3月	绿色产业指导目录(2019年版)

续表

发布部门	发布时间	政策名称
中国人民银行	2019年5月	关于支持绿色金融改革创新试验区发行绿色债务融资工具的通知
中国人民银行、国家发展改革委、证券会	2020年8月	《绿色债券支持项目目录(2020年版)》的通知(征求意见稿)

资料来源：作者根据公开文献资料整理。

(三) 绿色保险市场政策

保险行业的监管部门为保监会。除了国务院下发的《关于加快发展现代保险服务业的若干意见》外，保监会和环保部（原环保总局）下发了多项推动绿色保险发展的政策文件。保险机构承接绿色企业或项目的风险，使得企业可以将风险转移出去，保险机构则通过充分的分散化实现风险与收益的匹配。绿色保险主要承担的风险为环境风险，环保部提供了多个行业环境风险评估的方法，为保险机构确定保期、保费和保额提供了重要参考依据。

表3-8 中国保险市场绿色金融政策

发布部门	发布时间	政策名称
原环保总局、保监会	2007年7月	关于印发《关于开展环境污染责任保险调研报告》的通知
原环保总局	2007年12月	关于环境污染责任保险工作的意见
环保部、保监会	2009年11月	环境风险评估技术指南——氯碱企业环境风险等级划分办法
环保部、保监会	2011年9月	环境风险评估技术指南——氯硫企业环境风险等级划分办法
环保部、保监会	2013年1月	关于开展环境污染强制责任保险试点工作的指导意见(试行)
环保部	2013年4月	环境风险评估技术指南——粗铅冶炼企业环境风险等级划分办法(试行)的通知
保监会	2014年3月	保险业服务新型城镇化发展的指导意见的通知
国务院	2014年8月	关于加快发展现代保险服务业的若干意见
保监会	2016年8月	中国保险业发展"十三五"规划纲要

续表

发布部门	发布时间	政策名称
保监会	2017年5月	化学原料及化学制品制造业责任保险风险评估指引
生态环境部、中国银行保险监督管理委员会	2017年6月	环境污染强制责任保险管理办法（征求意见稿）

资料来源：作者根据公开文献资料整理。

（四）碳金融市场政策

为了应对全球碳排放可能导致的气候变暖及其他灾害，全球多次召开气候大会，多边磋商如何通过市场机制促进国家和企业自愿减少碳排放。碳金融成为当前环境问题市场化的一个重要实现方式。各国家和区域规划一个自愿减排后的总额度，企业获得配额，盈余方可以进入市场销售，价格反映了碳排放的部分环境成本，盈余方通过减排获得市场化补偿。中国作为世界第二大经济体和最大的发展中国家，积极参与到全球环境治理，出台了一系列碳金融文件，并在全球气候大会上做出重要承诺。经过长期的不断探索，中国逐步形成了碳约束目标和碳市场系列政策。表3-9为中国碳约束目标，其中承诺项主要依据国际协议，制定了减排总量。具体的减排措施如表3-10所示。

表3-9 中国碳约束目标

机制	发布日期	政策文件名称/重要表态	相关内容
机制规划	2007年6月	中国应对气候变化国家方案	明确了到2010年中国应对气候变化的基本目标、基本原则、重点领域及其政策措施
	2010年8月	关于开展低碳省区和低碳城市试点工作	研究运用市场机制推动实现减排目标
	2011年12月	"十二五"控制温室气体排放工作方案	明确了到2015年控排的总体要求
减排承诺	2009年11月	哥本哈根气候大会中国承诺	2020年单位GDP碳排放比2005年下降40%—45%，建立全国统一的统计、监测和考核体系
	2014年11月	中美气候变化联合声明	2030年左右碳排放达到峰值且将努力早日达峰，非化石能源在一次能源消费占比达到20%

续表

机制	发布日期	政策文件名称/重要表态	相 关 内 容
减排承诺	2015年9月	中美元首气候变化联合声明	2030年单位GDP碳排放将比2005下降60%—65%
	2015年12月	巴黎协定	将全球平均温度上升控制在工业化前的2℃水平并尽量到1.5℃以下

资料来源：北京环境交易所整理。

中国碳市场政策主要包括中央政策宣示和国家发展改革委工作部署两大部分，前者意在建立碳市场的交易运行原则和框架，后者则属于碳市场具体的运行制度和规划。

表3-10 中国碳市场政策

部门	发布日期	政策文件名称/重要表态	相 关 内 容
中央政策宣示	2010年9月	关于加快培育和发展战略性新兴产业的决定	建立和完善主要污染物和碳排放交易制度
	2010年10月	"十二五"规划	把大幅度降低能源消耗强度和碳排放强度作为约束性指标，逐步建立碳排放权交易市场
	2012年11月	"十八大"报告	积极开展碳排放权交易试点
	2013年11月	十八届三中全会公报	进一步明确要求，推行碳排放权交易制度
	2015年9月	中美元首气候变化联合声明	2017年启动全国碳排放交易体系，覆盖钢铁、电力、化工、建材、造纸和有色六大重点工业行业
	2015年9月	生态文明体制改革总体方案	深化碳排放权交易试点，逐步建立全国碳排放权交易市场
	2015年10月	十八届五中全会公报	建立健全用能权、用水权、排污权、碳排放权初始分配制度
	2019年4月	碳排放权交易管理暂行条例（征求意见稿）	规范碳排放权交易，加强对温室气体排放的控制和管理，推进生态文明建设，促进经济社会可持续发展
	2019年6月	大型活动碳中和实施指南（试行）	推动践行低碳理念，弘扬以低碳为荣的社会新风尚，规范大型活动碳中和实施

续表

部门	发布日期	政策文件名称/重要表态	相 关 内 容
中央政策宣示	2020年7月	中国清洁发展机制基金管理办法(修订草案征求意见稿)	设立的政策性基金,按照市场化模式进行管理。支持国家应对气候变化、污染防治和生态保护等绿色低碳领域活动,促进经济社会高质量发展
国家发展改革委工作部署	2011年10月	关于开展碳排放权交易试点工作的通知	批准京津沪渝鄂粤深七省市2013年开展碳排放权交易试点
	2012年6月	温室气体自愿减排交易管理暂行办法	对CCER项目开发、交易与管理进行了系统规范
	2012年10月	温室气体自愿减排项目审定与核证指南	对CCER项目审定与核证机构的备案要求、工作程序和报告格式进行规定
	2014年12月	碳排放权交易管理暂行办法	对全国统一碳排放权交易市场发展方向、思路、组织架构及相关基础要素设计提出规范性要求
	2016年1月	关于切实做好全国碳排放权交易市场启动重点工作的通知	明确了参与全国碳市场的8个行业,要求对拟纳入企业的历史碳排放进行MRV,同时提出企业碳排放补充数据核算报告等
	2017年12月	全国碳排放权交易市场建设方案(发电行业)	正式启动建设全国统一的碳排放权交易市场,为碳金融市场制度建设奠定良好的基础
	2019年10月	温室气体自愿减排交易管理暂行办法	鼓励基于项目的温室气体自愿减排交易,保障有关交易活动有序开展
	2020年6月	关于开展2020年全国节能宣传周和全国低碳日活动的通知	广泛开展全民节能低碳宣传教育,大力倡导勤俭节约、绿色低碳的社会风尚,在全社会营造节能降碳的浓厚氛围,决定7月2日为全国低碳日

资料来源:作者根据公开资料整理。

碳排放与地方经济发展息息相关。对于经济相对落后地区而言,减排与经济增长之间存在尖锐矛盾;而经济相对发达地区经济已经转型,科技水平和财力可以支持减少碳排放。因此,碳排放交易不能一蹴而就,需要先在经济相对发达的沿海地区进行试点工作,然后推及其他省市,尤为重要的是政府应考虑不同区域碳排放的历史水平,做好顶层设计,从而促进碳排放交易顺利进行。

三、金融机构绿色金融策略

在国家绿色金融法律法规框架内,各金融机构也开始针对机构出台战略规划或策略性文件,以快速拓展绿色金融业务。

表3-11 各大金融机构绿色金融相关策略

金融机构	发布时间	文 件 名 称
中国工商银行	2011年4月	绿色信贷实施纲要
	2018年6月	ESG绿色金融评级及绿色指数研究报告
	2018年	关于全面加强绿色金融建设的意见
中国建设银行	2015年6月	中国建设银行绿色信贷实施方案
中国农业银行	2017年	中国农业银行绿色金融发展规划(2017—2020)(草案)
兴业银行	2008年4月	环境与社会风险管理政策
	2012年9月	节能减排业务管理办法
	2012年9月	节能减排项目准入细则
	2012年9月	环境领域节能减排项目属性认定标准
	2012年9月	碳资产抵押授信管理办法
	2012年9月	适用赤道原则的项目融资分类指引
	2012年9月	适用赤道原则的项目融资管理办法
	2012年9月	环境与社会风险专家评审规范
	2019年10月	绿色供应链金融业务指引
交通银行	2011年4月	交通银行"绿色信贷"工程质量通知
招商银行	2017年	招商银行绿色信贷营销指导意见
	2017年	绿色金融信贷政策
浦发银行	2010年1月	浦发银行建设低碳银行倡议书
	2012年12月	绿色信贷综合服务方案
上交所、深交所	2008年5月	关于加强上市公司社会责任承担工作暨发布《上海证券交易所上市公司环境信息披露指引》的通知

续表

金融机构	发布时间	文 件 名 称
上交所、深交所	2016年3月	关于开展绿色公司债券试点的通知
	2016年4月	关于开展绿色债券试点的通知
	2016年4月	关于开展绿色公司债券业务试点的通知

资料来源:根据公开文献资料整理。

第三节 绿色金融监管

绿色金融监管是中国金融监管中所面临的新问题。在分业经营背景下,"一行三会"承担着金融行业的监管工作,但从法律和政策层面看,绿色金融的监管超出了"一行三会"中任何一个监管主体的监管职责,旧的监管体系面临着巨大挑战。绿色金融不仅仅代表一种新的投融资理念,而且打破了金融业传统的经营模式,金融产品的设计也要充分考虑环境因素。针对快速发展的绿色金融,"一行三会"在原有框架下不断完善监管,取得了一定成果。按照监管归属,笔者按信贷、证券和保险对绿色金融的监管进行了梳理。

一、绿色信贷监管

在中国金融发展历史上,银行长期占据主导地位,虽然近些年资本市场快速发展,但无法改变企业对商业银行信贷的依赖,间接融资仍然是企业的首选。绿色金融的发展历史较短,但相对于其他绿色金融产品,绿色信贷起步相对较早,发展比较迅速,而且初步形成了一定规模,监管也相对完善。商业银行信贷所面临的主要风险为信用风险,信用风险中交易对手的违约是主要风险来源,信息不对称是造成信贷信用风险的主要因素。绿色信贷作为一种新型的包含了环境信息的信贷,其信息不对称程度非但没有降低,反而更高。除了企业的生产经营信息方面的不对称,绿色信贷还增加了环境信息的不对称。一些企业为了获得绿色信贷,不惜在所提供的信息中提供虚假环境信息,"洗绿"(漂绿)企业或项目,以骗取商业银行的贷款。

为了解决信息不对称问题,监管部门必须要求企业进行适当的信息披露或要求市场第三方评价机构提供企业信息。对于商业银行而言,贷前对企信息的占有和分析能够有效地降低信息不对称,从而降低信用风险。2008年3月,国家环保局与中国银监会签订了《信息交流与共享协议》,旨在建立环保部门与金融机构的信息沟通和共享机制,促进绿色信贷的发展,但从实际执行效果来看,环保部门并没有为商业银行提供太多有价值的信息。作为绿色信贷的监管部门,银监会所关注的就是环境信息的披露机制和信贷准入机制。国家环保总局、中国人民银行总行和银监会于2011年联合启动了"绿色信贷"评估研究项目,并计划建立"中国绿色信贷数据中心",意在为商业银行践行绿色信贷、管理和评估风险提供权威的信息支持。然而,虽然建立了绿色信贷数据中心,也仅仅对列入绿色信贷的目标企业抓取数据,其他企业的绿色信息仍没有进入数据库,对商业银行的贷前管理的支持并不大。2018年3月,中国人民银行印发《绿色信贷专项统计制度》,从资金用途、行业、质量三个方面分别对金融机构发放的节能环保项目及服务贷款和存在环境、安全等重大风险企业贷款进行统计,但是目前中国没有统一的绿色信贷统计标准,统计标准尚在探索制定中。

商业银行规避风险的主要措施为绿色信贷准入,即只将贷款发放给绿色企业或绿色项目,凡是环保没有达到标准的企业或项目自然被挡在商业银行之外。准入制度的前提条件是环保部门要对企业和项目进行绿色认定。如果环保部门不能提供有效的信息或者不提供信息,仅靠商业银行甄别绿色企业和项目,那么商业银行的成本将大幅度增加。从实践来看,大部分商业银行按自身业务发展需要制定了绿色信贷发放条件,总体上,对"两高一剩"的企业基本不发放贷款、控制贷款规模或在发放贷款时加入前置环保条款,对其他非环保企业减少或禁止信贷,对绿色环保企业会进行一定评估,加强对其环境行为的监管。

贷后监管对于商业银行而言不仅耗费巨大人力和财力,而且效果也并不理想。目前,多数商业银行都将绿色信贷的监管重点放在贷前管理上,根据企业提供的信息决定是否承担风险或否决贷款。一旦贷款发放,商业银行难以动态跟踪和调查企业的环境行为,即使获取部分信息也缺乏相应的专业知识对其进行处理和分析,而且企业所贷资金的用途也难以得到监管。

在绿色信息体系没有完全建立并投入运行前,绿色信贷的监管面临巨大的挑战,具体存在如下问题:

(一)正规金融体系之外的投融资缺乏约束

21世纪初以来,金融脱媒成为金融行业的一个新现象,并愈演愈烈。众多无法从正规金融体系获得资金的企业不得不通过影子银行获得融资,其中不乏污染和高耗能企业。这些企业的信贷信息无法纳入绿色信贷体系，从而使绿色信贷的相关政策不能发挥作用，监管更无从谈起。

（二）正向激励不到位，影响了绿色信贷监管效果

绿色企业和项目除了面临的正常经营风险，还可能面对更高的技术风险，承担更高的生产成本。如果无法获得政策支持，绿色企业或项目的经营风险较大，经营利润难以得到保证，成为向商业银行申请贷款时的重大制约因素。没有绿色生产企业的生态补偿，绿色信贷的收益难以得到保证，则无法推动商业银行发放绿色信贷。

（三）环境信息成本高

由于当前绿色信息体系还没有建成，企业环境信息披露还没有常态化，包括环保部门、工商部门、税务部门和金融部门等多个部门之间还没有建立起有效的信息共享和协调机制，导致银政企没有统一的环境信息披露的标准和数据共享机制。商业银行发放绿色信贷需要在贷前和贷后花费巨大的人才和财力收集、甄别和处理环境信息，同时还要对法律法规和政策出台的相关政策进行研读，了解绿色企业和项目可能获得的生态补偿，由此提高了环境信息获取的成本，降低了绿色信贷的效率。

（四）绿色信贷信息失真

国家环保总局在行使监管职能时需要来自地方政府的支持，而地方政府出于对地方的保护，有可能不如实上报数据信息，从而影响绿色信贷的监管效果。再加上地方环保部门发布的环境风险信息时效性、针对性不强，更是降低了绿色信贷监管的效率。

二、绿色证券监管

企业一旦上市就成为公众公司，会受到严格的监管。2006年12月，中国证监会通过了《上市公司信息披露管理办法》要求公司通过招股说明书、募集说明书、上市公告书、定期报告和临时报告等文件披露其生产经营过程中的重要信息。虽然这没有明确要求披露环境信息，但为后期环境信息披露提供了重要依据。2007年4月，中国人民银行将企业环保信息纳入全国统一的企业信用信息基础数据库，并要求商业银行把企业环保守法情况作为申办信贷业务的重要依据。2007年9月，证监会制定了《首次申请上市或再融资的上市公司环境保护核查工作指南》，对申请上市及再融资的公司都要进行连续36个月的核查；同年11月，又出台了《关于重污染行业生产经营公司IPO申请申报文件的通知》，对重污染企业进行单列，提高了其上市的门槛。2008年2月，国家环境保护部发布《关于加强上市公司环保监管工作的指导

意见》,明确要求从事火电、钢铁、水泥、电解铝行业,以及跨省经营的重污染行业的公司申请首发上市或再融资的,必须根据相关规定进行环保核查,环保核查意见列为证监会受理申请的必备条件之一。2014年12月,环保部通过了《企业事业单位环境信息公开办法》,要求企业事业单位应当按照强制公开和自愿公开相结合的原则,及时、如实地公开其环境信息,有条件的环境保护主管部门可以建设企业事业单位环境信息公开平台,再次明确企事业单位要公开环保信息。中共十九大报告提出"提高污染排放标准,强化排污者责任,健全环保信用评价、信息强制性披露、严惩重罚等制度",明确企业要强制披露环境信息。从实践来看,政府法律法规和政策的出台对企业环境信息披露起到重要推动作用,部分企业已经开始重视和自觉披露环境信息,但效果仍不显著。复旦大学经济研究中心发布了《企业环境信息披露指数(2017年综合报告)》,选取了上海证券交易所14个重污染行业的172家上市公司,对其2016年年度报告及企业社会责任报告、可持续发展报告、环境报告书等公开披露资料进行了环境信息披露水平和质量的分析。结果显示,近三年上市公司的环境信息披露的工作有明显改善,但仍存在有效信息偏少、重要指标披露不详实及责任落实机制不明确等问题。总体而言,公司环境信息披露及其监管仍存在如下问题。

(一)环境信息披露主要集中在重污染企业,没有实现全覆盖

重污染企业是造成环境问题的重要主体,但其他企业也存在环境风险,监管部门无法掌握全部上市公司的环境信息,影响政策制定的针对性、准确性和可持续性。

(二)环境信息披露时效性差

由于上市公司信息披露一般都是出现在各种报告中,记录的都是历史信息,缺少动态披露信息机制,而且鲜有公司会披露对未来业绩产生负面影响的环境信息。但这些风险事件一旦发生,将会形成巨大的经济损失和社会危害。

(三)环境信息披露不全面

当前环境信息披露主要内容为环保投资、排污、资源利用、绿化、税收优惠和环保认证信息等,是对过去环境支出的记录,即只反映了当前企业的显性环境成本,没有披露环境负债内容,容易低估企业的环境成本和环境风险。

(四)环境信息披露质量不高

由于当前无统一的绿色证券监管法律,环保部与证监会没有建立顺畅的监管协调机制,导致环境执法与公司监管割裂。上市公司按照证监会要求的

环境会计标准披露信息,不能全面准确反映公司经营对环境的全部影响。更多上市公司会选择隐藏真实信息,导致信息质量不高。

(五)环境信息质量审计不成熟

财务信息需要第三方进行审计,同样,环境信息也需要由独立的第三方进行鉴定,来验证环境信息的质量。一个公认的看法是,在相对成熟的市场环境中,一个企业的形象和声誉可能会通过实施环境审计和公布经鉴定的环境信息而得到提升。环境信息的鉴定会使它对于使用者来说更可信,然而,缺乏严格监管的市场条件下会出现信息披露劣币驱逐良币的现象,即使使用者可以获取完整和真实的信息,其也会有选择地进行信息披露。

(六)绿色评估认证体系不规范

目前,中国还没有专业权威的第三方独立绿色认证机构,而且绿色认证评估标准体系还不够统一规范。"绿色评估认证"流程的缺失,导致绿色证券的发行和流通受到很大的限制。如果缺失了绿色认证,就会存在很多监管漏洞,而且会加大市场参与各方的交易成本,故认证体系的不完善阻碍了绿色证券市场的健康发展。

三、绿色保险监管

2008年2月18日,国家环境保护部和中国保监会联合发布《关于环境污染责任保险的指导意见》,正式确立建立环境污染责任保险制度的路线图,由环保部、保监会等部门和地方政府推动实施,具体运营模式在不同地区存在显著差别。相对于绿色信贷和绿色债券来说,绿色保险无论是在发展规模方面,还是制度建设方面都是相对落后,监管也相对薄弱。

(一)环保责任险运营缺乏必要法律支持

由于缺乏绿色金融相关法律支撑,中国现行绿色保险只能参照环保部和保监会两个部门所出台的政策文件开展业务,缺乏权威性和强制性。一旦出现纠纷和诉讼,市场主体的权益很难主张和得到保护。由于中国关于绿色保险没有系统的法律规定,在现有的法律中没有明确企业破坏环境后应该怎样承担相应的法律责任,对企业的投保也没有强制要求,导致企业投保的积极性非常低。

(二)环保执法不严

企业违法成本偏低,影响了绿色保险的发展。在之前的相当长的时期内,地方政府都是以经济建设为中心,环保让位于经济增长,环保部门对企业的督察和执法得不到重视,执行很难到位,即使非常严重的环保违法事件也多是不了了之,从而使企业违法的实际和预期成本都偏低,投保意愿受到抑制,绿色保险的参与积极性偏低。

（三）环保违法社会责任偏低

对于环保违法事件的处理往往只补偿直接受损方和受害方，环保违法事件对社会造成的影响更大更久，却没有得到追究和补偿。即使一些企业因环保事件上缴了一些行政罚款，但相比环保事件的社会成本却只是九牛一毛，导致企业没有动力参与环境责任险。截至2013年初，全国各地已经相继设立了134个专门的环保法庭，但受理的案件数量普遍较少。法律诉讼费用属于环境责任险的赔款范围，而行政罚款费用并不属于环境责任险的赔款范围，这无疑减少了企业投保环境责任险的必要性。

第四节 绿色金融供给现状

中国绿色金融起步晚，最近几年发展速度较快，然而，针对日益严峻的全球环境问题，绿色金融的发展仍然相对滞后。根据人民银行研究局首席经济学家马骏的计算，未来几年预计每年需要3万亿元至4万亿元的绿色投资，而财政资金仅能覆盖绿色投资的15%左右，缺口部分需要社会融资弥补。国务院发展研究中心金融研究所与国际可持续发展研究院合作开展的"绿化中国金融体系"研究认为，2020年前中国绿色发展的相应投资需求约为每年2.9万亿元人民币，当前的投资缺口仍比较大。《2016年中国绿色金融发展报告》显示，2015年至2016年，中国绿色投融资资金总量分别达1.65万亿元和1.76万亿元，两年间增长7%；2017年，中国绿色投融资资金总需求量预计达2.35万亿元，较2016年增长34%，占2017年预期GDP的3%。据《2019中国绿色金融发展研究报告》测算，2018年和2019年中国绿色金融资金总需求分别为2.1万亿元和2.5万亿元。表3-12为绿色金融投资领域的资金需求规模，能源投资和节能投资所需要的资金量最大，城镇环境基础设施建设所需资金位列第三。

表3-12 2015年与2020年中国绿色金融发展投资需求估算　　单位：亿元

类　　别	2015年	2020年
城镇环境基础设施	5 591	5 800
工业污染治理	710	788
林业	1 454	1 510
废弃资源再利用	1 051	1 084

续表

类　　别	2015 年	2020 年
能源投资	8 689	6 925
节能投资	11 177	12 975
合计	28 672	29 082

资料来源：张承惠等(2016)。

一、绿 色 信 贷

长期以来，商业银行一直是中国金融行业的主要力量。相对于证券和保险，商业银行发展的成熟度更高。就绿色金融而言，绿色信贷业务不仅规模大，而且管理也相对成熟。兴业银行的绿色信贷起步较早，但中农工建四大行体量更大，成为绿色信贷发行主体。表3-13为中国主要商业银行绿色信贷发行情况。不难看出，各家银行绿色信贷的增长速度很快，反映出商业银行对企业环境保护和高度重视，也体现出商业银行在追求经济利益的同时，越来越关注企业和自身所承担的社会责任。笔者以绿色信贷起步最早的兴业银行、发行规模最大的商业银行工商银行和发行规模最大的政策性银行国家开发银行为例，解读绿色信贷在中国的发展。

表 3-13　2010—2018 年中国 7 家商业银行绿色信贷余额排名统计表　　单位：亿元

年份 银行 名称	2010	2011	2012	2013	2014	2015	2016	2017	2018
工商银行	5 074.5	5 904	5 934	5 980	6 553	7 028.4	9 785.6	10 992	12 377.6
建设银行	1 958.1	2 109.7	2 396.4	4 883.9	4 870.8	7 335.6	8 892.2	10 025.2	10 422.6
中国银行	1 921.1	2 494	2 274.8	2 587.6	3 010.4	4 123	4 673	5 388	6 326.7
农业银行	597.1	881.7	1 522	734	4 724.5	5 431.3	6 494.3	7 476.3	10 504
交通银行	1 022.9	1 235.4	1 440.3	1 658.4	1 524.3	2 048	1 611.1	2 771.1	2 830.5
兴业银行	478.7	884.2	1 200	3 413.1	2 960	3 942	4 900	6 860	8 449
招商银行	462.5	509.8	610.6	1 163.7	1 509.5	1 565.0	1 436.5	1 571.5	1 660.3

数据来源：根据各银行社会责任报告整理。

（一）兴业银行

兴业银行于 2008 年公开承诺了采纳赤道原则，成为全球第 63 家、中国首家"赤道银行",其在引入绿色金融理念、践行绿色金融业务方面已成为金融领域开展绿色金融业务的领跑者。兴业银行根据赤道原则进行了组织机构设计,除了设立总行级别的环境金融部,还成立了绿色金融推动小组,以母行为主体,联合集团九大金融业务牌照,由母行领导牵头协调,推进业务,同时在各分行也设立了环境金融中心。兴业银行以建立健全集团环境与社会风险管理体系,借鉴国际先进管理技术提升环境与社会风险管理的专业化水平,防范环境与社会风险,优化集团资源配置,践行社会责任,实现集团的各项业务可持续发展为目标,并建立了与之相对应的环境与社会风险管理组织架构。兴业银行在不断完善自身绿色金融制度体系的前提下,与时俱进的加快自身绿色金融业务的发展,开发了包括绿色信贷、绿色债券、绿色信托、绿色理财、碳金融等多项金融业务,并推出了最具特色的绿色租赁(见图3-1)和绿色零售信贷业务。截至2019年,全行绿色金融融资余额达到10 109亿元,绿色金融客户达14 764家,累计为19 454家企业提供绿色融资22 232亿元。

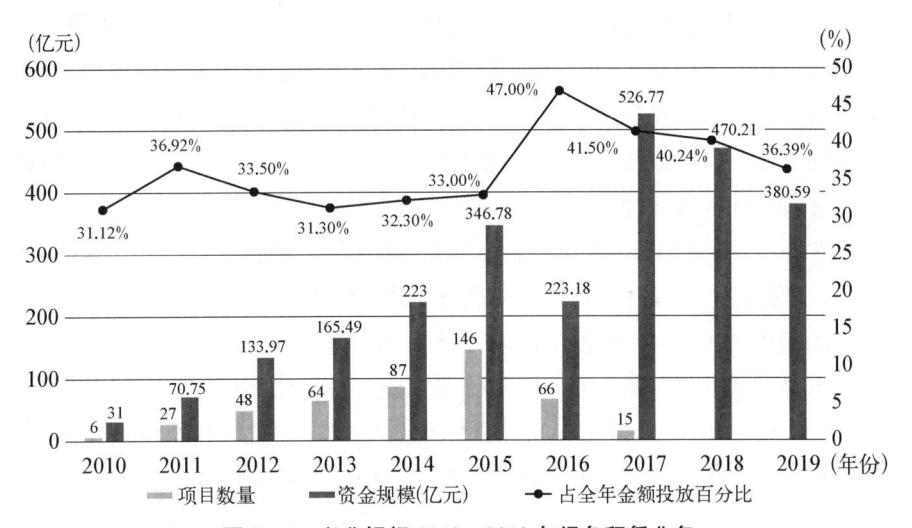

图3-1 兴业银行2010—2019年绿色租赁业务

资料来源:兴业银行企业社会责任报告。

由图3-1可以看出,2010年至2016年间,兴业银行绿色租赁业务在项目数量和资金规模两个方面都获得较快增长。租赁业务作为其特色业务,占其全年投放资金的比例也在多数年份占到三成,2016年更是达到了47%。截至2017年末,兴业银行累计投放绿色租赁资金1 052.7亿元,绿色租赁资产余额达到526.77亿元,超过公司资产余额的41%。截至2018年末,兴业银行绿色租赁融资余额达到470.21亿元;截至2019年末,实现绿色租赁融资余额380.59亿元。

兴业银行在国内率先发行低碳信用卡,突破了银行业传统的企业社会责任履行模式,将节能减排从常见的企业项目领域延伸到个人消费领域,为中国公民主动参与碳减排、实现个人生活碳中和提供了便捷的银行交易平台。这是中国银行业应对气候变化、践行节能减排的创新性举措,也是中国个人消费向低碳领域迈出的实质性一步。

2010年到2016年间,兴业银行低碳信用发卡数量不断增加,年增长率基本保持在30%,累积购买碳排放量逐年上升。兴业银行绿色零售业务的开展不仅带来巨大的环境效益,也将渐渐引领人们的绿色消费理念。截至2017年末,兴业银行低碳信用卡累计发放71.41万张,累计购买自愿碳减排量达到26万吨;截至2018年末,低碳系列信用卡发卡数量累计达到73.08万张,累计购买碳减排量336 958吨,截至2019年末,低碳系列信用卡累计发卡量达到73.35万张,累计购买碳减排量379 867吨。

(二)中国工商银行

包括中国工商银行在内的四大国有银行是中国商业银行的核心力量,对支持国民经济建设起到至关重要的作用。中国工商银行作为全球市值最高的银行,在追求经济利益的同时,主动承担社会责任,为中国环境保护事业作出重要贡献。工商银行积极开发绿色金融产品,不断完善绿色信贷长效机制,支持企业进行绿色生产,促进两型社会发展。

2016年工商银行持续推进绿色金融理念融入金融服务和运营管理的各个环节,提高客户的环保意识,促进经济和社会持续发展。在伦敦"绿色金融的未来"国际会议上,工商银行正式发布了《环境因素对商业银行信用风险影响的压力测试研究》,填补了中国银行业环境风险量化和传导机制研究领域的空白。近年来,工商银行不断完善绿色金融政策,严格信贷管理,控制对"两高一剩"行业的信贷规模,实行严格的环保"一票否决制",对生态保护企业、清洁能源开发企业、节能环保企业和资源循环利用企业等绿色经济领域的产业行业不断加大信贷金额的投入。2019年9月,工商银行以发起行身份成为联合国环境规划署金融行动机构发起的"负责任银行原则"首批签约银行。《中国工商银行企业社会责任报告》显示,2016年工商银行绿色信贷达9 785.6亿元,较2015年增长7%,折合减排标准煤4 110.82万吨,减排二氧化碳当量7 333.64万吨,节水6 126.49万吨,引发了巨大的环境保护和资源节约效益。截至2019年末,该行绿色信贷余额达到13 508.38亿元,较年初增加1 130.80亿元,增幅达到9.1%。

工商银行坚持以客户为中心,不断加强电子银行产品和服务创新,深入推行电子银行业务。通过电子银行为客户提供无纸化服务,有效降低银行对实体经营场所的依赖,减少碳排放。如图3-2所示,自2007以来,工商银行电子银行业务比例不断攀升,2016年更是高达92%,基本实现全部业务的电子信息化办理。电子银行业务的推广,不仅极大提高了业务办理效率,也降低了大量的业务办理造成的能源消耗。除此之外,工商银行推广无纸化办公,提倡节能降耗,通过银行内部的绿色运营,降低碳排放和环境污染。工商银行还注重内部约束和引导员工做保护环境和低碳行动的践行者,大力开展绿色公益活动,积极参加植树造林、"地球一小时"等绿色环保活动。企业内部严格进行绿色运营,倡导绿色办公,降低汽车能源消耗,创新节能减排,做全社会绿色发展的先驱者和引导者。

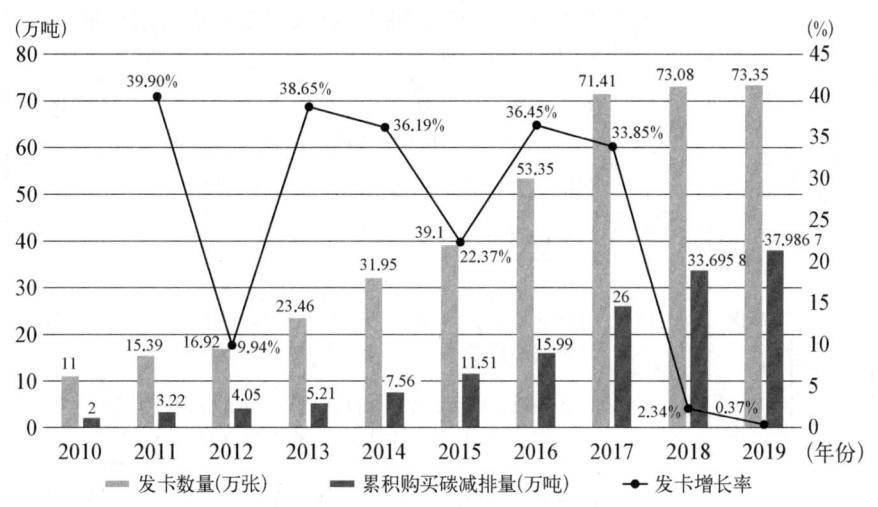

图3-2 兴业银行2010—2019年绿色信用卡业务

资料来源:兴业银行企业社会责任报告。

(三)国家开发银行

国家开发银行作为国内最大的开发性金融机构,积极响应政策制度,顺应经济发展的趋势,努力承担社会责任,为保护生态环境作出积极贡献。在大气污染防治领域,国家开发银行积极支持植树造林和大气污染企业的技术改造工程;在产业领域,国家开发银行响应国家产业政策的指引,加大对风电、太阳能发电、水电、核电等新能源产业的支持力度,并在行业内出台首个《太阳能发电开发评审指导意见》;在城市综合治理领域,国家开发银行加大对城市污水治理、垃圾的无害化处理、城市水源地保护等方面的贷款支持。如表3-14所示,2013年以来,国家开发银行在环境保护的各个领域都取得了不菲的成绩,引发了巨大的环境效益。根据《国家开发银行2016年度报告》,该行落实绿色理念,支持生态文明建设,推动生态环保、工业节能与绿色发展。截至2016年末,国家开发银行绿色信贷贷款余额达15 716亿元,占同期贷款余额103 181亿元的15.23%,稳居同业首位,每年可节约标准煤能力5 252万吨,减少二氧化碳排放13 125万吨。截至2018年末,国家开发银行绿色信贷余额超过1.9万亿元,再次位居全国银行业首位,每年可节约标准煤能力5 903万吨,减少二氧化碳排放14 055万吨。

表3-14 国家开发银行绿色环保支持项目(2013—2015年)

项目分类	年份	规模(亿元)	项目及效益
大气污染防治	2013	24.79	天津市陈塘庄热电厂煤改气工程——节约燃煤420万吨,节水2 000万吨,减排二氧化硫3 500吨、氮氧化物4 688吨、粉尘1 100吨
	2013	20.8	支持乌鲁木齐成为全国首个气化城市。该市PM2.5浓度同比下降48%,全年空气质量优良天数达304天
	2013	2	北京密云县25 000亩平原地区造林工程
	2013	1.35	内蒙古库布齐沙漠150万亩沙地绿化工程
	2014	11.16	北京城南地区首个燃气蒸汽联合循环热电项目——投产后将代替燃煤锅炉成为北京南部地区供热供电的重要支撑,显著减少供热季二氧化碳、二氧化硫等排放
	2015	122	陕西100万吨/年煤炭间接液化一体化示范项目——促进中国煤炭高效清洁利用,有效减少氮、硫等污染物排放
清洁能源	2013	164	支持雅砻江流域锦屏水电站建设——建成后每年为全国5亿居民提供408亿度清洁用电
	2013	251.93	贺兰山、红诗堡、太阳山等风电、光伏发电项目——可实现年上网电量46.7亿度,节约标准煤140.1万吨,减排二氧化碳420万吨
	2013	25	国内首个光伏发电示范工程并网项目——节约标准煤302 400吨,减排烟尘6 043吨、二氧化碳786 240吨、二氧化硫2 570吨
	2013	52.6	180兆瓦江苏如东潮间带试验风电场项目——节约标准煤16万吨,减排二氧化碳36万吨
	2014	40.2	支持福建鲤鱼山、连江北茭等10个风电场项目——节约标准煤28.36万吨,减排二氧化硫2 719吨
	2015	—	中广核如东150兆海上风电项目——节约标准煤13万吨,减排二氧化碳27万吨,减少灰渣5万吨,减排烟尘1万吨
	2015	9	宁夏盐池光伏发电项目——节约标准煤4万吨,减排二氧化碳约10万吨

续表

项目分类	年份	规模（亿元）	项目及效益
循环经济	2013	3.6	应县生物质发电项目——年发电量19 200万度,提供70万平方米的供热热源,发电量19 500万度,节约标准煤11万吨,减排二氧化硫3 000吨
	2014	239.23	新疆天业集团循环经济产业园项目——实现氯碱化工园区的清洁生产的同时促进了兵团新型工业化发展
	2014	0.26	华新绿源环保产业发展有限公司废旧电子设备无害回收处理项目
城市综合治理	2013	23.9	上海青草沙水源地原水工程项目——供水能力可达每天719万立方米,供水规模占上海原水供应的50%
	2014	2.3	桂林市五城区和临桂新区生活垃圾无害化处理——日处理垃圾1 000吨,日处理渗透液600吨,桂林市实现垃圾无害化处理100%
	2014	2.5	遗爱湖综合治理项目——遗爱湖生态环境得到根本好转,成为集生态保护和文化休闲为一体的开放式公园
	2014	4	北京排水集团污水处理项目——将确保北京市排供水安全,加快改善水环境,缓解水资源紧缺状况
	2015	3.6	厦门市筼筜湖综合整治工程项目

资料来源：根据国家开发银行可持续发展报告整理。

国家开发银行在大力发展绿色业务的同时,不断加强对业务的绿色管理。主要表现在：（1）制定绿色信贷政策、制度,完善绿色信贷流程,强化对企业、项目和银行自身的绿色信贷约束,推进绿色发展长效机制建设；（2）全面加强环境与社会风险管理,有效识别和控制信贷业务中的环境与社会风险；（3）开发绿色信贷信息系统,在金融机构内推广绿色信贷节能环境效益评级系统,为银行绿色信贷深入发展贡献力量。

国家开发银行对业务运行的各个环节都进行社会风险和环境风险的考量和评估,努力在源头上控制环境与社会风险的产生。在授信管理方面,国家开发银行在授信尽职调查、项目开发评审、审查等环节加强风险防范,将环境与社会风险防范和企业安全标准作为绿色信贷准入的重要依据。在信贷管理方面,国家开发银行建立对信贷风险的跟踪预测反馈机制,及时识别环境和社会风险,实施主动及时的动态风险管理。

二、绿色证券

相对于绿色信贷,绿色证券起步较晚,但发展速度非常快,其中主要类型为绿色债券、绿色基金和绿色指数。

(一)绿色债券

绿色债券是指将募集到的资金专门用于绿色产业和项目的债券。2015年12月22日,中国人民银行发布第39号公告确定在银行间债券市场推出绿色金融债券,金融机构可以通过债券市场募集资金专门用于绿色产业和项目。为了使发行人可以明确界定绿色项目标准,中国金融学会绿色金融专业委员会于当日发布了《绿色债券支持项目目录》,包括6个大类和11个小类,其中大类为节能、污染防治、资源节约与循环利用、清洁交通、清洁能源、生态保护和适应气候变化。如表3-15所示,2016年度33个发行人共发行绿色债券规模达2 339亿元。

表3-15 中国2016年度绿色债券发行一览

发行人	发行数量	发行规模单位(亿元)	发行主体类型
兴业银行	8	530	商业银行
浦发银行	3	500	商业银行
交通银行	2	300	商业银行
中国银行	6	253	商业银行
中国长江三峡集团	2	60	企业
国家电网公司	2	100	企业
江西银行	4	80	商业银行
青岛银行	4	80	商业银行
农业发展银行	1	60	政策银行
北控水务(中国)投资有限公司	2	56	企业
中国节能环保集团公司	4	50	企业
新开发银行	1	30	开发银行
新疆金风科技	3	28	企业
浙江吉利控股	1	28	企业
北京汽车集团公司	2	25	企业
大唐新能源	3	20	企业

续表

发 行 人	发行数量	发行规模单位(亿元)	发行主体类型
武汉地铁	1	20	企业
无锡市交通产业集团	1	20	企业
华能新能源	1	11	企业
清新环境	1	11	企业
京能清洁能源	1	10	企业
盾安控股集团	1	10	企业
中国进出口银行	1	10	政策银行
广东华兴银行	1	10	商业银行
北控水务集团	1	7	企业
格林美	1	5	企业
乌鲁木齐银行	1	5	商业银行
江苏南通农业银行	1	5	商业银行
云南能源投资集团	1	5	企业
浙江嘉华能源	1	3	企业
博天环境集团	1	3	企业
协和风电投资	1	2	企业
江苏国信资产管理有限公司	1	2	企业

资料来源：中国绿色债券市场现状报告2016。

募集资金主要用途如图3－3所示。其中投资于清洁能源的占比最高(21%)；清洁交通和节能次之，均为18%；资源节约与循环利用和污染防治再次之，均为17%。根据气候债券倡议组织的定义，2019年绿色债券募集资金投资最大领域的是交通，占比达到37%；其次是能源领域，占比达到28%；水资源领域的投资在2019年显著增长，规模达到53亿美元，占绿色债券规模的18%。

（二）绿色基金

绿色产业基金的特点在于将该基金资产总值的60%以上投资于绿色环保领域。早在2003年4月，山西省扶贫开发服务中心引资5 000万元设立"绿色基金"，意在为农民造林造纸提供资金，确保投资者收益，成为农民放心的环保银行。2009年12月，广东省科技厅成立了规模为50亿元人民币的绿

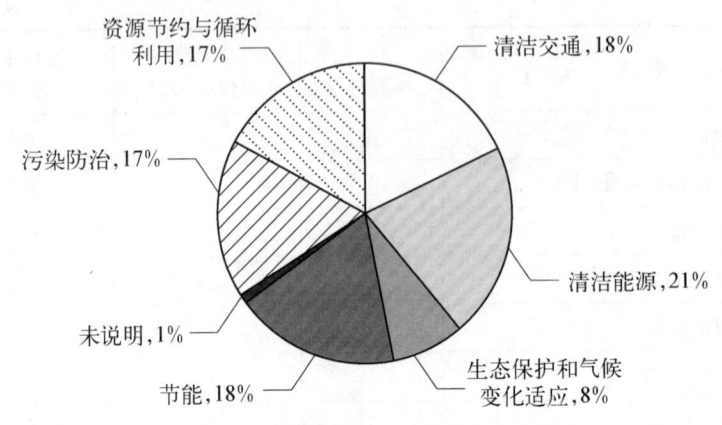

图 3-3 中国 2016 年度绿色债券资金用途

资料来源：http://www.Climatebonds.net/hydropower。

色产业投资基金,由政府出资的 0.5 亿元引导资金和 49.5 亿元社会资金组成,主要投资于区域内节能减排科技产业。2015 年 3 月 8 日,绿色丝绸之路股权投资基金在北京正式启动,基金首期募资 300 亿元。2016 年 1 月 13 日,内蒙古自治区政府通过了《内蒙古环保基金设立方案》,由政府引导性资金和 4 家合伙人企业共同发起成立了内蒙古环保基金;2016 年"环保母基金"达 40 亿元,按 1 比 5 吸收社会资本放大后基金投资规模达 200 亿元。2016 年 6 月,中美企业宣布共同投资设立中美建筑节能与绿色发展基金,基金首批预计募集的资金不低于 200 亿元人民币,基金主要投资于工业企业能效升级、用热及居民冬季供暖系统等项目,期望通过长期的节能收回投资并获利。保尔森基金会主席亨利·保尔森认为"中美绿色基金不是一个慈善基金,而是要进行商业化运作。我们可以通过这个基金的运作来证明,市场能够使节能投资实现盈利"。中国金融学会绿色金融专业委员会绿色基金研究小组最新统计显示,截至 2016 年年底,全国已设立并在中国基金业协会备案的节能环保、绿色基金共 265 只,其中约 59 只由地方政府及地方融资平台公司参与发起设立,占比达到 22%。[①]截至 2017 年 8 月,中国节能所管理的绿色产业基金的规模已经达到 140 亿元,预计其后 5 年内将突破 1 000 亿元规模。2018 年 1 月 4 日,中证指数有限公司宣布正式发布沪深 300 绿色领先股票指数。该指数基于上市公司生产和服务流程的绿色水平的评价、绿色收入、负面新闻和环保处罚等计算公司的绿色领先评分,选取评分最高的 100 只股票作为最终样本。数据显示,沪深 300 绿色领先股票指数总市值和自由流通市值分

---

① 资料来源:《经济日报》2017 年 6 月 21 日。

别为13.3万亿元和4.98万亿元。加快推进上市公司、绿色债券发行主体的环境信息披露，将对绿色股票以及相关指数和基金产品的开发提供极大的激励，可强化市场引导，提高绿色资产流动性。

碳基金作为绿色基金的重要组成部分发展也相当迅速。中国绿色碳汇基金会实施项目主要有三类：林业碳汇项目、专项基金项目、碳中和项目。其中，林业碳汇项目实施的有广东长隆碳汇造林项目、伊春市汤旺河林业局2012森林经营增汇减排项目（试点）、浙江临安毛竹林碳汇项目等10个项目；专项基金实施的有山西碳汇基金项目、浙江碳汇基金项目、北京碳汇基金项目等21个项目；碳中和基金项目实施的有2010联合国气候变化天津会议碳中和项目、2010第三届中国生态文明与绿色竞争力国际论坛碳中和项目、2010国际竹藤组织碳中和项目等43个项目。随着中国加入巴黎协定和G20杭州峰会的召开，中国在应对全球气候变化和减少碳排放方面主动承担了越来越多的责任，碳金融在中国的发展非常迅速。碳基金所投资项目的顺利进行不仅有助于改善所在地生态环境、减少碳排放，而且在一定程度上会影响当地的经济社会发展模式，提高企业和公司的环保意识，社会效益显著。

（三）绿色指数

当前中国资本市场的绿色指数主要包括两大类，一类是指数公司发布的绿色指数，另一类是交易所发布的绿色指数。交易所发布指数中最有代表性的为2018年1月4日推出的沪深300绿色领先股票指数，该指数对上市公司生产和服务流程的绿色水平、绿色收入、负面新闻和环保处罚等方面进行评估计算，得到绿色领先评分，选取评分最高的100只股票作为最终样本。与交易所相比，指数公司发布的绿色指数更多、更细。其中，中证指数公司可作为代表。截至2016年底，该公司构建了相对完备的绿色指数体系，已形成包括绿色股票、绿色债券、ESG和碳效率在内的4个大类、超过20个跟绿色直接相关的指数。这些指数的推出不仅对上市公司起到一定的激励作用，而且发展出更多的金融衍生品，如以中证指数公司的指数为基础的公募基金产品多达17只，资产规模达100亿左右。继2016年中债登、中央结算公司和兴业银行先后发布的中债—中国绿色债券指数系列、中债—兴业绿色债券指数等中国第一批绿色债券指数后，上海证券交易所和中证指数有限公司于2017年6月19日发布上证绿色公司债指数、上证绿色债券指数和中证交易所绿色债券指数。这一组指数的特点在于其在上海证券交易所和卢森堡交易所官方网站同步展示，以吸引境外投资者关注中国绿色债券市场。2018年9月12日，中债绿色债券指数首次登上卢森堡证券交易所（下称"卢交所"），为国际投资者提供更多的询价渠道以及比较渠道，绿债指数的国际化再上一个新台阶。

三、绿色保险

2014年4月修订实施的《中华人民共和国环境保护法》明确提出鼓励投保环境污染责任保险,标志着推动绿色保险发展成为政府的工作之一。2015年9月,中共中央、国务院印发了《生态文明体制改革总体方案》,提出要在环境高风险领域建立环境污染强制责任保险制度,为绿色保险的快速发展奠定基础。2016年8月31日,中国人民银行等七部委联合印发《关于构建绿色金融体系的指导意见》,将绿色保险提升到绿色金融发展的重要位置,明确要求在环境高风险行业"建立环境污染强制责任保险制度"。保险是应对风险的重要手段,绿色保险在国家绿色金融战略中的职责和功能主要体现在风险管理、绿色发展、绿色融资、绿色投资等方面。环境污染责任保险是指以企业发生污染事故对第三者造成的损害依法应承担的赔偿责任为标的的保险。2018年5月,生态环境部部务会议审议通过《环境污染强制责任保险管理办法(草案)》,意味着中国将在环境高风险领域建立"环境污染强制责任保险制度"。从环境责任险的国外发展实践来看,发达国家普遍建立了较为完善的再保险机制,并且作用显著,因此中国未来有待进一步构建与完善环境责任险的再保险机制。

2007年至2015年第三季度,全国已有近30个省份开展环境污染责任保险试点(见表3-16),仅2015年全国17个省市就有4 000家企业投保环境污染责任保险,投保企业累计超过4.5万家次,保险公司提供的风险保障金累计超过1 000亿元。

表3-16　全国环境责任保险试点区域保险公司参与情况

地　区	保　险　公　司
江苏	人保财险、平安财险、太保财险、长安保险、阳光保险五家公司成立的共同体
湖南	平安财险
云南	平安财险
浙江	人保财险、太保财险、平安财险、大地财险、华泰财险组成的共保体
重庆	人保财险、平安财险、安诚财险、华泰财险四家公司成立的共保体
广东	人保财险、平安财险、太保财险
上海	华泰安信农险、太保财险

续表

地　区	保　险　公　司
湖北	人保财险、太平洋财险、平安财险
河北	人保财险等八家保险公司组成的共同体
四川	人保财险、平安财险

资料来源：2016中国绿色金融发展报告。

各保险公司参与绿色保险的程度不一，推出的环境污染责任产品也不尽一致，如表3-17所示，人保财险和平安财险两家公司推出的保险产品最为丰富，华泰财险和安诚财险走差异化道路，推出不同于前两家保险公司的新的产品，以人保财险为代表的四家保险公司组成共同体推出了沿海内河船舶污染责任保险，满足了特殊市场主体的保险需要。

表3-17　主要保险公司的绿色保险产品名称

保险公司	环境污染责任保险产品
人保财险	环境污染责任保险
	环境污染责任保险附加精神损害责任保险
	环境污染责任保险附加自然灾害责任保险
	环境污染责任保险附加环境污染责任事故特别约定条款
	环境污染责任保险附加盗窃抢劫责任保险
	环境污染责任保险附加超额赔偿特别约定条款
	环境污染责任保险附加自由场地清污费用保险
平安财险	环境污染责任保险
	环境污染责任保险附加场所内清理费用保险
	环境污染责任保险附加精神损害赔偿责任保险
	环境污染责任保险附加自然灾害责任保险
	环境污染责任保险附加雇员人身伤亡责任保险
	环境污染责任保险附加场所外清理费用保险
	环境污染责任保险附加承保地域范围条款
	环境污染责任保险附加损失发现时间条款
华泰财险	场所污染责任保险
	场所污染责任保险（突发及意外保障）

续表

保 险 公 司	环境污染责任保险产品
安诚财险	环境污染责任保险
	场所内清理费用保险
	精神损害赔偿责任保险
长安责任保险	环境污染责任险
人保财险、平安财险、太平洋财险、永安财险组成的共同体	沿海内河船舶污染责任保险

资料来源：2016年中国绿色金融发展报告。

四、碳金融

地球变暖和海平面的上升成为21世纪以来人类所要共同面临的重大气候问题。二氧化碳等温室气体的排放对生态环境造成了破坏，但没有被明确计入社会成本，排放企业也没能因此被征收额外的费用，这种带有显著负外部性的经济行为只到21世纪初才真正引起全球的重视。随着《巴黎协定》的签订和G20杭州峰会的召开，温室气体的负面效应问题被列入各国议题进行磋商，且各国开始采取一系列的措施遏制无节制的行为。

碳金融作为绿色金融的重要组成部分在中国已初步形成规模，碳交易试点工作取得阶段性成果（见表3-18），市场正在成为碳排放价格形成的决定性力量，基于碳排放权利的金融衍生品将成为金融市场的新品种。碳金融在未来相当长时间内将成为配置碳排放权利的主要力量，资源和环境约束下碳排放权利逐步向更有效率的企业集中。

表3-18 碳排放权交易试点

试点省市	实施方案名称	试点特色
北京	北京市碳排放权交易试点实施方案2012——2015年	间接二氧化碳排放权
天津	天津市碳排放权交易试点工作实施方案	会员制为基础的碳排放权交易所，芝加哥气候交易所入股排放权交易所
上海	上海市人民政府关于本市开展碳排放权交易试点工作的实施意见等	开发碳排放交易市场

续表

试点省市	实施方案名称	试点特色
重庆	重庆市碳排放权交易管理暂行办法等	碳排放权交易平台
广东	广东省碳排放权交易试点工作实施方案等	森林碳汇市场
湖北	湖北省碳排放权交易试点工作实施方案	探索建立期货交易模式、针对8 000吨标准煤以上的独立核算的工业企业碳减排监测制度
深圳	深圳市碳排放权交易试点工作实施方案等	开发碳排放交易市场，200个大型公共建筑纳入碳排放交易体系

资料来源：2016年中国互联网金融发展报告。

碳金融产品是以碳配额及项目减排量为基础的可供市场交易的各类金融工具，从功能角度主要包括交易工具、融资工具和支持工具三大类。第一类为交易工具，主要指一些金融衍生品。碳配额及项目减排量在供给和需求的两种力量的不断变化中形成一定的碳交易价格，而不同的市场主体基于资产配置、风险管理和其他需要会进入碳金融市场买卖包括碳远期、碳期货、碳掉期、碳期权、碳资产证券化产品和指数化产品等各种衍生工具。第二类为融资工具，主要用来满足市场主体对资金的需要，包括碳债券、碳资产质押、碳资产回购、碳资产租赁、碳资产托管等。碳配额和项目减排量成为一种可供企业选择的资产，作为融资的保证。第三类为支持工具，主要帮助各类市场主体了解碳配额及项目减排量等发展趋势，也为管理碳资产提供风险管理工具和市场增信手段。由于碳金融是一种新的金融业态，并没有太多的成功经验可供借鉴，北京、上海、深圳等金融发达省市积极参与碳金融创新，开发出多种金融产品，碳金融的市场规模呈现调整增长趋势（见表3-19）。

五、互联网金融

作为中国互联网金融的主要代表蚂蚁金服也实施了绿色金融战略，将个人消费行为与绿色结合起来，探索出一条新路子。2016年8月，蚂蚁金服在旗下支付宝平台上推出了全球最大的个人"碳账户"平台，这个易于操作、参与性极强且可视有趣的平台吸引了4.5亿用户。用户在平台上可以领取一棵虚拟的树，建立起自己的"碳账户"，借助支付宝的各项应用，积累自己所节省的碳减排量，而虚拟树随着碳减排量的增加不断成长。当虚拟树长到足够大的时候，蚂蚁金服会在线下与非营利性环保组织、环境保护机构等机构合

表 3-19 试点碳市场主要碳金融创新

产　品	碳市场	合作机构	时间	规模	影　响
碳指数	上海	置信碳资产	2014年4月		银行间债券市场绿色创新典型案例
	北京	绿色金融协会	2014年6月		意向合作协议
碳质押	深圳	中广核	2014年5月	10亿元	
	湖北	华电等	2014年11月	20亿元	
配额质押贷款	湖北	宜化集团等	2014年9月	0.4亿元	首笔碳抵押贷款
	湖北	华电等	2014年11月	4亿元	最大单笔碳抵押贷款
境外投资者	深圳	新加坡银河石油	2015年9月	0.89亿元	外管局批准首次向境外投资者开放碳市场
碳基金	湖北	武汉鑫嘉博茗科技等	2015年6月	0.5亿元	首只私募碳基金
	深圳	深圳嘉碳资本	2015年10月	0.3亿元	首个证监会备案市场交易基金产品
	湖北	中国华能等	2014年11月		
	上海	海通证券资产等	2015年1月	2亿元	
	湖北	招引国金	2015年4月	1.1亿元	
碳配额托管	深圳	嘉德瑞碳资产	2014年12月		首个碳配额托管机构
	湖北	嘉德瑞碳资产	2014年12月		第三方管理企业碳资产新模式
绿色结构存款	深圳	兴业银行等	2014年12月	0.002亿元	

续表

产　品	碳市场	合　作　机　构	时　间	规　模	影　响
碳市场集合资产管理计划	上海	海通证券等	2014年12月	2亿元	首个大型券商参与的碳市场投资基金
CCER质押贷款	上海	宝碳等	2014年12月	0.05亿元	扩大可抵押碳资产范围
	上海	浦发银行等	2015年5月		
配额回购融资	北京	中信证券等	2014年12月	1.33亿元	开创企业融资新渠道
	上海	壳牌等		200万吨	
碳配额抵押融资	湖北	湖北宜化集团等	2014年9月	0.4亿元	首单碳排放权质押贷款
	深圳	深圳市富能新能源科技等	2015年11月		
	北京	建设银行北京分行	2015年7月		
	广东	华电新能源等	2014年12月	0.1亿元	
碳资产抵押品标准化管理	广东	中建投信托等	2015年2月	0.5亿元	
碳排放信托	上海		2015年4月		
碳配额场外掉期	北京	中信证券等	2015年6月	0.005万元	首个碳衍生交易品，交易方式重大创新

续表

产　品	碳市场	合 作 机 构	时　间	规　模	影　　响
CCER碳众筹项目	湖北	汉能碳资产	2015年7月	0.002亿元	
碳资产质押授信	北京	建设银行	2015年8月		四大行首次接受碳资产作为抵押品
借碳	上海	申能财务等	2015年8月	20万吨	首笔借碳交易
	上海	上海吴泾二发电等	2016年1月	200万吨	
	上海	上海吴泾发电等	2016年2月		
	广东	广州微碳投资等	2016年3月	7万吨	
碳现货远期	湖北	湖北碳排放权交易中心	2016年4月		全国首个碳现货远期交易产品

资料来源：《中国碳金融市场研究》(绿金委碳金融工作组，2016)。

作在相应的地点种植一棵真正的树。这种方法会培养公众对生态环境保护的自觉意识和参与热情,并在现实生活中转化为实际行动,如减少开私家车的频次,增加线上支付等。该"碳账户"是与中国北京环境交易所(CBEEX)合作开发的,已经涵盖了网购火车票、网络购票、地铁出行、生活缴费、预约挂号、ETC缴费、缴纳罚款、步行等多个日常活动。随着社会公众环保意识的进一步增强,更多社会和个人活动纳入碳账户,若能再将之与个人信用联系起来,则减排效果会更明显。

在中国金融学会成立的绿色金融专业委员会中,蚂蚁金服成为最早当选的互联网金融企业,已与90多家基金公司进行了合作,其平台上绿色环保主题基金超过80只。在泛绿色金融领域,蚂蚁金服联合永安公共自行车,并结合支付宝、芝麻信用推出"免押金扫码租车"服务。该服务自2015年9月上线到2016年4月底,累计提供了3 000万人次便捷的绿色交通服务,减少了碳排放20 000吨。2016年日均免押骑行永安公共自行车的人次峰值时段近40万,相当于在城市里植了40 000棵大树。

2018年1月31日,蚂蚁金服入股天津排放权交易所,凭借其科技创新能力和服务微小的平台优势,与天津排放权交易所形成战略互补,释放更广泛的社会绿色动能,助力社会经济实现绿色可持续发展。未来,互联网金融将是绿色金融的重要组成部分,也将成为推动绿色金融发展的重要力量。互联网金融作为新时代的信息化产物,具有许多先天优势,但是相比于传统金融机构,在资金规模、客户资源、项目资源上处于劣势地位,因此互联网金融应与传统金融机构合作,双方优势互补,强化业务流程、风险管理控制方面的合作交流。互联网金融不仅在线上借助大数据、区块链、人工智能和云计算等现代金融科技手段低成本获取信息,营造良好的信用环境,解决制约绿色金融发展的信息不对称问题,而且也可以为绿色金融的认定、价值估算和交易提供良好的条件,提高绿色金融的运营效率,促进绿色金融快速健康发展。

第四章　制约中国绿色金融有效供给的因素

第一节　绿色金融顶层设计不尽完善

一、绿色金融的标准不统一

《美国传统辞典》(The American Heritage Dictionary)在2000年第一次提出了"绿色金融"的定义,其核心思想是凡涉及保护生态环境、生物多样性及可持续发展的金融活动都可称为"绿色金融"。《G20绿色金融综合报告》中定义绿色金融为能产生环境效益以支持可持续发展的投融资活动。中国人民银行研究局首席经济学家马骏认为,"绿色金融"是指通过贷款、私募投资、债券和股票发行、保险、排放权交易等金融服务将社会资金引入环保、节能、清洁能源、清洁交通等绿色产业的一系列政策、制度安排和相关基础设施建设。环境金融、可持续发展金融和碳金融等都曾被用来定义绿色金融,但这些定义都不能代替绿色金融,换言之,绿色金融的概念和外延都已经发生了深刻的变化,当前具有丰富的含义和特定的内容。2016年中国人民银行等七部委发布的《关于构建绿色金融体系的指导意见》中对于绿色金融的定义更为广泛,认为绿色金融是可以对环保、节能、清洁能源、绿色交通、绿色建筑等领域项目投融资、项目运营、风险管理等所提供的金融服务。虽然构建绿色金融体系意味着要对绿色金融进行准确科学的定义,但遗憾的是完整、统一、明确的绿色金融的概念仍没有形成。定义不明确对于绿色金融的政策制定、市场运营和微观主体活动都造成重大不利影响,严重影响了绿色金融健康快速发展。在政策制定方面,边界不清楚和定义不明确使政策的针对性和有效性受到影响。中央部委和地方政府出台文件时缺乏统一的可供参考的规范及标准,导致政策制定者只能做方向性的引导,难以对绿色金融的具体实施标准以及市场体系的构建形成统领性的纲领。顶层设计的不严谨必然使全局性的战略无法制定、实施和落实,导致绿色金融发展的战略与战术层面也得不到有效衔接。在市场和微观主体运营方面,没有明确的定义导致无法制定、理解和执行统一的市场标准和原则。政策制定者或监管者与行业从业人员在绿色金融概念上的认识不一致、不统一会导致执行偏误,大幅降低了市场运行的效率。更为严重的是,这种混乱会导致市场监管盲区和灰色地带,为一些机会主义者留下空间,"漂绿"等行为不断涌现,严重干扰了正常的市场秩序,阻碍绿色金融的发展。市场微观主体对绿色金融定义的认识不一致还可能影响到正常的市场交易,提高市场运营成本,降低资金的运营效率,同时也会在一定程度上提高合约执行的不确定性,加大了绿色金融的风险。

维护公平、公正和公开的市场环境需要有统一和确定的标准。绿色金融标准是市场秩序的根本所在,是优化绿色金融资源配置的关键。绿色金融标准能够为金融机构落实环境责任机制建立一套可供参照和衡量的工具,使金融机构能够充分评价自身及其他机构的环境行为,从而营造公平和公正的市场环境。目前,很多国家机关和金融机构出台了适合本部门或本机构绿色金融发展和符合企业经营目标的绿色金融相关标准,但仍然缺少全国范围内的规范的、严谨的、适合中国经济社会可持续健康发展的绿色金融标准准则,而彼此的统一将对于中国市场具有积极的影响,也将为中国和国际市场带来更好的可比性和一致性。只有对绿色金融企业和绿色项目进行精准识别,将企业和项目的环境和社会风险状况作为受理绿色金融业务的准入调查重点,才能达到绿色资金的精准投放,完成绿色金融资金的有效使用。但当前,中国绿色金融准入标准机制的构建并不健全,一方面会纵容非绿色企业项目通过贴标而变为伪绿色金融,并在金融市场上获取融资机会,背离了绿色金融的初衷,降低了绿色资金的利用效率,甚至会引发"绿色信用"危机;另一方面,市场投资者无法精准地识别出真正的绿色企业和绿色项目,不仅仅大幅增加"搜索成本",还有可能增加错投伪绿色金融的概率。此外,关于绿色金融风险评价与审批标准、资金拨付标准,以及后续管理和回收处置标准、信息披露标准尚未形成全国统一性纲领准则。如国家发展改革委允许债券50%的募集资金用于偿还银行贷款和投向运营资本,这与中国人民银行的指引或国际绿色债券市场的实践不一致,即要求债券募集资金全部用于绿色项目(国际投资者最多允许5%的募集资金用于涵盖债券有关交易成本)。这给绿色金融的全国协调统一发展带来困难,也会对绿色金融的信息沟通与法律监管造成阻碍。

二、政府引导和支持不到位

1995年中国人民银行发布了《关于贯彻信贷政策和加强环境保护工作的

有关问题的通知》,标志着中国绿色金融的起步。2015年9月,中共中央、国务院印发的《生态文明体制改革总体方案》对中国建立绿色金融体系进行了顶层设计。2016年3月,《"十三五"规划纲要》将构建绿色金融体系上升为中国的国家战略,并明确提出要"建立绿色金融体系,发展绿色信贷、绿色债券,设立绿色发展基金",将绿色金融发展细化为绿色金融产品。2016年8月,中国人民银行等七部委联合发布的《关于构建绿色金融体系的指导意见》,明确了中国发展绿色金融的政策框架,在丰富绿色金融产品的基础上,提出完善环境权益交易市场和丰富融资工具,支持地方政府发展绿色金融及加强国际合作,绿色金融的发展进入快车道。2017年以来,在中国的倡议推动下,G20绿色金融研究小组成立,开始研究如何通过绿色金融调动更多资源加快全球经济的绿色转型。虽然中央已经开始着手建立绿色金融体系,但中国绿色金融顶层设计还没有完成,仍存在政策信号不强、法律支持不足和监管力度疲乏等问题。

(一)政策信号不强

缺乏法律规范的支撑,中央各部门政策缺乏统一性和协调性,政策信号不强,无法形成强有力的引导和支撑。国家层面政策制定目前仍处于试点阶段,绿色金融体系框架还不明晰,法律法规不完善,政策多出自各部门,相对零散且滞后于市场发展,政策之间缺乏相互联系和协调性。碎片化的政策难以向市场主体传递明确而强有力的信号,而且CDM项目审核缺乏专业性和可操作性强的具体执行标准,市场缺乏环境信息评估标准、信息披露和共享机制,政策引导和监管都不到位,致使政策执行力和效率都达不到预期。由于绿色金融的概念和定义尚没有统一的标准,绿色金融体系建设也没有实质性进展,已有的政策文件中像《绿色信贷指引》一样具备可操作性的较少,致使金融机构开展绿色金融业务时无法真正享受到相关政策,只有在现有的框架下自行开发一些低风险且政策支持到位的绿色金融业务,距离政府对绿色金融发展的期望还存在一定差距。2016年以来,多家金融机构进军绿色金融领域,制定绿色金融交易制度,进行绿色金融产品创新,政府政策内容的设计也呈现逐步规范与细化的态势,但仍没有形成企业与政府联动的效应,政策的信号作用尚未得到发挥。

(二)法律支持不足

绿色金融法律是绿色金融政策制定和制度设计的基础,法律制度缺失必然会制约行业的发展。绿色金融法律制度设计还没有上升至国家层面,只有"一行三会"、环保部和财政部等部门在各自管辖权限范围内单独或联合发布了一些规章制度,缺乏系统性、稳定性和权威性,从而造成市场运营效率低下。随着国家对绿色金融发展的重视,已经出台了部分指导性的政策文件,各地方政府也开始着手进行试点和绿色金融体系的构建工作。但这些文件的出台仅仅解决了阶段性绿色金融发展的方向问题,并没有将其提高至法律高度,从而使财政补贴、税收减免、市场准入和其他优惠措施成为临时性的措施。金融机构开展绿色金融业务只能紧跟政策,面临着法律的不确定性风险;由于缺少法律规范,绿色金融各项标准仍不完善,参与主体的权利、义务和责任不够具体,导致部分绿色金融业务无法可依,无从开展,或者即使开展,成本也将高企。

(三)监管力度疲乏

监管是保证市场秩序稳定的重要防线。绿色金融的法律和监管体系尚不完善,责任归属不明确,操作性不强,执行不到位。从实践来看,中国人民银行出台的系列文件侧重于界定绿色项目类别,在项目划分、条件界定、募集资金管理、信息披露、第三方认证等具体方面要求更加细致,适用于银行间和交易所市场;国家发展改革委出台的文件侧重于明确政策支持绿色项目的重点领域,给出方向性的指引,在激励优惠方面提出多项具体措施;环保部出台的文件侧重于从技术方面规定各主体环境保护的义务,违反环境保护相关条款所承担的责任。虽然这些环境保护的法律、法规、规章、标准和规范性文件已经形成了比较完整的环境保护政策体系,但并没有理顺环境保护与金融机构的利益关系,法律文件之间存在着相当程度的机构重复和职权交叉,政府相关部门关系不明,各个部门在执法时仅服务于本部门的利益,导致监管执行力的弱化。绿色金融作为一种新型业态,需要根据市场进行一定创新,服务于特定的市场主体;同时,金融创新又蕴藏着一定风险,监管者不能任由其无限创新。监管者需要把握度的问题,避免挫伤绿色金融机构的积极性。而且,环境保护与经济增长在一定时期内存在显著的负相关关系,地方政府在考虑生态环境的同时,又要保证经济增长,若两者之间存在矛盾,多数情况会牺牲前者。环境部门与金融监管部门也需要权衡环境与经济发展之间的关系,两者与地方政府之间存在着博弈。若环保项目不能为地方经济作出大的贡献,则难以获得地方政府的支持;相反,即使一些企业在融资时故意隐瞒生产对环境造成的污染情况,但对地方政府的经济贡献非常大,仍会受到其保护,加大了金融机构的风险。

第二节 绿色金融市场发育不足

一、绿色金融基础设施建设落后

(一)信息披露和共享机制存在缺陷

绿色金融的风险来源于信息不对称和不确定性,即除了传统金融的面临的信息不对称风险外,还面临着绿色技术的不确定和收益的不确定性风险。造成信息不确定性的主要原因是信息披露和共享机制存在缺陷。当前市场环境下,资源和环境约束使环保部门加大了对企业环保的督察,强制企业进行环境信息披露,但环境信息质量未得到保障。部分企业出于成本和收益考虑,会隐瞒或虚报,从而使金融机构得不到准确信息,影响其对政策风险、市场风险、信用风险和技术风险的准确评价,进而导致金融机构的安全性和盈利性受到影响。环保部门与金融部门当前缺乏有效的沟通协调机制,数据平台没有有效对接和共享,除了环保部门已有信息发布存在不透明、数量少和时效低的问题外,金融部门也没有将全部企业纳入征信系统,而且多数进入系统的企业所能提供的环保信息也非常有限。非上市公司不要求强制披露环境信息,金融机构获取其信息就更加困难。尽管环保部门要求部分重点企业披露环境信息,而且证券交易所也颁布了环境信息披露相关的指引文件,但大多是"自愿性披露"。从实践来看,只有少数高污染和高耗能的上市企业被强制披露环境信息,但指标披露不充分、定性描述多、信息披露频率低于国际标准等问题普遍存在,从而使绿色债券市场的监督和监管处于被动局面。复旦大学环境经济研究中心企业环境信息披露研究小组发布的《企业环境信息披露指数(2017中期综合报告)》显示,170家样本上市公司中环境信息披露的平均分为39.67分(满分为100分),远未达到及格线。中国现行行政管理体制下,不同政府部门的数据管理存在各自为政的现象,政府产业部门、环境管理部门和金融监管部门之间、政府与金融机构之间缺乏有效的信息联通机制,从而加剧了整个业务流程的信息不对称问题。金融机构和环保部门信息的兼容性和交互性不高,环保部门的环境污染监测系统和金融机构的征信系统之间不能有效顺畅对接,都使环境数据的采集和应用难度较大且成本较高。由于技术和成本方面的原因,金融机构难以单方面发起新的环境检测评估,环保部门缺乏相关责任、机制和利益的驱使,也难有动力主动积极构建环保信息数据并与金融部门进行分享。在缺乏顶层设计和统一管理情况下,各部门只会根据各自管理需要制定提供信息的标准和质量,导致各部门信息的披露缺乏一致、清晰的口径,数据缺乏可比性,而且,各部门对信息披露的要求也不一致,这些都加大了关键数据获取的难度。

(二)绿色认证机制不健全

第三方或市场化的认证制度能够对企业进行有效的监督,约束企业市场行为。然而,中国目前绿色认证机制不健全,也缺少专业的绿色认证机构。国际市场通常采用独立的中介机构或第三方评级公司出具绿色认证,即"第二意见"或"第三方认证",对绿色债券募集资金的投向、资金追踪管理和项目运作、环境可持续影响等提供详细说明与专业评估，量化说明预期环境效益。由于绿色认证等级高低直接与融资成本挂钩，所以能对发债主体形成一定监督和约束作用，有利于增强绿色债券信息披露透明度、吸引更多的投资者。绿色认证使企业获得市场认可，提高了融资的可获得性并降低融资成本。金融机构借助绿色认证决定资金配置与资金成本，节约了大量人力和财力，并提高了资金利用效率。中国绿色金融认证起步较晚，目前已经有商道融绿、中央财经大学气候与能源金融研究中心等少数本土第三方认证机构，但服务能力、水平和范围都相当有限，影响绿色债券的发行。已有的几家中国绿色认证机构存在的问题集中在两个方面：一是专业能力有限，缺乏经验的积累和行业实践。中国本土认证机构仅能够服务于技术水平要求低的企业和机构。二是认证标准不统一。各认证机构独立开发各自的认证体系，选取不同的认证指标，采取不同的认证标准，对企业进行绿色认证。如有的采用国际认证业务标准方法 ISAE3000，有的则主要采用材料审读、对比、管理人员访谈等方式，因此难以确保绿色认证评估报告的质量，而且投资人难以依据确定标准对不同认证机构的评估报告进行横向对比。

（三）绿色金融公共环境数据不完备

公共环境数据可帮助金融机构识别和评估绿色投资机会。金融机构不仅关注破坏环境的投资活动可能导致的对其自身的下行风险，也在寻找新的、可以带来环境效益的绿色项目或绿色资产。银行、投资基金和保险公司在对环境修复、能源效率、清洁能源、可持续基础设施和可持续建筑等项目或资产做投资决策时需要评估未来的收益和成本曲线，这离不开相关的环境信息，包括宏观层面的环境数据、环境变化的影响、气候和其他环境风险因素的未来变化，以及政策和市场对于环境变化的可能反应等信息。公共环境信息主要来自公共部门，包括政府、国际组织、科研机构或非政府组织。这些数据的质量可以得到保证，而且多数信息都有专业的分析，能够帮助金融和非金融企业评估与环境相关的物理风险（如自然灾害、环境事故）和转型风险（如能源政策、绿色技术的变化）的概率及其影响，因此，《2017 年 G20 绿色金融综合报告》指出要运用公共环境数据开展金融风险分析和支持决策。然而，从实践来看，当前公共环境数据的应用还存在诸多问题。首先，数据标准不兼容。公共环境数据长期沿用的是环境和气象部门标准，部分数据由于计量单位等方面的问题无法准确赋予经济含义，金融部门也难以对其进行准确的解读，而金融部门所需要的数据却难以获取，制约了数据的应用。其次，数据搜索成本高。准确地评估金融风险需要海量数据支持，然而，中国当前没有权威的数据发布机构，限制了公共环境数据的可获得性。这些数据通常来源于多个部门,而且多数数据在公开发布之前很难获取,部分数据的发布没有固定的频次。金融分析师往往也缺乏环境数据的专业知识,通常需要自行设计数据库并花费大量时间收集和整理此类数据,人力和财力成本巨大。再次,数据处理难度大。环境问题非常复杂,其与金融的结合加大了产品收益的不确定性,目前尚没有成熟的理论和分析工具对这些数据进行精确的处理和分析,只有少数银行、保险机构、资产管理机构和学术机构研发了部分模型进行尝试性应用,但金融和生态环境都是时变的,且空间差异也非常大,即使获取足够的数据和高效的理论模型,输出结果的准确性和稳定性也会受到质疑。最后,数据应用风险大。除了数据可获得性和质量外,模型风险是公共环境数据应用的最大障碍。生态环境和金融市场环境都在演化,与此相关的各项政策也在不断变化,相对于模型使用时所进行的固定的假设,这些变化都会使模型输入结果发生变化,即结果的稳定性和有效性大大降低。应用该结果进行预测或进行决策将面临巨大的风险,甚至可能因此蒙受巨大损失。

(四)绿色投资者网络不发达

绿色投资者网络为机构投资者科学高效的环境信息评估提供条件,并推动企业改造社会环境责任,督促其进行环境信息披露。国际上已有众多机构投资者组建了各种网络,形成了绿色投资社会责任协议,在投资决策中引入环境因素。已有的主要绿色投资者网络包括:(1)气候风险投资者网络(The Investor Network of Climate Risk, INCR)。该网络成立于2003年,共有100个大型机构投资者,管理资产规模达到11万亿美元。(2)气候变化机构投资者组织(The Institutional Investor Group of Climate Change, IIGCC)。该组织成立于2001年,拥有80个成员,管理资产规模为7.5万亿欧元,涵盖了欧洲主要的养老金机构。(3)碳披露项目(The Carbon Disclosure Project, CDP)。该组织收集并公布30个国家2500个机构(企业)的碳排放数据及造成的商业风险,代表了管理87万亿美元的722个机构投资者。中国绿色金融市场上的绿色投资者网络有中国碳交易撮合平台、中国金融信息网绿色金融频道等,但其规模与结构尚不能满足当前中国绿色金融的发展。

(五)绿色金融市场交易平台割裂

《关于构建绿色金融体系的指导意见》旨在构建全国统一的绿色金融体系,搭建全国统一的绿色金融交易市场和平台。然而,当前由于缺乏法律法规的支撑及顶层设计的缺位,绿色金融市场交易平台仍处于割裂状态。2011年10月,国家发展改革委印发《关于开展碳排放权交易试点工作的通知》,批准北京、上海、天津、重庆、湖北、广东和深圳七省市开展碳交易试点工作。就碳交易试点来看,各省市交易平台各自为政,价格各一,具体如表4-1所示。

表4-1 中国7个试点绿色金融交易市场交易情况

试点	开始时间	总交易量(天)	活跃比率	日平均碳价(元)	日平均交易量(吨)
深圳	2013年6月19日	1 003	90%	47	18 604
北京	2013年11月28日	891	69%	50	7 869
上海	2013年12月19日	876	63%	25	11 819
广东	2013年12月19日	876	71%	26	34 399
天津	2013年12月26日	871	52%	22	3 450
湖北	2014年4月2日	806	96%	21	50 163
重庆	2014年6月16日	752	18%	20	6 644
平均	—	868	66%	30	18 992

注:1.活跃比率=有交易的天数/总交易日;2.统计截至2017年6月30日。
资料来源:http://calcarbondash.org/。

截至2017年5月,上述试点地区累计成交配额近1.6亿吨,成交额达37亿元;且在各个试点地区,所参与的企业履约率均接近百分之百。其中,湖北的交易量最大,经济体量更大和工业更发达的广东省交易量却位列其后。试点工作以来,碳市场交易工作取得了良好的进展,示范效应日渐显现,其他各个省市也陆续建立起了环境权益交易所。但总体而言,碳交易平台试点工作仍存在问题,亟待进一步规范。首先,各个市场的碳交易价格存在较大差异,且部分试点价格的波动幅度较大。这主要缘于全国还没有建立统一的交易市场,地区之间无法统筹协调,各地只能依据地方经济建设需要和地方规章去推动碳交易,价格也由于交易量小或竞争不充分,难以完全由市场机制形成。此外,由于缺乏法律法规的支撑,监管无法到位,监管不统一的局面也会持续相当长时间。其次,在以行政区域划分的管理体制下,区域协调成本较高。由于各省都有经济社会发展目标,且经济发展的阶段不同,碳排放权利直接关乎经济增长,多数省市会内部进行配置,跨区交易非常困难。2017年6月14日,国务院常务会议决定在浙江、江西、广东、贵州、新疆5省份选择试点建设绿色金融改革创新试验区,但仍然是绿色金融的区域性发展,没有全面推进,无法形成全国同步伐、同速度的互联互动型发展,制约了绿色金融的发展速度。多平台平行交易在试点阶段有利于提高运营的灵活性和效率,并及时发现问题及纠正,但割裂的市场必然会增加社会成本,降低碳市场交易的效率,不利于统一监管和绿色金融的健康发展。

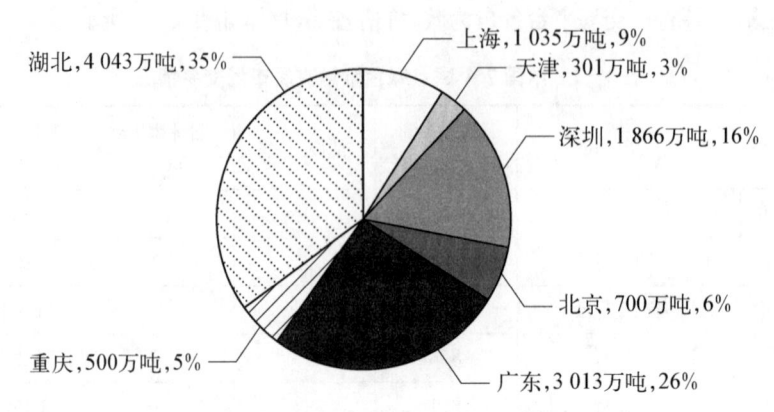

图 4-1 中国各试点绿色金融交易市场交易总量及其占比

二、绿色金融人才队伍建设缺失

在当前绿色金融发展的背景下,绿色金融人才必须具备与时俱进的专业素养,既掌握熟练的绿色金融理论和绿色金融实务,也精通绿色金融相关政策法规,同时又熟悉国际规则和发展趋势。从专业领域发展趋势看,绿色金融高素质人才大概可以分为熟悉绿色金融政策制定的智库人才、精通绿色金融产品设计及运营的运作型人才以及对绿色项目风险进行控制的决策型人才。从全球来看,绿色金融领域不断出现新的课题,人才建设严重滞后于行业发展,亟待加强绿色金融专业人才队伍的建设,为绿色金融发展的新需求提供支持,不断实现经济的绿色可持续发展。

（一）绿色金融人才供给不足

G20杭州峰会上提出绿色金融的议题及其相关政策后,绿色金融人才的需求不断增加。统计显示,与2015年同期相比,2016年9月下旬的金融行业人才需求上涨了11%,金融行业人才的供给量呈现下降趋势,而企业发布的职位数量是呈现上升趋势的。从供需比例可以看出,全国范围内的金融行业人才需求旺盛。因为绝大多数金融机构都已经开展了绿色金融业务,绿色金融人才的供给存在巨大缺口。此外,2016年中国金融业增加值占GDP的比重达到8.3%,金融业增长态势的发展会进一步加大对金融人才的需求。从供给来看,高校和金融机构是金融人才的主要供给方,但目前在中国高校甚至211高校和985高校金融学专业的课程设置以及培养目标中却很少涉及绿色金融的相关理论知识,关于绿色金融的实务操作练习更是缺乏。再考虑到目前的教育体系存在严重的理论与实践严重脱节的现象,高校输出的金融人才显然很难满足绿色金融人才的要求。虽然为培养专业的绿色金融人才,中国人民大学在中国金融学会绿色金融专业委员会支持下在金融硕士专业下开设了绿色金融方向,并有37人通过选拔成为中国金融史上首批绿色金融专业硕士,但是这远远不足以满足中国对绿色金融人才的需求。与此同时,金融机构作为绿色金融的运营主体,在传统金融还没有完全向绿色金融转变时,运营和管理团队普遍存在着缺乏绿色金融观念、绿色金融业务专业性差以及对绿色金融风险监控无概念等现象。因此,目前中国金融人才输出的严重不足以及绿色金融培养体系的不完善已经成为绿色金融人才队伍建设的短板,难以为绿色金融的发展提供人力资源以及发展活力。

(二)绿色金融人才素质不高

绿色金融对人才的要求不同于传统金融。它要求金融人才能在传统金融的基础上对经济绿色可持续发展有更为专业的认知与实践,必须拥有强烈的绿色金融观念,在熟练掌握绿色金融理论的基础上,熟悉绿色金融实务,创新绿色信贷产品,精通绿色金融相关政策法规,完善对绿色金融的风险控制,并且熟悉国际规则和发展趋势。除了金融学知识外,绿色金融专业人才还需要掌握环境科学和能源等学科的相关知识,以把握生态环境发展规律,估计能源产生和消耗数值。然而,目前中国绿色金融人才还处于低水平、低素质的状态,虽然各地开展了如"2016国际能源变革论坛""碳资产管理师岗位能力培训"等关于提高绿色金融专业能力的培训,但总体来看,绿色金融人才素质还停留在传统金融层面,基础绿色金融业务能力并不扎实。此外,中国绿色金融起步较低,发展较晚,绿色金融人才在创新绿色金融产品、开展绿色金融业务以及控制绿色金融风险等方面的素质达不到要求。目前国内采纳"赤道原则"的"赤道银行"仅有兴业银行一家,与国际上绿色金融人才培育程度高的国家相比还有一定的差距。绿色金融人才队伍的凝聚力和专业性很大程度体现在绿色金融人才的素质上,但当前中国绿色金融还得不到绿色金融人才队伍的有力支持,绿色金融人才的素质有待提高。

(三)绿色金融人才结构不合理

绿色金融人才队伍的结构关乎绿色金融发展能否顺利进行,但当前绿色金融人才在中国处于结构不合理的状态。一方面,绿色金融人才在绿色金融业务中的配置不协调。目前中国绿色金融业务相对多元化,但在绿色金融体系中,绿色金融人才在碳金融市场、绿色债券以及绿色信贷的业务中分配较多,而从事在绿色金融中间业务、信息披露机制管理以及绿色金融保险监管业务的较少。这导致中国绿色金融人才队伍的建设难以保证绿色金融人才在银行、证券和保险业之间的良性流动,影响合理配置,难以促进绿色金融的整体发展。另一方面,中国绿色金融人才的层次不均衡。绿色金融的发展需要打造一支集一般绿色金融人才、高端绿色金融人才以及尖端绿色金融人才为一体的绿色金融人才队伍。但当前人才基本为本土高校培养,加之高校及金融机构的人才输出不足等问题,导致中国绿色金融人才的层次分布很不均衡,高端和尖端人才不足,严重阻碍了队伍专业化和精尖化的提升,很难达到绿色金融人才队伍的国际化水平。

总的来看,绿色金融人才培养不足既有体制机制的原因,又有市场本身的原因。一方面,绿色金融人才需求旺盛,尤其是高端人才更为紧缺,但政府只是重视绿色金融行业的发展,没有对人才培养提出长远规划和具体要求。另一方面,金融机构只是在原有部门增设岗位,简单地将绿色金融与政策挂钩,而非要求从业人员研究绿色金融运行机制、交易准则和价值估算等内容;高校也只是将绿色金融人才培养理解为增加一门课,或增设一个方向,未系统性地进行培养方案调整和课程体系设计,导致绿色金融专业人才能力不足。

三、绿色金融激励机制不完善

市场是资源配置的决定性力量。在高度发达的市场经济条件下,价格成为引导资源配置的主要信号,有效解决激励问题。然而,市场并不是万能的,经济社会的部分领域存在市场失灵情形,导致市场激励机制不能发挥。中国的绿色金融的发展处于初级阶段,全社会还没有达成共识,法律法规体系和市场发育不完善,导致绿色金融的市场激励不到位,制约其有效供给。

(一)政策性激励机制不足

绿色金融的外部性决定其不能完全靠市场解决激励问题,外部性内部化需要政策跟进和保障。企业作为一个经济主体,追求的目标是利润最大化。若绿色项目不能为其带来稳定的高收益,而且得不到政府相应的补偿,企业很难自主履行社会责任,选择绿色项目,申请绿色贷款或其他融资。当前中国绿色信贷业务还处在初期发展阶段,绿色信贷的申请者所承担的责任大于其所获得的收益,他们除了要进行全面的信息披露,还要承担未来项目经营所带来的不确定性风险,导致申请绿色信贷的内生动力不足,亟待政策的有效、可持续激励。同时,中国绿色金融体系构建尚处于试点阶段,政策性激励机制不健全,也无法正向激励投资进入绿色金融领域。政府政策性激励缺位,必然导致绿色资金供求双方持更为审慎的态度,绿色金融的各项业务很难实现商业化的长期发展。中国已经出台了多项绿色金融发展的部门政策和规章,但大多数为指导性或指引性文件,缺乏实质性支持,导致体制机制激励和约束不够,不能激起市场主体参与绿色金融的意愿和动力。绿色金融的外部性体现在环境问题的外部性,企业进行生态服务生产产生社会效益,理应获得相应的经济补偿,受益市场主体相对松散,必须由政府出面以各项政策实现补偿。从实践来看,政策性激励不到位产生了消极影响,已经出台的政策补贴力度不高,且缺乏普遍适用性和强制力,对社会资本的吸引力非常有限,导致绿色金融业务成为金融机构的次要业务,对业绩的整体贡献度低。由于缺乏强有力的市场激励,金融机构不愿意在绿色金融服务、产品研发和推广方面投入,致使绿色金融创新受到抑制,绿色金融工具和产品的研发进展迟缓。因此,绿色金融市场产品相对单一,相关的服务和产品体系不够成熟,个性化和异质性的绿色融资需求很难得到满足,生态环保项目的建设受到影响。绿色金融体系构建是一个系统工具,政策性激励还需要理顺中央与地方的财税关系。当前地方财税基础薄弱、财政补贴政策碎片化与财政补贴对绿色金融正向激励性之间存在冲突。绿色金融的政策性激励资金主要来自地方政府,而地方政府的财权和事权并不匹配,绿色化生产会加大地方政府对当期的投入,减少当期的税收和其他收入,使其缺乏额外的资金用于对绿色项目进行补偿,并增加了绿色金融获得政府政策支持和优惠的难度。这种矛盾在短期内无法解决,需要中央与地方进行统一的筹划,更需要地方政府处理好当前经济增长与未来发展之间的关系。

(二)金融机构内部约束与激励欠缺

资本是企业生产和经营的要素之一。绿色金融为绿色生产和经营提供资金,具有显著的外部性,若不能得到有效合理的补偿,则金融机构开展绿色金融业务的积极性必然会下降。由于当前政策主要对绿色生产和经营进行补偿,作为资金供给方的绿色金融机构很难得到直接补偿,却要承受较其他企业更多的风险,由此降低了其发展绿色金融的积极性。长期以来中国金融行业的绩效考核体系以经济指标为主,环保相关指标几乎未纳入考核范围。在环保违法事件中,政府处理的结果经常是环保让位于经济增长,被处理的企业付出的成本非常小。这种结果必然会传递给金融行业,导致其忽略企业的环保成本,只关注企业经营利润。为了提高业绩,金融机构也会为了完成经济考核指标而忽视了绿色金融政策的实施效果。由于缺乏社会责任约束,金融机构多数只重视经济利益,环境保护与社会责任意识淡薄,只关注能为其带来利润的项目。激励机制的缺乏削弱了金融机构发展绿色金融的内在动力,使其仍然依赖"高能耗、高利润"的传统经营模式,加之绿色金融发展的法律保障、体系建设等外部环境建设的滞后,传统企业的环境违法成本并不高,给金融机构形成低成本预期,不会在短期内将业务的重点放在绿色金融上。

（三）市场监管不到位

资源和环境紧约束使政府不得不选择生态发展的道路，也出台了一些促进绿色金融发展的政策，并在部分地区进行绿色金融试点工作。但在没有完善的法规前，监管存在较大的难度。首先，对绿色金融的认定缺乏权威统一的标准，导致"漂绿"的违规现象时有发生，不仅损害了市场交易对手的利益，还会造成财政资金的极大浪费，进而导致"劣币驱逐良币"的情况，使整个市场效率低下。其次，监管措施不力，针对绿色金融违法的查处存在一定难度，处罚更加困难，因为绿色金融的载体是绿色项目投资，监管链条涉及的部门多，利益关系非常复杂，金融监管部门不一定有执法权，从而导致绿色金融的监管无法很好落实。最后，绿色金融监管的效率难以评价。绿色金融的外部性评价非常困难，直接导致绿色金融的监管标准也很难制定，故监管效率的评估没有依据，进而也导致了监管不到位。

四、社会参与度不足和区域发展失衡

中国全社会已充分认识到环境对经济和社会发展具有重要影响，中央政府出台了构建绿色金融体系的指导意见，多数地方政府和企业已具备了环保理念，并着手采取行动进行环境保护，诸如兴业银行等一批金融机构已开始自主采用赤道原则，自发开展绿色金融业务，但相比较发达国家，中国绿色金融的社会参与度还比较低。中国当前绿色金融的主要形式为绿色信贷和绿色债券。其中，绿色信贷主要由商业银行推出，绿色债券则是由少数的发行主体向市场推出，其他绿色金融产品的体量都非常小，难以形成规模。部分企业、金融机构推动行业环保标准、组建相关行业协会的意愿和自主性与现行体制对行业标准和行业协会的垄断存在冲突。绿色金融的外部性要求全社会尽可能多的主体参与，需要政府引领，行业引导，企业和公众广泛参与，环保理念和标准需要获得市场主体的共同认可，然而旧体制下政府所主导的行业协会的垄断性制约了企业和公众的自主参与。传统思维未把环保成本和收益纳入考虑，致使金融机构和企业仍选择当前利益最大化作为其经营目标，目前全国仅有兴业银行一家商业银行宣布接受"赤道原则"，虽然部分金融机构和企业也打出"环保""绿色"和"社会责任"等口号，并将社会责任纳入其报告，但多数流于形式，甚至借机骗取政策补偿和优惠，并没有真正实施可持续发展战略。这既与市场行为本身的短期性和趋利性有关系，也与宏观管理的缺失有较大关系，违法成本偏低，管理松散，降低了金融机构和企业绿色金融业务的违法成本和收益，挫伤了真正关注环境和社会问题的企业、金融机构推行可持续性战略的积极性。企业和金融机构参与不高也与国家宏观

战略不断调整,对绿色金融政策不断调整,对其缺乏稳定预期有很大关系。虽然从可持续发展战略、两型社会建设,到当前的构建绿色金融体系,都充分说明了政府对环保事业的重视,并逐步借助绿色金融体系实现可持续发展。然而,近十年来中国相继出台的环保政策和信贷政策在不断变化,政策调整的空隙较大且缺乏连续性,很多政策并未最终落实,各部门之间的协调并不顺畅,中央和地方之间的责任边界并不清楚,政策执行链条过长,效果不易控制,金融机构和企业对绿色金融政策没有形成稳定的预期,难以真正制订和实施可持续发展战略。在此背景下,金融机构所开展的绿色金融业务带有跟风、短期和趋同性,增加了运营成本和经营风险,挫伤了参与的积极性。

中国幅员辽阔,各个省份经济社会发展不平衡,当前阶段面临的经济社会发展任务也有差异,因此,绿色金融的发展自然也不平衡。绿色经济是以效率、和谐、持续为发展目标,以生态农业、循环工业和可持续服务产业为基本内容的经济结构、增长方式和社会形态。绿色金融是绿色经济的基础,绿色经济的发展基本可以反映绿色金融的发展状况。北京工商大学世界经济研究中心所主持发布的《中国 300 个省市绿色经济和绿色 GDP 指数》报告显示,全国 31 个省份中,西藏、北京、上海位列绿色 GDP 指数前三甲,宁夏、山西、新疆排在 31 个省份绿色经济指数排名的后三位,部分地区的发展与环保之间的矛盾依然突出。即使在同一个行政区域,绿色金融资源的配置也不均衡,金融机构在开展绿色金融业务时更多选择规模大和经营风险小的企业,多数规模小而且急需资金进行环境改造的中小企业却难以获得绿色金融投资。除了历史原因,一些省市对绿色金融发展战略不够重视,相关政策执行不到位也是其发展失衡的重要原因。绿色金融体系尚在试点阶段,部分地区对绿色金融的认识还停留在理念层观,对绿色金融的内涵、作用不尽了解,没有引起足够重视,也没有将绿色金融纳入战略安排和配套政策。由于缺乏国家层面的法律规模支持,地方政府关于绿色金融法制建设进度不一。金融基础相对较好的地区先行先试,出台了促进地方绿色金融发展的法规和政策,但仍有少数地区还在等待中央统一部署和出台法律。绿色金融立法工作进展缓慢,一定程度上造成了绿色金融区域发展的不平衡性。"五大发展理念"虽然已经得到广泛认同,但各地区对待绿色发展的态度及反应能力不尽相同。经济相对落后的地区成为发达地区产业承接区,期望借助产业转移获得经济增长,而部分产业存在高耗能和高污染问题,因此这些地区难以完全贯彻"五大发展理念"。经济发达地区有较强的环保意识,会积极推动绿色金融的发展,借助新技术、新材料和新能源发展高新产业,获得更多的政策性补贴和发展先机,从而加剧了绿色金融区域发展的不平衡。

第三节 绿色金融机构和产品发展滞后

一、绿色金融机构发展不成熟

(一) 政策性绿色金融机构

政策性银行在中国经济发展的不同阶段都起到非常重要的作用。绿色金融具有显著的外部性，可以通过政策性银行的运营实现外部性内部化。《中国金融年鉴2016》的数据显示，中国政策性银行的总资产占银行业金融机构总资产的比例在9%至10%之间，体量较小难以支撑绿色金融的发展，而且各政策性银行的绿色金融业务占其总业务量的比重也不高。虽然从理论上讲，作为政府的代表，政策性银行可以在绿色金融领域有所作为，直接或间接地从事政策性投融资活动，能够增益性补偿绿色金融的正外部性，实现帕累托改进，但当前三大政策性银行并没有将绿色金融列入其首要发展领域。以国家开发银行为例，虽然该行落实绿色理念，支持生态文明建设，推动生态环保、工业节能与绿色发展，且绿色贷款余额及占比均为三大政策性银行首位，但从数据看，该行截至2016年末绿色信贷贷款余额为15 716亿元，占同期贷款余额103 181亿元的比例仅为15.23%。因此，政策性银行还没有成为绿色金融发展的主要力量，政策导向作用有待进一步提升。

(二) 商业性绿色金融机构

商业银行在中国金融发展中长期居于主导地位，是企业获取资金的最主要途径，也是中央货币政策执行的基础。在绿色金融发展过程中，商业银行具有举足轻重的地位，但从当前来看，商业银行绿色金融相当有限。据清晖智库统计，虽然绿色金融在中国已初具规模，但总体来看，其占中国商业银行资产的比重不足2%，存在着巨大的资金缺口，一定程度上制约了绿色金融市场的发展。法律法规体系不健全、政府相关配套政策不到位及商业性绿色金融机构绿色金融业务经验不足等都影响了绿色金融的有效供给。《关于构建绿色金融体系的指导意见》为商业性绿色金融机构提供了战略指引，但在体系未建成前，这些机构面临着诸多问题和困难，主要体现在：(1) 业务经营范围的不确定性。虽然当前已经出台了《国家重点推广的低碳技术目录》《绿色信贷实施情况关键评价指标》《战略性新兴产业分类(2012)》《绿色信贷指引》《绿色债券支持项目目录(2015年版)》等一系列指导性文件，但这些文件的权威性、时效性和一致性相对较差，使金融机构无法准确把握经营范围，面临经营风险。(2) 管理机制的不健全。在缺乏法律法规等强约束文件规范和行业最佳实践的背景下,金融机构很难制定出完备而健全的管理机制,不利于绿色金融业务的开展。尽管赤道原则的实施有助于商业银行履行社会责任并塑造良好的社会形象,但全社会还未形成良好的市场环境前,制度和体制的缺失会加大商业银行短期内的工作量,减少客户资源,而且会影响经济效益。某些商业银行实施赤道原则后,一部分高污染高耗能的企业并不会随之加强环境保护,而是转而流向其他商业银行,再加上地方政府出于经济增长考虑对这类企业进行保护,一定程度上降低了赤道原则实施的环境修正效应。(3) 产品和服务不到位。在中国高端金融人才匮乏的背景下,绿色金融产品和服务的创新受到很大限制,与国际绿色金融创新产品,如新能源电站资产证券化、新能源电站优先股计划、碳期权、碳期货、碳担保等相比,中国开发的绿色金融产品不够丰富、灵活,无论广度、深度还是规模上,都落后于中国绿色金融市场的发展与绿色能源企业的需求。《中国绿色债券市场2017半年报》显示,2017年前6个月中国绿色债券发行总量达793.9亿人民币,38%由非金融企业发行,24%由政策性银行发行,商业银行绿色债券发行的占比为38%,较去年同期的占比87%大幅下降。

(三) 绿色金融专业性中介机构发展滞后

与传统经济增长模式不同,绿色增长对资金和技术的依赖必然更高,不仅需要大量的长期投资,而且需要跨行业、多领域各类技术协作,绿色链条长,分工复杂。中国绿色中介服务体系是绿色金融发展的技术支撑,发展滞后,已严重制约了绿色金融的发展。开展绿色金融是专业性较强的工作,需要信用评级机构、第三方认证机构、资产评估机构、信息咨询机构、环境风险评估机构等专业性服务机构,以及能够提供金融与环境复合型项目谈判咨询、项目融资担保和相关合同订立法律协助等服务的中介机构,通过优势互补、互相合作,最终满足为绿色金融市场的发展提供基础性服务的要求。截至2020年,国内只有少数地方尝试建立专门的绿色金融中介服务机构,而且,这些机构的发展还处于初期探索阶段,多数并未真正开展绿色金融业务,因此绿色金融业务高风险的状况并没有得到缓解。例如,碳排放权是一种虚拟产品,其交易规则十分严格,碳交易的基本流程涉及众多的中介服务机构。而当前国内除少数商业银行对碳金融较为关注以外,国内的一些专业性服务机构,如信用评级机构、资产评估机构等都还未真正涉足该领域,其他诸如第三方核证单位、碳交易结算登记机构、政策性绿色银行等中介服务机构也尚未建立。除此之外,在中国绿色金融发展中缺少一些本土的、真正符合中国绿色金融发展的绿色金融评级机构,而大多采用国际标准,如标准普尔、穆迪和惠誉等。一方面,由于各国发展阶段不同,一味地采用统一标准无法真正反映中国绿色金融发展状况;另一方面,这无助于根据真实情况对中国绿色金融的发展做出判断,制定相应的发展规划。

二、绿色金融产品单一,质量不高

(一)绿色金融产品相对单一

直到20世纪90年代末,快速发展的经济与环境和资源的矛盾才引起中国政府和公众的重视,中国金融机构也开始关注环境保护问题,并逐步推出绿色金融产品。虽然经历了二十多年的发展,但从目前来看,中国绿色金融产品的结构仍比较简单,产品相对单一,以绿色债券为主。2016年中国绿色债券发行规模达2 000亿元,占全球发行量的40%,一举成为全球最大的绿色债券市场;2017年1—7月,中国绿色债券和绿色资产支持证券共计发行49只,规模为908.1亿元,虽然占同期全球绿色债券发行规模的比例有所下降,但仍达到21.29%。除了绿色债券外,其他的诸如绿色股票、绿色基金、绿色保险和碳金融虽然在最近一两年发展很快,但相对于发达国家存在一定差距。尽管国内金融业在气候变化领域的金融创新取得较大进展,如绿色信贷、结构化理财产品、碳基金等方面已具备较大规模且相对成熟,但与国际市场相比仍有较大的空间。一些已经被广泛接受的绿色金融衍生品,如CER/EUA期权、CER/EUA期货、CER/EUA互换、承兑CER等在中国金融市场还处于探索阶段,碳金融市场、绿色ETF和绿色产业基金的广度和深度与国外市场还存在较大差距。中国碳金融市场虽然经历了制度创建、试点等工作,但从国际视角看,中国的制度建设仍相对滞后,导致丧失了碳市场交易的主动权,与碳排放第一大国的地位不匹配。绿色保险仍以环境污染责任险为主,其他绿色保险产品规模很小,无法满足不断发展的环保事业的需求,制约绿色金融的发展。

(二)绿色金融产品服务范围狭窄

由于中国绿色金融体系尚未建成,绿色金融产品交易类别和规模都相对有限,服务范围狭窄。绿色信贷仍以传统流动资金贷款为主,绿色保险目前多是环境污染责任险,绿色债券只有少数市场主体可以发行,绿色股票也仅仅停留在概念层面,这些都导致绿色金融覆盖面窄,服务对象有限,且服务深度不足。中国绿色金融还处在制度建设和试点阶段,只有少数金融机构和市场主体参与绿色金融市场,除了绿色信贷和绿色债券,其他的金融产品的市场参与度都非常低。如兴业银行推出了少量的绿色租赁和绿色信托业务,服务于少部分有此需要的企业;虽然该行所推出的低碳信用卡填补了国内市场空白,但发行量却非常有限。其他银行也鲜有针对个人客户推出相应的绿色金融产品。相比之下,国外的绿色金融服务非常全面,除了可以为企业提供包括发债和上市等融资服务外,还针对个人和家庭设计出多种绿色金融产品,在社会其他领域也不乏绿色金融产品的影子。

第五章 绿色金融供给的激励不相容及解决途径

从市场经济角度看,一个理性的市场主体会追求自身利益最大化。绿色金融机构也不例外。绿色金融发展的最大动力是利益。只有资金的供给方能够从其投资中获得与风险匹配的收益,其才能够增加资金供给;反之,若获得的收益不足以弥补付出的成本和承受的风险,必然导致减少供给甚至停止供给。激励不相容是制约绿色金融供给的关键因素。

第一节 绿色金融市场参与主体的多元利益博弈

政府、企业、金融机构和社会公众在应对环境问题所产生的成本及绿色项目的收益分配方面存在诸多矛盾和冲突。现行基于需求的绿色金融政策无法解决调节各方利益,博弈结果为绿色金融有效供给不足。

一、绿色金融市场参与主体

绿色金融市场参与主体有四个:政府、金融机构、企业和公众。政府是绿色金融体系的顶层设计者、绿色金融政策的制定者和实施者、绿色监管的实施者;金融机构是绿色金融政策的执行者、绿色金融业务的开展者;企业是绿色项目的运营者和融资者;公众是绿色金融的受益者和支付者(见图5-1)。

在绿色金融中以绿色项目为标的,金融机构为企业提供融资或承接风险并获取一定收益,企业经营绿色项目,绿色项目受益者向企业支付,或者政府代为收取费用并向企业或金融机构提供补贴。但受益者未必全部向企业支付,即使全部支付也未必满额支付,政府向受益者征收费用未必等于绿色项

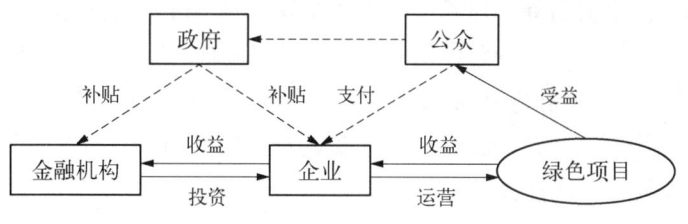

```
            政府 ←----- 公众
         ↙  ↓  ↘       ↗
      补贴 补贴 支付   受益
       ↓    ↓    ↘   ↗
              收益        收益
  金融机构 ←——— 企业 ———→ 绿色项目
        投资       运营
```

图 5-1　绿色金融市场参与主体和支付

目创造的全部价值，其向金融机构或企业补贴金额也未必等于根据市场化准则所计算的合宜金额。

绿色项目作为准公共产品，可以由政府提供，也可以由企业提供。若由政府提供，通过财政资金或金融机构投资绿色项目，建成后可以直接向受益者直接征税或收费逐步弥补前期投资；若采取市场化运营，由金融机构提供资金，企业进行运营，按照"受益者付费"原则，部分受益者会向企业付费，但更多无法准确定义受益者，只有政府代为征税或收费，并通过财政补贴或税收减免方式弥补企业和金融机构的收益差额。在此过程中，绿色金融充当了准公共产品，通过投资绿色项目产生了正外部性，承担了政策风险、技术风险等，应该获得政府相应补偿。然而，政府和各市场主体之间仍存在着利益博弈，都期望以最小的成本博取最大的收益。为了获得在资源和环境约束下的可持续发展，政府与各市场主体之间的博弈将长期存在，每个市场主体都会在特定阶段进行成本与收益、风险与收益的权衡。博弈的结果优化生态环境，提高资源利用效率和不断开发新能源，不断增进社会福利，实现人和自然和谐相处及经济社会的可持续发展，同时也实现金融的可持续发展。

二、绿色金融市场参与主体的利益博弈

在广义上，政府指国家立法机关、行政机关和司法机关等公共机关的总和，体现了全体公民的意志，代表着社会公共权力。政府是制定和实施公共决策，实现有序统治的机构，它泛指各类国家公共权力机关，包括一切依法享有制订法律、执行和贯彻法律，以及解释和应用法律的公共权力机构。政府制定地方经济社会发展规划，制定包括法律在内的各项制度，并利用权力维护这些制度的实施，统筹和调整不同群体之间的利益关系，保证经济社会各项目标的实现。政府主导构建绿色金融市场体系，并逐步制订和完善绿色金融法律法规制度，出台、完善和组织实施各项促进绿色金融发展政策，监管各市场主体执行绿色金融政策，调整绿色金融市场参与主体的利益关系，促进绿色金融的快速稳健发展，从而实现经济社会的可持续发展。政府不仅要做

好顶层设计,也要引导和监管市场主体对政策的执行,还要根据市场环境和自然环境的演化,不断调整经济制度和激励机制,保证绿色金融市场的高效运行。政府不与民争利,而是要为社会公众谋取最大福利。政府对经济的适度干预在于解决市场失灵问题,不仅要调整当前各市场主体之间的利益关系,而且要处理经济社会发展中人与自然、当代人与后代之间的关系。

由于绿色金融属于准公共产品,单一依靠市场必然出现供给不足的情况,政府应代表公众直接提供绿色金融或出台政策支持、鼓励和促进绿色金融有效供给。政府的财政支出受到税收约束,直接用于绿色金融的资金非常有限,而且政府直接运营绿色项目的效率也相对低下,鼓励民间资本进入绿色金融领域是解决绿色金融供给缺口的唯一选择。如何利用财政资金,付出最小成本,撬动更多民间资金投入绿色金融领域,高效完成对绿色金融的市场激励,是政府需要解决的重要问题。政府为了促进绿色金融的发展会向市场经济条件下企业无法直接追索的绿色项目受益者收取费用和征税,并对经营绿色项目的企业及开展绿色金融业务的金融机构实施税收优惠或财政补贴,从而使绿色金融的正外部性获得补偿,解决市场激励问题,提高绿色金融的供给水平。

金融机构在市场激励不到位的情况下难以自行开展绿色金融业务。作为一个理性的市场主体,金融机构期望在履行社会责任的同时获得正常的经济利益。若开展绿色金融业务的收益低于其他业务,则金融机构必然会减少绿色金融供给。从实践来看,金融机构开展绿色金融业务并非完全关注经济利益,社会利益、声誉及政府的支持也在其考虑之列,但在长期从事绿色金融业务且没有获得较高收益的情况下,会导致其盈利能力受到影响,金融机构风险提升,影响其发展绿色金融的积极性。

公众是绿色金融的主要受益者,除了按照"受益者付费"原则支付费用的直接受益公众外,其他外部受益者因为绿色金融是准公共产品而存在搭便车的思想和行为。从自身利益考虑,一方面,公众希望政府和企业提供尽可能多的绿色金融资金,上马更多的绿色项目,优化生态环境,使自己从中受益;另一方面,公众认为政府有责任提供这些项目,故不愿意主动付费或者尽可能少地支付费用,以期以最小的成本实现最大的个人收益。

企业与金融机构一样,是社会主义市场经济体制下的市场主体,按照市场经济原则进行经营活动,并以企业利益最大化为目标。在资源和环境紧约束下,生态环境的恶化必然会招致政府采取更为严厉的环保措施,公众也对企业的环保社会责任高度关注。企业投资绿色项目虽然并不必然获得期望的利润,但可以获得政府的经济支持和履行社会责任的认可以及公众的好感,从而使其以良好的社会形象参与其他经济活动,弥补其在绿色项目上的部分损失。

根据以上分析,四类市场主体之间的博弈关系可以分为政府与金融机构、政府与企业、政府与公众、金融机构与企业、金融机构与公众、企业与公众六类。

政府与金融机构之间的博弈关系为绿色金融最主要的博弈关系。政府没有足够多的资金直接投向绿色产业,期望金融机构提供资金并对之提供激励。激励手段主要包括引导基金引领、财政补贴、减免税收、优先政府购买、政府担保及社会责任声誉奖励。金融机构开展绿色金融业务除了响应政府所倡导的"五大发展理念"而履行社会责任外,也要追求经济利益和金融机构的自身可持续发展。金融是资源配置的核心力量,金融机构的运营的特殊性在于要保持盈利性、安全性和流动性的统一。由于存在正外部性,绿色金融的盈利性单靠市场难以保证。由于绿色项目大多基于高科技,其安全性也难以保证。此外,绿色金融投资标的的运营周期一般较长,流动性较差。政府动员和鼓励金融机构开展绿色金融业务时需要全面考虑其盈利性、安全性和流动性的诉求,充分利用政府可以控制的包括税收、市场准入、政府购买等在内的资源与金融机构进行博弈:一方面采用补贴、担保等方式提供正向激励,提高金融机构的预期收益;另一方面,采取严格的社会责任报告和市场准入等行政管制手段,限制其开展非绿色金融业务,引导资金进入绿色金融领域。政府可以在某个或多个时期采取负向激励以减少成本,但如果该时期绿色金融有效供给严重不足,就证明政策偏误,需要及时调整。金融机构与政府博弈时既需要考虑当前的经济利益,又要考虑行业的竞争关系和可持续发展问题,一味追求过高的经济利益补偿会导致其丧失宝贵的政府其他资源支持和发展机会。

企业是绿色项目的运营主体,是政府绿色产业政策的执行者,与政府之间存在利益博弈关系。如果绿色项目所带来的利润低于其他项目,且没有政府介入,则企业不会选择绿色项目。政府除了采取非常严厉的环保措施之外,也会加大对节能环保产业的鼓励政策:一方面加大企业运营非绿色项目的成本;另一方面增加运营绿色产业的收益,逐步使绿色项目从原来在收益上的比较劣势转化为比较优势。企业运营绿色项目期望获得合理的收益,同时会对项目技术风险与环保风险进行权衡,并以绿色项目的正外部性为由向政府提出补偿要求,以期获得在税收、政府购买、市场准入方面的支持。企业绿色化既是政府政策引导的结果,也是企业可持续发展的自然选择,是其对生存与发展矛盾进行权衡的体现。企业若不能从绿色项目获得足够收益则经营难以为继,而为了收益而放弃绿色项目则会失去发展机会。政府同样也在用时间换空间,用利于绿色项目的政策吸引企业经营,恢复和优化生态环境,以近期的财政支出换取未来更广阔的发展空间。

作为绿色项目正外部性的受益者,公众与政府之间存在着复杂的博弈关系。外部性最难解决的问题是对受益者的界定和向其征收合理的费用。绿色项目的外部受益者虽然可以从绿色项目受益,但却与绿色项目的提供者之间不存在经济利益关系,搭便车的情况非常普遍。社会公众对良好的生态环境的需求随着物质水平的提高而不断提升,其诉求的对象只能是政府。公众通过媒体和政府特定渠道表达诉求,要求政府完善保护生态环境的法律法规并出台鼓励绿色生产的政策,并对环保违法事件反应越来越强烈。然而,公众强调政府责任的同时却很难厘清或不愿承担自己的义务:一是自身节能减排,二是为改善生态环境的绿色项目支付。"受益者付费"原则对于直接受益公众而言受到的阻力最小,但对于外部受益者却非常困难。利益相关的论证即需要专业知识又需要取得公众的理解和认同,任何税收和费用的增加都要经过严格的程序,执行征收工作也会面临巨大的阻力。

金融机构与企业之间的利益关系最为紧密,双方存在共同的利益诉求,即从绿色项目的运营中获得足够的收益,但同时也存在博弈关系。由于双方的利益均来自绿色项目,利益分配比例和风险的分担是双方博弈的焦点。除了企业自身的委托代理关系,金融机构与企业之间也存在着一层委托代理关系,前者是企业所有人与经理层之间的利益冲突,后者则体现了投资人与企业之间的利益冲突。利益冲突和信息不对称问题导致金融机构投资绿色项目时承受较大的风险,事前签订完备的契约是解决这两个问题的关键,即需要约定收益分配、风险分担及出现冲突时的解决办法。

绿色金融的正外部性正是体现了金融机构与公众之间的关系。金融机构投资于公众所期望投资的绿色项目并从中受益,但外部受益者却存在搭便车的思想并不愿意支付。准公众产品性质使金融机构与公众之间的博弈相对弱化,若没有政府介入,绿色金融无法从公众那里获得正向激励,必然导致其有效供给不足。然而,以环保信息为主体的社会责任报告受到公众的高度关注,金融机构会因其声誉赢得公众的低成本和稳定的资金,可以理解为一种正向激励。

企业与公众的博弈关系类似于前述金融机构与公众的博弈关系,两者之间无强经济关联关系时,无法自行完成正外部性的支付。公众对企业的环境信息披露高度关注,会在消费中体现对企业的选择,也可以理解为一种正向激励。

然而，这个博弈的格局并非一成不变，博弈各方也不固守自己的经济利益。政府借助舆论引导，对绿色金融利益相关人进行环境责任教育会在一定程度上改变其价值判断和行为方式。如政府强制要求公司采取"ESG策略"，向社会公布其环境、社会和治理信息，并给予一定的荣誉排名，引导社会公众购买其产品和服务，虽然没有直接进行补偿，也会起到正向激励的效果，社会公众会为企业良好的社会形象支付一定费用。政府借助公众媒体营造良好的营商环境，金融机构降低对绿色项目的风险预期，增加绿色项目供给，并降低绿色投资的要求回报率，也会一定程度上改变原有的博弈模式。

三、绿色金融市场的激励不相容

目前解决正外部性的最好办法是外部性内部化，即通过产权交易将外部受益者纳入项目使其成为直接利益相关人。产权明晰和经济利益关系理顺后，正外部性转化为内部利益关系，可以通过企业内部管理调节利益相关方的经济利益。外部性内部化一般应用于负外部性问题，利益受损的外部相关人相对比较容易计算直接损失，能够向存在负外部性的市场主体提出明确的利益主张和诉求。但正外部性的外部受益者容易刻意隐藏信息，或者单一依赖双边谈判，无法达成一致的意见，无法完成激励。

绿色金融有效供给不足的主要原因是激励不相容，绿色金融的正外部性无法通过市场自行得到补偿，外部受益者为了逃避支付会采用隐藏信息等行为。即使外部受益者愿意支付，绿色项目管理方与众多外部受益者的双边谈判和费用收取也会耗费巨大的人力和时间成本，高额的成本使市场激励大大降低。资源和环境紧约束下，绿色金融的正外部性效应越来越显著，即溢出价值越来越高，社会公众和政府理应向绿色金融支付较高对价，但当下社会公众和政府却把发展绿色金融更多地视为企业和金融机构可持续发展的自我转型的需要，绿色金融的正外部性效应是其履行社会责任的外在表现，市场自然会给其估值，即可以自行完成市场激励。这种观点有一定合理性，也非常有市场，兴业银行等部分金融机构自行开展的绿色金融业务获得了可观的盈利也佐证了这种观点。然而，单靠市场完成激励的绿色金融业务非常有限，没有政府介入并采取财政手段进行补贴，绿色金融的供需缺口将难以填补。

政府进行适度干预是解决绿色金融市场激励不相容的有效手段，但也存在劣币驱逐良币的可能，即部分绿色项目管理方采用隐藏信息、编造信息甚至欺诈的方式"漂绿"项目，人为制造或夸大绿色金融的正外部性效应，从而获取包括政府补贴在内的支持，获得超额利润，而真正的绿色项目成本较高，即使获得补贴也难以达到正常收益,导致真正绿色项目不断退出,"漂绿"项目大量涌入,政府的激励措施实施效果大打折扣,有效激励难以完成。

环境信息披露是解决激励不相容问题的关键所在。环境信息披露是判断、监督和绿色金融溢价补偿的重要依据,信息披露强度、深度和质量决定了溢价补偿的效率。在现行市场经济条件下,政府为了促进绿色金融的发展,出台了多项包括税收、市场准入和生态补偿等多项法律法规和政策,对高耗能和高污染的企业和项目进行限制,如限产停产或课以重税,对节能环保型企业和项目进行鼓励,给予多项政策鼓励和优惠。政府对金融机构的投融资和企业的生产经营活动进行监管,依赖的手段主要为强制金融机构和企业进行信息披露,以此判定项目的性质,并根据其提供的财务相关信息做出处罚或补贴决策。由于环境信息披露当前没有成熟的流程和标准,违反环境信息披露要求的企业和项目受到的处罚也相对较轻,导致环境信息质量难以真实反映企业和项目对环境的影响,政府所做出的处罚或补偿决策存在一定程度的偏误。该决策一旦实施,反而会形成坏的示范效应,好的企业和项目补偿不到位,差的企业和项目处罚过轻甚至可能获得补偿,扰乱了市场秩序,造成激励不相容。

第二节 绿色金融的环境信息披露

环境信息披露决定绿色金融正外部性补偿的效率及有效供给水平,影响各个市场主体的利益分配和运营效率,进而决定金融机构和企业的可持续发展能力。

一、环境信息披露的激励机理

绿色金融是准公共产品,只有其正外部性获得合理补偿,才能获得正常的收益及在市场经济条件下的公平发展机会。环境信息披露制度规定企业和金融机构提供环境信息,政府和公众据此可以判断投资项目的性质、对环境的影响并做出支付的决策。环境信息披露对绿色金融发展至关重要,是市场有效激励的基础,对绿色金融有效供给起到决定性作用(见图5-2)。

环境信息披露可以解决正外部性利益关系的补偿,即明确绿色金融具有正外部性,提供足够的信息计算溢出价值;同时,也能够确定利益相关方,直接受益者按照"受益者付费"向绿色金融服务提供方支付,间接受益者或外部受益者向政府支付,政府再统一向绿色金融服务提供方进行补贴。

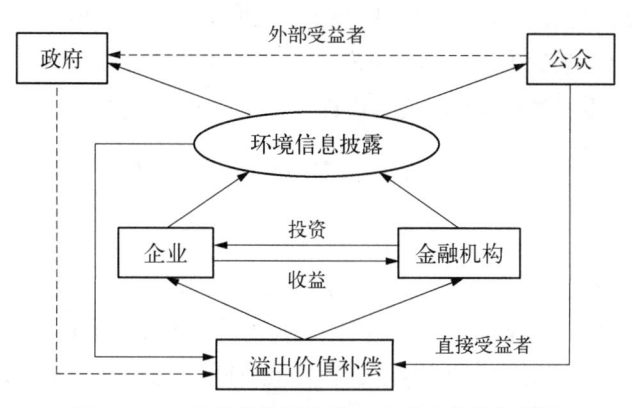

图 5-2 环境信息披露与绿色金融溢出价值补偿

环境信息披露是金融机构和企业履行社会责任的表现，也是向全社会传达公司治理良好和绩效向好的方式。王帆和倪娟（2016）的研究发现，有较大比例机构投资人持股、独立董事数量较多的企业，对于企业社会责任绩效的提升及环境信息披露程度增加有显著正向影响。企业社会责任绩效越佳，越会自愿披露企业的经济、诉讼、污染及其他环境信息事项。环境信息披露是治理好、业绩好企业的一种主动选择。

从公众的角度看，企业披露环境信息越多、信息质量越高，越容易了解企业履行社会责任的情况，则其对企业经营有稳定的预期，就会将更多资源投向企业，购买更多企业的产品。公众中的绿色金融直接受益者，只有通过环境信息披露才能了解自身所获得的收益，进而按"受益者付费"原则支付，作为外部受益者的部分公众也会因为了解自身的收益而向政府交纳税收或相关费用。环境信息披露也可以看成是对绿色金融的一种正向激励。环境信息披露可以促进社会公众充分了解绿色金融履行责任状况、自身受益情况，促进其主动为其享受的正外部性效应支付，降低了社会运营成本。

政府在解决绿色金融正外部性效应中起基础性作用，环境信息披露将降低其识别绿色项目及外部相关者和核算绿色金融溢出价值的成本，有利于提高正外部性补偿的合理性。由于政府出台了鼓励多项绿色金融发展的政策，主动披露环境信息的企业和金融机构更有可能获得政府的关注，有助于政策的实施和绿色金融溢出价值补贴的落实。环境信息披露有利于社会对企业和金融机构的监督，降低了政府监管的成本，提高了绿色金融溢出价值补偿的准确性和合理性。

金融机构和企业可以利用环境信息披露了解彼此的社会责任履行状况及可持续发展的潜力，有助于选择合作伙伴和协议的达成。绿色项目运营期间的环境信息披露有助于金融机构和企业之间进行利益分配,明确双方承担的风险及收益,减少了双方信息不对称及交易成本,提高了合作的深度和广度。换言之,环境信息披露对金融机构和企业双方合作存在正向激励。

二、环境信息披露与企业融资效率

资源和环境紧约束下,中国经济发展进入新常态,如何权衡生态环境保护和经济发展成为社会各界所关注的重要问题。公司承担着国民经济发展的重要任务,也是污染的主要制造者,环境责任对财务绩效的影响决定公司的生产经营决策及相关行为。在没有合理的补偿制度和监管的情况下,公司作为理性的市场主体在进行生产经营决策时主要考虑私人成本和私人收益。生态环境的外部性要求政府调节各市场主体之间、市场主体与公众之间及当代人与后代人之间的利益。政府通过立法,建立制度,出台各项政策促进正外部性获得补偿和鼓励,负外部性付出成本和受到限制。然而,从实践来看,环境责任履行的质量存在巨大差别,若没有良好的评估和补偿机制,承担环境责任多的公司得不到匹配的补偿,则会影响其履行环境责任的积极性,进而降低环保法律和政策的执行效果,甚至导致环境的进一步恶化。

随着生态环境的日益恶化,政府提高了公司负外部性的补偿,但传统的公司环境责任内容以"污染的事后处理"为主,没有充分运用市场机制,公众的环境信息知悉权和环境事务参与权相当有限(吴真,2008)。由于环境问题涉及诸多市场主体的利益,政府和市场的边界很难在短期内明确界定,企业社会责任的评价也缺少理论支撑,导致公司责任管理落后、责任信息披露不足,企业责任管理显著落后于责任实践,相当多的企业经营者更关注履行社会责任的成本(彭泗清等,2007;黄群慧等,2009)。换言之,只有当资源节约和环境保护的绩效有利于公司绩效提升或至少不妨害的前提下,公司才会主动参与资源节约型和环境友好型社会建设中来(林汉川等,2007)。公司应在生产过程中尽最大的努力降低污染,将环境保护纳入自身的生产、经营管理活动之中,在发展的同时履行环境保护的责任(石友蓉,2002)。或者,将环境视为一种经济资源,通过经济机制的规范和引导,公司可以主动或者被动地去配置和使用环境资源,履行保护环境的责任(贺立龙等,2014)。环境责任可以分为生产者责任、消费者责任以及共担责任,而生产者责任最为重要(张友国,2012)。从"生态社会经济人"视角看,公司应在履行社会责任中加强环境信息披露,接受社会的监督(高红贵,2010)。公司履行环境责任的基本标准不是利用资源所取得的总收益是否大于总成本,而是要考虑社会收益和社会成本或者从生产经营的结果看是否增进了社会福利。公司环境责任的评价有多种方法,包括基于福利性社会收益函数的指数评价法和利用投入产出方法与影子价格方法相结合的综合测度模型等(孙涛和赵天燕,2014)。作为理性的市场主体,公司会考虑履行环境责任与财务绩效的关系,并因此做出相应的生产经营决策。部分学者就履行环境责任是否可以提升财务绩效进行了实证研究,结果发现不同国家或不同期间结论并不一致(Lioui and Sharma, 2012; Ismail and Kemal, 2017)。公司环境责任可以体现在管理决策之中和对决策结果的负责两个方面。前者要求公司主动将保护环境的责任纳入日常经营决策中,该行为可以通过道德约束予以实现。后者要求公司对决策结果产生的环境问题承担必要的责任,该行为可以通过政府和公众的监督以及法律的强制执行得以实现。通过严厉执法,违法违规行为得到惩处,而道德弥补法律上的不足,公司环境法律责任和环境道德责任相互促进和相互依存。从实践来看,政府监管和公司治理提升了公司履行环境责任所产生的财务绩效(Li et al., 2017)。

已有文献对环境责任的内涵和履行环境责任的影响因素进行了分析,也有部分学者进而考察了环境责任履行与公司绩效的关系并进行了实证分析,但仍存在一定局限。一是简单地将环境责任履行进行了是与否的区分,而没有考虑环境责任履行的质量。二是考察环境责任履行与公司财务绩效关系时没有考虑区域及公司属性的影响,使研究结论泛化。本研究将构建能够综合反映环境责任履行质量的环境责任指数,考察其对公司财务绩效的影响,并对样本按区域和公司属性进行分组,分析环境责任履行质量的反馈效应。

公司作为经济主体重要的构成部分,在环境保护中起着重要的作用(Chen et al., 2020)。公司承担环境责任的驱动因素包括两个方面,一方面来自履行环境责任的收益,另一方面来自外界压力。对公司而言,核证减排量(CER)是一种对未来收益的投资(Wong et al., 2018)。当公司履行环境责任时,企业环境状况的改善可带来许多企业利益,如信誉度的提高、股东价值的提升、市场份额的增长(Wagner and Schaltegger, 2004),还可以提高企业的品牌和信任度,从而吸引客户和员工,最终增加盈利能力(Porter and Kramer, 2019; Flammer, 2015)。Maxwell et al.(1997)认为企业应该采取积极主动的企业环境战略,因为这些策略可以产生以下竞争优势,比如降低成本、提高质量、提升企业形象、开拓新市场等。另外,公司承担环境责任还会受到监管者、公众、环境非政府组织等利益相关者的关注(Donaldson and Preston 1995)。其中,政府和社会社区(或非政府组织)是企业承担环境责任的主要驱动力(Luo et al., 2012)。对环境不负责任的公司将会得到政府的惩罚,还会被媒体负面曝光(Wong et al., 2018),这些外界压力督促公司承担环境责任。有研究表明,媒体报道压力越大,公司进行环境信息披露的质量越高(Wang,2016)。总而言之,公司是否履行环境责任,受到利益的驱动和外界压力的监督。但是,只有当预期收益大于成本时,企业才会主动承担环境责任,并对承担环境责任相关信息进行披露(Lewis et al.,2014)。

关于公司承担环境责任对财务绩效影响的研究结论莫衷一是。一些学者认为公司承担环境责任对财务绩效产生积极的影响。承担环境责任可以提高公司的经营效率、改善环境声誉、增加补贴以及扩大具有环保意识的客户和投资者基础,最终实现财务绩效的提高和获得竞争优势(Heinkel et al.,2001;Guenster et al.,2011;Cai and He,2014)。一方面,公司承担环境责任,并对环境信息进行披露,可以获得高额的银行贷款,降低债务融资成本(Liu and Anbumozhi,2009)。另一方面,公司承担环境责任可以为企业创造无形资产,比如企业声誉(Branco and Rodrigues,2006)。拥有良好声誉的企业可以改善与利益相关者的关系,吸引更多的消费者(Oberseder et al.,2011),从而对其财务绩效产生积极影响。此外,环境信息文件(EID)还可以通过减少企业与投资者之间的信息不对称,提高股票流动性,降低交易成本和代理成本,提高企业的长期估值(Plumlee et al.,2015)。Song et al.(2017)发现,公司进行环境管理虽然对当期没有影响,但是会提高下期财务绩效水平。Clarkson et al.(2013)认为透明、自愿的环境披露与主动的环境战略相结合可以提升企业价值。同时,Wang(2016)也发现强制性和自愿性环境信息披露都能给企业带来经济利益。并且,主动披露的企业绩效更高(Weber,2014)。Jiang et al.(2018)发现,积极主动的企业环境责任对财务绩效产生正向的影响。政府监管会增强公司环境责任对财务绩效的积极影响(Li et al.,2017),并表现为环境投资高的公司具有较高的盈利水平(Shabbir and Wisdom,2020)。但是部分学者认为,公司承担环境责任会增加成本支出,降低企业利润,对财务绩效产生消极的影响。Palmer等(1995)认为,严格的环境监管和环境投资增加了企业成本,导致公司没有动力承担环境责任。Wu等(2010)的研究发现,企业履行环境责任并对环境信息披露则会引起公司绩效之间的下降,并指出环境信息披露多的公司可能存在更多的潜在问题,导致公司绩效下降。李胜兰等(2014)认为,公司履行环境责任行为对其他投资产生"挤出"效应,产品生产成本的提高导致企业利润率降低。Li et al.(2017)发现,环境信息披露与财务绩效具有明显的负向关系,由于中国中小企业进行环境信息披露动机较低,需要政府强制性要求其承担环境责任,并对环境信息进行披露。陶克涛等(2020)利用中国重污染行业公司数据发现,企业环境信息披露与企业绩效呈显著负相关,无益于上市公司绩效的提升。Deng(2020)研究发现,环境管理强度与高污染行业的财务绩效之间存在负相关关系,不管是国有还是非国有企业,环境管理强度与财务绩效之间均存在倒"U"形关系,其中国有企业财务绩效对环境的容忍度和敏感性更高。

已有研究中关于公司承担环境责任与财务绩效关系的研究结论不一致,甚至出现相反的结果。另外,大部分文献基于公司环境责任对当期财务绩效的影响,虽然部分文献考虑到环境责任对财务绩效的长期影响,但仅仅停留在滞后一期,不能充分识别公司承担环境责任对财务绩效的长期影响。本研究基于公司年报、环境责任报告和财务报告多个方面披露的信息构建指标,探讨公司承担环境责任及质量对财务绩效当期及滞后两期产生的影响,并且针对中国特征基于区域异质性和公司属性异质性角度识别公司承担环境责任质量对财务绩效的影响,是对现有文献内容的补充和丰富。另外,本研究构建能够更全面地捕捉公司承担环境责任行为相关信息的指标,分析其对财务绩效的短期和长期影响,有助于识别公司承担环境责任支出的成本效应以及政府、公众等对该行为的反馈效应,挖掘公司承担环境责任的动机,并针对结果提出相关建议,有利于实现公司持续承担环境责任并提高环境质量,对保护环境和实现经济可持续发展具有重要的现实意义。

(一)理论分析及研究假设

1. 环境责任履行对公司财务绩效的影响

Mazzanti 等(2015)与 Michael and Porter(1995)提出的"波特假说"认为,公司履行社会责任有利于公司价值的提高。积极履行环境责任有利于提高公司声誉,并给公司带来超额收益(Cordeiro 和 Sarkis,1997)。之后,Cho 等(2013)、Boubakri 等(2016)、Aǧan 等(2016)得出与"波特假说"相同的观点。胡曲应(2012)选取中国 A 股上市公司作为样本,结果显示公司履行环境责任有利于绩效的提高。沈红波等(2012)通过对具体案例的分析发现,主动承担环保责任才能提高公司的综合实力。公司是创造价值和履行社会责任的统一体,履行社会责任能够促进价值创造目标的实现,环境责任评级越高,其远期价值越大(王清刚和徐欣宇,2016)。在经济发展的初级阶段,政府和公司关注经济增长的数量胜于质量,社会对资源消耗和环境污染具有较高的容忍度,公司自主履行环境责任不仅不能得到正向激励,反而增加运营成本,在市场竞争中处于劣势。然而,随着经济的发展和生态环境的恶化,政府和社会公众对污染的容忍度不断降低。根据可持续发展理论,公司作出的战略应着眼于未来,对生态环境的破坏会产生负外部性,必然会引起政府和社会公众的追偿甚至可能导致公司直接破产;相反,履行环境责任将极大程度地降低生产经营的不确定性,并塑造良好的社会形象,因此而带来更高的收益。当经济发展处于相对较高阶段时,社会公众对生态环境的要求日益提高,政府提倡绿色发展,公司通过定期或不定期的信息披露,向政府和社会传递环境责任履行的正面积极信号,有效消除了信息不对称问题,有助于获得政府的认可和社会公众的支持,从而在融入资金成本、产品销售和政府资源利用方面具有一定优势,并因此提高公司经营收入或降低经营成本或两者兼之。故提出以下假设:

假设1:环境责任履行可以提高公司财务绩效。

2. 不同区域公司环境责任履行质量对财务绩效的影响

中国长期以来实行区域发展战略,东部地区获得了充分的发展,而中西部地区则相对落后。虽然后期中央政府提出了西部大开发和中部崛起等平衡区域发展的战略,但承接产业转移、发展经济成为中西部地区的重要任务,而东部地区已转向产业升级和生态环境治理。环保资金的投入能够反映当地政府对环保事业的重视程度和能力。2017年,中国东部、中部和西部投入治理工业污染的资金分别为441.5541亿元、264.6741亿元和112.7759亿元,分别占全国总投入的53.91%、32.32%和13.77%,东部地区环保资金的投入水平显著高于中西部。污染举报数量既反映地方居民对环境改善的迫切要求,又反映当地企业工业发展水平。工业相对发达的华北及东部沿海地区举报量要多于其他地区。经济发展阶段不同,地方政府的工作重心也不相同,必然在生态环境保护和经济增长做出不同选择。政府导向往往决定着部分资源配置并在很大程度上影响企业经营环境,社会公众对生态环境保护的容忍度也会影响企业的收益,不同区域的公司必然面临着差异化的市场环境,故提出以下假设:

假设2:环境责任履行质量的反馈效应在不同地区存在差异。

3. 不同属性公司环境责任履行质量对财务绩效的影响

国有企业在中国国民经济发展中占有举足轻重的地位。随着市场经济体制改革的不断深入,混合所有制成为当前公司所有制结构的主要形式。虽然多数国有企业上市初期都倾向于绝对控股,但当前绝大多数都转为相对控投,股权集中度处于较低水平。即使如此,国有股比重较高的公司仍被认定为国有控股公司,并与各级政府之间存在天然联系。政府在环境保护中起主导作用,国有控股公司具有政府背景,理所当然被认为应该承担更多环境责任,应加大在环保方面的投入,一旦出现环保事件往往也被要求支付更高赔偿,甚至会被追究政府的连带责任。这在一定程度上提高了负向激励效应,增加了经营成本。非国有控股公司是相对自由的市场经济主体,具备理性人的特征,一般会根据市场原则决定是否披露环境信息及披露的程度。在资源和环境紧约束下,政府和社会公众对生态环境愈来愈重视,履行环境责任的正向激励越来越显著,但承担环境责任多少仍由非国有控股公司权衡成本收益后做出决定,故提出以下假设:

假设3:环境责任履行质量的反馈效应在不同属性公司之间存在差异。

(二)研究设计

1. 研究样本及数据来源

中国证监会于2006年发布的《公开发行证券的公司信息披露内容与格式准则第1号——招股说明书(2006年修订)》中第二十八条和第四十四条规定了股票发行人应该披露环境保护相关信息,既包括具体环保事件,也包括由环境保护相关法律、法规、政策变化引致的风险,以及募集资金投资项目的环境保护政策问题。2007年爆发了次贷危机,中国股市大幅下跌,环境信息披露并未受到严格监管,故本研究考虑到数据的可获得性和有效性,选取上市公司为研究对象,时间覆盖2008年至2018年,并剔除了期间非正常连续交易的公司和金融类公司。为了避免异常数据对结果稳健性的影响,对财务绩效1%双侧尾部数据进行了缩尾处理。本研究所涉及的财务数据和环境信息披露信息来自上海证券交易所、深圳证券交易所、国泰君安数据库、锐思数据库及巨潮资讯网。

2. 变量选取与说明

(1)被解释变量:财务绩效

公司履行环境责任所获得的反馈效应可以用财务绩效衡量。财务绩效越高,代表的正反馈效应越大;反之,财务绩效越低,代表负反馈效应越大。财务绩效(ROA)的计算方法一般有两种:市场指标法和账面指标法。前者是外部估值,反映投资者对公司经营状况的信心;后者是内部估值,反映管理者对公司资源的利用、调配和产出情况。基于有效市场假说,价格能够反映包括环境信息在内的所有信息,但事实上,中国股票市场还不健全,价格的波动性非常大,属于弱式有效市场,以市场指标法计算的财务绩效的有效性和准确性都较差。财务指标法尽管可能会受到管理层的操纵进行盈余管理,但会在一定程度上降低波动性,反而能相对准确地反映公司的运营水平,故采取加权平均的总资产收益率来衡量财务绩效。

(2)解释变量:环境责任

环境责任履行应包括实质履行和形式履行。若公司在生产经营的过程中能够采取有效的措施尽到保护环境的责任,不违反国家法律法规的规定,或者提供超过其法定义务的环保服务,即为实质履行。但实质履行需要复杂的技术支持和科学评估,信息的效度很难得到保证。形式履行是公司根据法律法规的相关规定自行向监管部门或社会披露其环境责任履行的信息,披露的频次和质量能够相对全面地反映其履行环境责任的情况。考虑信息的可获得性、准确性和真实性,已有文献都采取了形式履行的评估方法,但基本都采用单一指标。本研究将重点考虑信息披露的质量,构造环境责任指数(EDI),以更有效地评估公司环境责任履行情况。综合章雁和佟秀梅(2014)及 Shvarts 等(2016)的方法,构造的环境责任指数同时考虑披露位置和披露内容。从披露的位置考虑,环境信息披露一般会在财务部分或非财务部分,或两者兼之,财务部分多为例行披露,赋值 1;非财务部分为重点事件披露,对财务绩效的影响更大,赋值 2;两个位置同时披露则赋值 3。从披露的内容考虑,其形式主要有文字描述、量化描述和货币化描述,传递的信息量和信息强度及精度依次增强,故对三者分别赋值 1、2 和 3,分值越高,意味着环境责任履行越好。综合环境信息披露位置和内容,将两者加总。分值越大,环境责任履行越好;分值越低,则环境责任履行越差。

(3) 控制变量

公司财务绩效受到多个因素的影响,为确保结论的稳健性,参照已有文献设置以下控制变量:公司规模(SIZE),采用期末总资产;财务杠杆(FL),采用期末总负债/期末总资产;股权集中度(OC),采用第一大股东持股比例;自由现金流(CF),采用经营活动产生的现金净流量/期末总资产;成长能力(GA),采用本年主营业务收入/去年主营业务收入;留存收益(RE),采用公司留存收益额;其他应收账款占比(OARA),采用其他应收款/总资产;资产周转率(AT),采用主营业务收入/总资产;公司年龄(AGE),表示公司连续经营的时间,具体到年;产权归属(M),属于国有控股公司时为 1,否则为 0;地区(I),东、中和西部各设虚拟变量,是为 1,否则为 0。

(三) 模型设计

本研究运用 2008—2017 年中国上市公司面板数据,对前文假设进行检验。首先需要对假设 1 进行检验,构建模型(5.1)

$$\mathrm{Ln}(ROA)_{it} = \alpha + \lambda N + \beta_j Control_{ijt} + \mu_{ind} + \delta_t + \varepsilon_{it} \qquad (5.1)$$

其中 i 为公司,t 为经营年份,j 为控制变量,β 表示对应变量的估计系数,$Control_{ijt}$ 为上述控制变量集合,μ_{ind} 表示行业固定效应,δ_t 表示时固定效应,ε_{it} 表示标准误差项。假设 1 只是验证环境信息披露与否的财务绩效差异,故设二值虚拟变量 N。若公司进行了信息披露为 1,否则为 0。

进一步地,引入环境责任指数,验证假设(2):

$$\mathrm{Ln}(ROA)_{it} = \gamma + \lambda \ln(EDI)_{it} + \beta_j Control_{ijt} + \mu_{ind} + \delta_t + \varepsilon_{it} \quad (5.2)$$

如前所述，EDI越大代表公司承担的环境责任越大，若没有进行环境信息披露，即使公司实质上履行了环境责任也无法认可，则 EDI 为 0。

由于环境信息披露的效应可能在当期未必完全实现，即政府和社会公众对公司承担社会责任的认知会存在一定时滞，付诸实施到转化为正向激励也会存在一定时滞，故本研究将进一步验证环境责任指数对公司财务绩效的滞后影响。

$$\mathrm{Ln}(ROA)_{it} = \delta + \eta_1 EDI_{it-1} + \beta_j Control_{ijt} + \mu_{ind} + \delta_t + \varepsilon_{it} \quad (5.3)$$

$$\mathrm{Ln}(ROA)_{it} = \S + \gamma_1 EDI_{it-2} + \beta_j Control_{ijt} + \mu_{ind} + \delta_t + \varepsilon_{it} \quad (5.4)$$

（四）实证检验结果及分析

1. 描述性统计

各变量的描述性统计结果见表 5-1。在所有样本中公司环境责任指数最小值、最大值和中位数分别为 0、6 和 0，表明中国上市公司履行环境责任存在明显的差异且至少有一半的公司未进行环境信息披露。总资产收益率 ROA 均值和中位数分别为 4.964 2% 和 4.331 7%。总资产收益率 ROA 指公司总收益与总资产的比值，该比值越大说明每单位资产所获得的收益越高，表明公司整体经营能力较强。

表 5-1　各变量的描述性统计

变量	均值	中位数	最小值	最大值	标准差	样本数
ROA	4.964 2	4.331 7	4.331 7	35.848 1	5.473 9	21 791
AGE	10.124 2	9.000 0	1.000 0	28.000 0	6.549 9	22 158
EDI	0.589 0	0.000 0	0.000 0	6.000 0	1.056 0	22 158
CF	0.042 8	0.041 5	−11.056 2	62.789 5	0.440 6	22 151
GA	1.179 7	1.120 2	0.405 3	4.579 6	0.370 0	21 608
OC	35.402 5	33.440 0	0.290 0	89.990 0	15.241 3	22 151
RE	1.1e+09	4.1e+08	4.1e+08	4.1e+08	2.2e+09	21 617
OARA	0.042 2	0.027 7	0.000 0	0.283 2	0.044 1	21 652
FL	43.247 7	42.598 1	4.701 9	96.369 6	21.023 7	21 623
AT	0.653 0	0.554 7	0.064 7	0.064 7	0.429 4	21 672
SIZE	7.8e+09	2.9e+09	1.1e+08	2.4e+11	1.6e+10	21 786

2. 实证结果分析

(1) 环境责任履行可以提高公司的财务绩效。表 5-2 结果显示虚拟变量 N 对公司总资产收益率 ROA 的估计系数 λ 为正且均在 10% 水平上显著,表明履行环境责任公司的总资产收益率 ROA 平均水平显著高于不履行环境责任的公司,该结论与假设 1 一致。生态环境污染已成为全社会高度关注的问题,违反环保法律法规进行生产的成本越来越高,主动履行环境社会责任的收益已超过公司在环保方面的投入。环境信息披露意味着公司承担和履行了环境责任,向社会展示和传递了具有良好社会责任意识的形象,从而获得包括监管当局、投资者和社会公众的认可。监管者会向履行环境责任的公司提供包括环保补贴和税收优惠等在内多项政策性支持,投资者则因其降低了信息不对称和经营不确定性而提供更多成本低、期限长的资金,社会公众也会因其良好的社会形象更愿意为其提供的产品和服务买单。与此相反,未履行环境责任的公司无法获得以上益处,财务绩效将低于同类公司。

表 5-2 环境责任履行对公司财务绩效的影响分析

变 量	(1a) ln ROA	(1b) ln ROA	(1c) ln ROA
ln AGE	−0.019 4***	−0.027 9***	−0.019 1***
	(0.003 1)	(0.002 8)	(0.003 3)
ln CF	0.146 7***	0.132 8***	0.144 7***
	(0.011 5)	(0.011 8)	(0.011 5)
ln OC	0.000 300	0.027 9	0.003 70
	(0.033 6)	(0.034 3)	(0.034 2)
ln GA	0.652 3***	0.621 9***	0.652 4***
	(0.031 9)	(0.032 6)	(0.031 9)
ln RE	0.511 5***	0.455 4***	0.507 3***
	(0.020 5)	(0.021 0)	(0.020 7)
ln OARA	0.018 7	−0.041 4***	0.018 0
	(0.012 4)	(0.011 5)	(0.012 5)
ln FL	−0.350 2***	−0.352 0***	−0.341 4***
	(0.030 2)	(0.031 3)	(0.030 6)
ln AT	0.233 6***	0.430 0***	0.236 5***
	(0.025 2)	(0.030 4)	(0.025 6)

续表

变量	(1a) ln ROA	(1b) ln ROA	(1c) ln ROA
ln SIZE	−0.449 0***	−0.386 1***	−0.449 2***
	(0.024 5)	(0.025 9)	(0.024 9)
N	0.070 5*	0.074 5*	0.071 4*
	(0.042 2)	(0.041 8)	(0.042 9)
时间固定	Y	N	Y
行业固定	N	Y	Y
常数项 C	2.960 2*** (0.284 5)	2.535 7*** (0.417 2)	3.161 4*** (0.423 2)
Obs	5 443	5 434	5 443
adj. R-sq Wald chi2	0.514 9 2 701.06***	0.612 0 2 750.15***	0.535 6 3 156.81***

注：*、**、*** 分别表示在10%、5%、1% 统计水平上显著。

(2) 环境责任履行的反馈效应在不同地区表现存在差异。相对于中西部地区，东部地区获得了充分的发展，要素禀赋中资金和技术占有重要地位，对生态环境的破坏逐步降低。中西部地区仍处于经济转型阶段。环境责任履行对不同地区公司的绩效势必产生不同的影响。

东、中和西部地区不进行环境信息披露和进行环境信息披露的公司 ROA 的差值为负且在1%水平上显著，表明全国各区域的履行了环境责任的公司都可以获得正向激励。东、中和西部地区履行环境责任样本公司 ROA 的均值分别为 5.462 6%、4.730 6% 和 4.319 4%，一定程度上反映了不同的资源禀赋对公司的财务绩效也会产生重要的影响，即经济相对发达地区的市场环境更优，公司财务绩效更好。

表 5-3 分地区样本公司财务绩效(ROA)T值检验

地区	分 类	观测值	均 值	标准误	P 值
东部	0	8 439	5.086 7	0.055 8	0.000 0
	1	6 517	5.462 6	0.069 2	
	diff=mean(0)−mean(1)		−0.375 9	0.087 9	
中部	0	2 379	4.151 2	0.114 4	0.000 0
	1	1 718	4.730 6	0.137 9	

续表

地区	分类	观测值	均值	标准误	P值
中部	diff=mean(0)−mean(1)		−0.579 4	0.178 5	0.000 0
西部	0	1 739	4.220 2	0.141 5	0.000 0
	1	989	4.319 4	0.182 2	
	diff=mean(0)−mean(1)		−0.099 2	0.232 5	

表5-4结果显示,东部地区公司环境责任指数(EDI)在当期、滞后一期和滞后两期对财务绩效指标ROA估计的系数分别为0.045 8、0.159 0和0.126 3,且当期不显著,滞后一期在1%水平显著,滞后两期在5%水平显著。环境责任履行并不能在当期对财务绩效产生作用,说明政府、投资者和社会公众对公司的环境信息披露的认知至市场正反馈效应显现存在时滞。具体而言,当期正反馈效应不明显,滞后一期正反馈效应最为显著,滞后两期正反馈效应有所衰减。从数量上看,东部地区履行环境责任的公司数量从2008年的43家增加到2017年的416家(占当年该地区A股上市公司总数的46.79%);从投资力度上看,该年东部地区投资于工业污染治理的资金达441.554 1亿元,占全国投资水平的53.91%。以上两个方面都说明东部地区政府和公司非常重视保护生态环境,公司环境责任履行及其质量得到了政府和市场的高度认可,并因此获得相匹配的正向激励,即公司承担环境责任越多,获得的正反馈效应越显著。中部地区公司环境信息披露质量指标EDI在当期、滞后一期和滞后两期对财务绩效指标ROA估计的系数分别为−0.156 0、−0.109 0和−0.291 6,且滞后两期在5%水平显著,表明该地区公司履行环境责任质量会产生显著的负反馈效应,这与东部地区存在较大差异。究其原因,中部崛起战略提出最晚,近些年才逐步承接产业转移,虽然地方政府整体上执行中央的环保法律及政策,为承担环保责任的公司提供环保补贴和税收优惠,并加强监管,使破坏生态环境的公司支付较高的成本,但毕竟财力有限,无法为承担更多环境责任的公司提供相匹配的补偿,致使其所支付的成本低于获得的收益,从而降低了公司的财务绩效。西部地区公司环境信息披露质量指标EDI在当期、滞后一期和滞后两期对财务绩效指标ROA估计的系数分别为−0.109 0、−0.044 3和0.200 0且均不显著,表明西部地区履行环境责任质量对公司财务绩效不产生显著影响。与东中部公司相比较,西部地区公司履行环保责任的意愿非常低,截至2017年进行环境信息披露的仅有63家,占整个地区A股上市公司总数的18.64%,因此,低参与度导致环境责任履行与公司财务绩效的关联关系非常微弱。即使该地区

表 5-4　不同地区公司履行环境责任对财务绩效影响的实证结果

模 型	东 部 地 区 (2)	东 部 地 区 (3)	东 部 地 区 (4)	中 部 地 区 (2)	中 部 地 区 (3)	中 部 地 区 (4)	西 部 地 区 (2)	西 部 地 区 (3)	西 部 地 区 (4)
ln EDI	0.045 8 (0.050 6)			−0.156 0 (0.104 0)			−0.109 0 (0.121 1)		
L.1 ln EDI		0.159 0*** (0.055 8)			−0.109 0 (0.111 9)			−0.044 3 (0.165 4)	
L.2 ln EDI			0.126 3** (0.063 9)			−0.291 6** (0.136 2)			0.200 0 (0.230 4)
ln AGE	−0.649 0*** (0.085 9)	−0.662 3*** (0.114 5)	−0.644 8*** (0.165 1)	−0.856 9*** (0.201 8)	−0.859 6*** (0.269 6)	−0.355 0 (0.390 6)	−0.586 9** (0.260 0)	0.463 0 (0.481 5)	0.467 0 (0.684 6)
ln CF	0.107 4*** (0.021 9)	0.114 7*** (0.023 2)	0.095 9*** (0.027 0)	0.220 8*** (0.041 8)	0.203 5*** (0.041 9)	0.142 1*** (0.045 8)	0.089 2** (0.043 6)	0.111 3* (0.058 8)	0.087 8 (0.074 7)
ln OC	0.261 6** (0.110 6)	0.171 0 (0.112 2)	0.097 1 (0.127 3)	−0.523 0** (0.244 2)	−0.347 0 (0.276 0)	−0.131 0 (0.309 0)	−0.135 0 (0.279 6)	0.160 0 (0.362 2)	0.233 0 (0.524 5)
ln GA	0.479 3*** (0.079 1)	0.641 0*** (0.084 2)	0.751 8*** (0.097 9)	0.229 9** (0.129 3)	0.362 0*** (0.128 2)	0.308 2** (0.142 5)	0.393 1*** (0.124 5)	0.632 2*** (0.236 7)	0.507 1* (0.301 6)
ln RE	0.609 6*** (0.058 4)	0.659 9*** (0.066 7)	0.623 9*** (0.080 4)	0.378 6*** (0.100 6)	0.492 0*** (0.098 1)	0.365 4*** (0.118 5)	0.741 2*** (0.186 9)	0.213 (0.258 1)	0.025 3 (0.342 4)

续表

模型	东部地区 (2)	东部地区 (3)	东部地区 (4)	中部地区 (2)	中部地区 (3)	中部地区 (4)	西部地区 (2)	西部地区 (3)	西部地区 (4)
ln OARA	−0.023 8 (0.025 9)	−0.118 0*** (0.022 9)	−0.146 8*** (0.025 4)	−0.131 9*** (0.049 1)	−0.134 5*** (0.044 7)	−0.126 4** (0.051 0)	−0.035 5 (0.067 8)	0.077 5 (0.083 6)	0.077 8 (0.103 8)
ln FL	−0.359 5*** (0.060 3)	−0.354 6*** (0.065 3)	−0.351 4*** (0.075 8)	−0.133 (0.136 5)	−0.092 5 (0.158 7)	−0.106 (0.201 3)	−0.107 (0.174 4)	−0.360 (0.278 2)	−0.319 (0.589 1)
ln AT	0.968 7*** (0.094 3)	0.882 0*** (0.098 6)	0.945 0*** (0.117 1)	1.237 1*** (0.186 3)	0.804 7*** (0.183 5)	0.915 8*** (0.223 5)	0.160 (0.212 7)	0.597 1** (0.283 3)	0.715 (0.437 9)
ln SIZE	−0.162 7** (0.082 0)	−0.203 7** (0.091 1)	−0.129 (0.111 1)	0.076 1 (0.138 3)	−0.015 0 (0.157 6)	0.068 7 (0.193 0)	−0.682 7*** (0.215 6)	−0.144 (0.282 0)	−0.005 0 (0.378 9)
常数项	−4.935 2*** (1.310 8)	−5.192 4*** (1.353 5)	−6.033 4*** (1.614 1)	−2.857 (2.224 9)	−4.247 5* (2.500 5)	−5.408 9* (3.031 4)	3.976 (3.125 6)	0.811 (3.842 2)	0.908 (5.051 6)
样本数	1 816	1 470	1 185	486	408	328	235	183	143
时间固定	Y	Y	Y	Y	Y	Y	Y	Y	Y
行业固定	Y	Y	Y	Y	Y	Y	Y	Y	Y
R²	0.351	0.346	0.378	0.420	0.376	0.333	0.236	0.206	0.156
F值	62.67***	55.46***	49.35***	23.05***	17.63***	11.12***	4.119***	2.966***	1.583***

注：*、**、***分别表示在10%、5%、1%统计水平上显著。

公司履行环境责任可能获得显著的正的反馈效应,但在环保方面增加投入显然无法获得相匹配的补偿。综上可知,公司所处的区域不同,面临的市场环境也会不同,政府、投资者和社会公众对于其环境责任的反馈也存在较大差异。经济相对发达地区公司环境责任履行质量获得了显著的正反馈效应,承担环境责任越多,即公司在环保方面投入增加,其从政府和市场获得的收益更多,因此提高了公司财务绩效。经济相对落后的中西部地区公司在环保方面的投入增加,无法获得政府和市场相应的正向激励,导致承担环境责任更多的公司的财务绩效不升反降。

(3) 不同属性公司环境责任履行的反馈效应存在差异。由于中国特殊的经济体制,不同属性公司意味着获得的资源禀赋及受到的监管相异,对环境责任履行的态度、能力也不尽相同,从而导致财务绩效相异。

表 5-5 结果显示,根据公司属性将其分为国有控股和非国有控股两个组,前者观测值为 7 773 个,后者观测值达 11 240 个。两个组别中不进行环境信息披露和进行环境信息披露公司的财务绩效差值均为负且在 1% 水平上显著,意味无论公司性质如何,履行环境责任能够获得更高的财务绩效。而且,国有控股公司履行环境责任的比例达到 51%,而非国有控公司履行环境责任的比例为 37%,可见国有控股公司承担了更多的环境责任。

表 5-5 分属性样本公司财务绩效 T 值检验

公司属性	分 类	观测值	均 值	标准误	P 值
国有控股	0	3 814	3.297 1	0.082 2	0.000 0
	1	3 959	4.149 4	0.085 3	
	diff=mean(0)−mean(1)		−0.852 3	0.118 6	
非国有控股	0	7 044	5.326 4	0.063 8	0.000 0
	1	4 196	5.986 7	0.089 8	
	diff=mean(0)−mean(1)		−0.660 3	0.107 9	

表 5-6 结果显示,国有控股公司的环境责任指数(EDI)在当期、滞后一期和滞后两期对财务绩效指标 ROA 估计的系数分别为 0.010 9、0.016 8 和 −0.116,且均不显著。结合表 5-6 的结果,在不考虑履行环境责任的质量时,环境责任履行可以显著提高公司的财务绩效。然而,进一步纳入环境责任履行质量时该效果并不显著,甚至在滞后两期出现负面影响。国有控股公司的身份特殊,既要承担国民经济发展的重任,又要不折不扣执行国家环境保护相关法律法规和政策,履行环境责任。政府为保护生态环境,会要求国

表 5-6 不同属性公司履行环境责任对财务绩效影响的实证结果

变量	国有控股公司 (2)	国有控股公司 (3)	国有控股公司 (4)	非国有控股公司 (2)	非国有控股公司 (3)	非国有控股公司 (4)
ln EDI	0.010 9 (0.071 4)			0.030 2 (0.058 7)		
L.1 ln EDI		0.016 8 (0.078 9)			0.136 5** (0.064 4)	
L.2 ln EDI		−0.116 (0.085 6)				0.098 9 (0.076 0)
ln AGE	−0.464 6*** (0.142 2)	−0.493 8** (0.195 5)	−0.506 1* (0.261 7)	−0.833 0*** (0.087 2)	−0.775 0*** (0.121 3)	−0.581 6*** (0.185 1)
ln CF	0.138 4*** (0.030 2)	0.164 4*** (0.033 6)	0.094 8** (0.038 2)	0.092 8*** (0.021 5)	0.076 0*** (0.023 5)	0.071 6** (0.028 3)
ln OC	−0.438 4** (0.218 5)	−0.464 0* (0.241 9)	−0.291 (0.255 4)	0.235 9** (0.107 4)	0.244 8** (0.111 5)	0.242 6* (0.133 0)
ln GA	0.265 0** (0.114 3)	0.442 7*** (0.130 9)	0.455 0*** (0.154 9)	0.466 8*** (0.069 2)	0.618 0*** (0.083 4)	0.535 1*** (0.098 4)
ln RE	0.567 5*** (0.075 4)	0.584 5*** (0.089 0)	0.487 9*** (0.107 1)	0.616 4*** (0.066 6)	0.690 5*** (0.079 0)	0.564 8*** (0.097 0)

续表

变 量	国有控股公司 (2)	国有控股公司 (3)	国有控股公司 (4)	非国有控股公司 (2)	非国有控股公司 (3)	非国有控股公司 (4)
ln $OARA$	0.062 1 (0.038 5)	0.034 1 (0.043 8)	−0.010 7 (0.050 7)	0.007 10 (0.030 6)	0 (0.034 8)	−0.013 5 (0.042 3)
ln FL	−0.252 4* (0.129 6)	−0.320 8** (0.147 7)	−0.333 5** (0.163 6)	−0.237 7*** (0.055 0)	−0.211 2*** (0.064 4)	−0.212 5*** (0.081 3)
ln AT	0.930 1*** (0.141 0)	0.920 8*** (0.162 3)	1.089 2*** (0.203 8)	0.784 0*** (0.097 1)	0.687 0*** (0.111 2)	0.767 7*** (0.137 8)
ln $SIZE$	−0.508 3*** (0.118 2)	−0.526 4*** (0.137 8)	−0.432 3*** (0.163 3)	−0.050 7 (0.082 0)	−0.184 2* (0.098 9)	−0.030 7 (0.127 4)
常数项	5.787 6*** (1.995 7)	6.240 2*** (2.308 0)	5.350 4* (2.749 9)	−7.348 6*** (1.297 4)	−6.349 8*** (1.420 0)	−7.558 3*** (1.757 8)
样本数	862	704	555	1 284	1 013	795
时间固定	Y	Y	Y	Y	Y	Y
行业固定	Y	Y	Y	Y	Y	Y
R^2	0.318	0.331	0.322	0.396	0.386	0.362
F值	29.11***	24.33***	17.60***	57.38***	42.64***	29.04***

注：*、**、*** 分别表示在10%、5%、1% 统计水平上显著。

有企业增加环保投入,然而很难向其提供相匹配的政策支持或补贴。一旦出现环保事件,受损对象对国有控股公司的赔偿标准期望值较高,一定程度上加大了国有控股公司的成本,并且事后该公司将受到更严厉的监管。在缺乏对环境责任履行质量区别对待情况下,承担更多环境责任的国有控股公司支付成本更多且没有获得应有补偿,导致其获得的正向反馈效应不显著,甚至会在后期出现负的反馈效应。非国有控股公司的环境责任指数 EDI 在当期、滞后一期和滞后两期对财务绩效 ROA 估计的系数分别为 0.030 2、0.136 5 和 0.098 9,且滞后一期在 5% 水平显著,其他两期不显著。结合表 5-6 的结果,此类公司通过环境责任履行可以向市场传递积极信号,并从市场和政府两个方面获得正反馈效应,在考虑了环境责任履行质量的情况下,该正反馈效应相对滞后且不具有持续性,即履行环境责任质量高的非国有控股公司会在第二年获得较好的财务绩效,但随后这种正向激励作用就减弱了。相比国有控股公司,非国有控股公司履行环境责任的比例更低,且承担了更多环境责任的公司可以获得相对较多的政府支持和市场认可,并以此提高财务绩效,但这种正的反馈效应并不特别显著。总体来看,履行环境责任对两类公司都存在显著的正向反馈效应,但考虑环境责任履行质量后,这种正向反馈效应趋弱,甚至国有控股公司滞后两期出现了负反馈效应,说明当前政府和社会公众只关注公司是否履行环境责任,而无法区分质量并提供相应激励,导致环境责任履行质量高的公司无法获得相匹配的补偿。

3. 内生性检验

为防止因公司环境责任存在内生性而对文中模型的估计结果产生干扰,本研究选择使用样本公司所在地区环保工作人数作为其环境责任的工具变量,运用工具变量法(IV)进行估计。Hausman 检验结果表明该工具变量通过了检验,变量选取是适宜的。IV 估计结果系数正负号以及显著性与前文中估计结果一致,表明前文模型是合理的,限于篇幅,不再赘述。

4. 稳健性检验

总资产收益率(ROA)指公司总收益与总资产的比值。该比值越大说明每单位资产所获得的收益越高,即表明公司整体经营能力较强。净资产收益率(ROE)指总收益与股东权益的比值,说明每单位股东权益产生的收益,比值越大表明每单位股东权益产生的收益越高,即公司对自有资金的利用能力越高。前者反映公司整体盈利能力,后者反映净资产的盈利能力,为检验结果的稳健性,本研究选择净资产收益率(ROE)作为公司财务绩效的指标进行分析,稳健性检验结果与前文回归结果基本一致,限于篇幅,不再赘述。

(五)主要结论

本研究基于2008—2017年中国A股上市公司的面板数据研究环境责任履行对公司财务绩效的影响。结果表明,环境责任履行可以向政府和社会传递正面积极信息,提高经营水平和竞争能力,显著提高财务绩效,即获得显著的正回馈效应。然而,加入环境责任质量因素且分区域和属性进行深入分析发现,承担环境责任多的公司并未完全获得相匹配的补偿,即环境责任履行质量的正反馈效应多数情况下并不显著,甚至会出现强的负反馈效应。中国长期的区域发展战略使东、中和西部的经济发展处于不同的阶段。东部地区获得充分发展,已基本完成了产业结构转型升级,市场发育程度高,公司积累了更多先进的管理经营和技术,环保意识越来越强,地方政府财力丰厚且管理相对高效,能够有效区分公司履行环境责任的质量,并为其提供相匹配的环保补贴和税收优惠支持。中部崛起战略提出时间最晚,中部地区正成为产业转移的主要承接地,生态环境保护和经济发展之间的矛盾最为突出。该区域公司的治理水平相对较低,且地方政府的财力有限,给予的环保补贴和税收优惠等支持相对较少,不足以抵补承担更多环境责任所额外支付的成本。西部地区公司履行环保责任的比例最低,环保意识相对薄弱,致使环保责任履行质量与公司财务绩效之间并无直接关联关系。国有控股公司与中央和地方政府存在诸多关联,在生态环境保护中承担了更多的社会责任,在环保方面的投入远大于非国有控股公司。若出现环保事件,前者的赔偿标准往往远大于后者,加大了财务成本。虽然从整体上看国有控股公司履行环境责任可以获得显著的正反馈效应,但现有市场环境下,承担环境责任多的国有控股公司并没有获得额外的补偿,从而导致其财务绩效并不显著优于同类公司。非国有控股公司能够通过环境责任履行向市场传递积极和正面信号,并取得显著的正向反馈效应,承担环境责任多的公司可以获得更多的补偿,但补偿具有滞后性,且不具有可持续性,即政府缺乏对非国有控股公司履行环境责任的长效激励机制。综上所述,环境责任履行可以使公司获得显著的正向反馈效应,但中西部地区公司和国有控股公司即使承担了更多环保责任,也难以获得相匹配的补偿。换言之,环境责任履行质量无法被识别和区分,导致该类公司的财务绩效并无显著提高甚至可能降低。因此,各级政府不仅要强调公司执行环保法律法规及政策,而且要提高环保补偿的精准度和匹配度,使其能够覆盖公司在环保方面的支出甚至有盈余;更需要建立促进公司履行环境责任的长效机制,推动公司提高治理水平,承担更多环境责任,促进经济社会的健康可持续发展。

第三节　ESG战略与企业和金融机构绩效

1992年,联合国环境规划署金融倡议将环境、社会和公司治理(environment, social and governance,简称ESG)作为重要因素纳入政府和企业的决策过程。ESG相关的概念包括ESG评价、ESG绩效、ESG投资、ESG指数等,其特点是不再仅仅关注企业的财务绩效,而是关注环境、社会和治理等方面的企业多维度发展,意在促进企业重视环保和社会责任履行,实现企业和社会可持续发展。ESG逐步成为衡量国家、区域或企业可持续发展能力的重要指标,围绕ESG的评价体系也由市场化运作的评级机构建立起来。中国的发展受到环境和资源紧约束,传统的经济增长方式难以为继,经济社会转型升级已成为政府的重要工作,而ESG战略实施是其主要抓手。已有研究表明,随着各国重视可持续发展,将环境问题纳入发展战略,并出台相应的措施支持绿色低碳产业,ESG对财务绩效的影响日益明显。中国工商银行绿色金融课题组于2015年年底开始进行"ESG绿色评级与绿色指数"的研究工作,并着手构建ESG绿色评级体系。中国经济进入新常态,环境和资源约束迫使经济发展模式转变,供给侧结构性改革拉开帷幕,中国政府和企业在新的环境下转变了发展思路。习近平总书记提出了"绿水青山就是金山银山"的科学论断,坚持节约资源和保护环境的基本国策。绿色被作为"五大发展理念"之一,是为了应对中国资源环境约束趋紧、环境污染严重、生态系统退化等问题,反映了人民群众对清新空气、干净饮水、安全食品、优美环境的强烈要求和美好愿望。2015年1月1日,被称为"史上最严"的《中华人民共和国环境保护法》经第十二届全国人民代表大会常务委员会第八次会议修订后正式实施,强调保护环境作为国策,坚持保护优先、预防为主、综合治理、公众参与、损害担责的原则,强调一切单位和个人都有保护环境的义务。由此可见,国际国内经济社会环境发生了深刻变化,政府、企业和个人对环境问题更为关注,企业实施ESG战略是顺势而为。企业履行环境社会责任不仅能够促进经济社会的可持续发展,也会给企业带来更多发展机会,获得更多激励。中国已建立了自愿ESG信息披露体系,并逐步在此基础上推进建立和完善强制ESG信息披露制度。

一、ESG战略的激励机理

企业作为市场经营主体,以追求盈利最大化作为主要目标,其关注私人收益优于社会收益。随着全球气候变化,环境对人类经济社会发展的影响越来越深刻,越来越多的人意识到环境恶化将会带来灾难性的后果,可持续发展理念逐步被全球绝大多数国家和企业所接受,社会责任履行正成为新的趋势。从"理性人"角度出发,企业很难会自主履行环境社会责任;从公司治理的角度看,企业所做的决策首先应该考虑股东、债权人、管理层和员工和利益。如果监管者没有强制企业履行环境社会责任,或者履行环境责任不能给企业带来利益,则企业就不会自主实施提高社会利益的行为。ESG 战略的核心是设计合理的激励机制,将社会利益与私人利益高度关联,履行环境社会责任将会为企业带来直接的或间接的收益,企业由此会有动力提高治理水平,主动修正企业的经济行为,使其满足经济社会发展对环境的要求,并因此而获得即期或远期的利益。

绿色金融与 ESG 既有区别,又有密切联系。绿色金融属于金融的一个分支,赋予了金融公共产品性质,在投融资时需要考虑生态环境因素。政府作为公众的代表向绿色金融机构提供直接激励,如税收优惠、风险分担、利息补贴等。或者,政府通过市场准入、优先采购或向公众宣传绿色项目产品和服务提供间接支持,企业获得更高的市场份额,其溢出的社会价值得到补偿。而 ESG 属于技术层面,对企业所实施的行为进行评价和认定,为绿色金融投资、政府和公众购买提供标准,如 ESG 评价和 ESG 指数,进而以此为基础衍生出 ESG 投资策略或投资实体,如易方达 ESG 责任投资、华宝 MSCI 中国 A 股国际通 ESG。

ESG 是三个英文单词首字母的组合,目前全球尚没能统一的定义,但一些国际性组织、金融机构和部分政府机构根据实践对其进行界定。其中比较有代表的是高盛公司对 ESG 的定义,包括环境、社会和治理三个标准,每个标准又细分为至少两个指标(见表 5-7)。环境标准中能源和水为投入项,气候变化和废物为产出项,体现了人类活动对环境所产生的影响;社会标准分为领导、员工、客户和社区四个方面,每一个方面又由几个指标衡量,反映了人类社会内部的分工与协作,各群体之间通过各类活动所产生的相互影响;治理标准是企业治理在社会责任的履行中的表现,公司治理是 ESG 取得成效的根本保证。ISO2600 社会实践、SASB、GRI 可持续发展报告三大国际组织,MSCI、道琼斯、汤森路透、英国富时、Morning Sta 五大 ESG 评级公司和 12 家交易所都发布了 ESG 评级相关指引。综合来看,环境方面主要有自然资源利用、废弃物排放和生物多样性维护;社会方面主要包括人权问题、健康问题、发展问题及社团或社区;治理方面则包括政府的宏观管理、市场发育和企业内部治理,如税收问题、市场竞争问题、企业的劳动保护、风险管理、道德行为准则等。

表 5-7 高盛公司对 ESG 的界定

ESG 标准	ESG 各标准所包含的内容
环境标准	能源和水等投入、气候变化和废物产出
社会标准	领导：可问责性、信息披露、发展绩效等；员工：多样性、培训、劳工关系等；客户：产品安全性、负责任营销等；社区：人权、社会投资、透明度等
治理标准	透明度、独立性、薪酬、股东权利等

在现代工业社会，企业成为社会生产的主要承担者，内部通过各种规章制度和激励机制将人们连接在一起，形成分工协作，进行利益分配；对外则以一个整体参与市场分工、竞争、交换和利益分配。每个人存在私利，每个企业也存在私利，但企业内部存在共同利益，而作为所有人集合的社会也存在共同利益。个人和企业的私利与社会利益存在冲突，在没有外部力量干预的情况下，私人收益最大化的目标不会改变，社会利益受损的情况普遍发生。市场经济背景下，市场成为配置资源的决定性力量，但仍需要政府维护社会的公平、正义及经济的可持续发展，调停不同主体之间的利益关系，对侵害社会利益的行为进行处罚，从而使市场主体对自己的经济行为产生稳定的预期。ESG 的责任主体在于企业，然而，企业并不会自主实施 ESG 战略，这就需要政府出台相应的政策推动进行 ESG 评价，构建 ESG 指数，引导企业实施 ESG 战略。随着中国 A 股被纳入 MSCI、富时罗素相关指数，ESG 原则对中国资本市场的资源配置活动产生实质性影响。2016 年以来，中国证券投资基金业协会全力推动 ESG 责任投资。2017 年 3 月，中国证券投资基金业协会委托国务院发展研究中心金融研究所开展"上市公司 ESG 评价体系"研究，并于 2018 年 11 月发布了《中国上市公司 ESG 评价体系研究报告》和《绿色投资指引（试行）》。2018 年 12 月，中国社会科学院、责任云研究院联合课题组发布国内首本《中国上市公司环境、社会及管治（ESG）蓝皮书（2018）》。这些评价体系有利于对企业的经营风险进行全面评价，促使其进行加强信息披露，提高社会公众的知情权，提高公司治理水平。

环境信息披露是 ESG 战略实施的必要手段。2015 年 9 月，中共中央、国务院印发《生态文明体制改革总体方案》，要求资本市场"建立上市公司强制性环保信息披露机制制度"，这为中国企业进行 ESG 信息披露奠定了基础。《中国企业社会责任报告研究 2018》的数据显示，超过 30% 的中国 A 股主板上市公司发布了2017年度社会责任报告,超过70%的公司参照了上交所指引、GRI和社科院指南编写标准,其中表现较好的部分为社会板块的培训与发展政策等指标,管治板块社会责任领导机构、实质性社会责任议题识别与管理指标,精准扶贫板块的年度扶贫资金、精准扶贫规划等指标;而表现较差的为社会板块的供应商社会责任培训绩效、社区投入等绩效指标,管治板块的开展社会责任相关课题研究、社会责任培训等指标,精准扶贫板块的扶贫主管部门、发布扶贫专项报告等指标。强制ESG信息披露的目标:一是提高公众的知情权,使公众在风险决策、公益诉讼和参与式规划过程时能够获得有效的信息。2020年3月20日,由环保组织自然之友发起的全国首例野生动物保护"预防性"公益诉讼"云南绿孔雀"案一审宣判,在建的红河(元江)干流戛洒江一级水电站停止建设。究其原因,戛洒江一级水电站的总承包方昆明设计院,所提供的《环境影响报告书》未经科学调查,未提及绿孔雀栖息地、苏铁、季雨林、热带雨林等生态要素,主观认定项目建设不会对绿孔雀造成直接影响,忽视了公众的知情权。二是改善资本市场决策过程。通过实施ESG战略,企业在其各类报告中披露环境责任信息,揭示经营风险和社会责任履行情况,这增加了信息透明度,有利于投资者及社会公众对其进行监督,促进企业提高公司治理水平,同时也会提高政府政策的精准性及效率,优化企业竞争和经营环境。信息披露可以分为三个层次:一是由法律法规所强制的信息披露,不履行需要负法律责任,具有非常强的约束性。二是由行业协会等社会组织所倡议的信息披露。社会组织制定相关标准,协助指导企业进行信息披露,约束性由社会组织的影响力和经济社会大环境所决定。三是企业自主信息披露。为了向市场传递社会责任履行信息,获取政府和公众的认可,企业自主制定信息披露准则,决定信息披露的内容和频次,对其他企业没有任何约束性。

实施ESG战略的目的在于为企业提供履行环境社会责任的激励。激励有正向激励和负向激励两类。正向激励具有引导性,即符合预先规定条件的给予奖励,奖励包括税收优惠、市场准入、政府补贴、提高声誉等;负向激励是指违反规定条款的进行处罚,包括经济处罚、市场禁入、降低声誉等。由于私人收益和私人成本容易计量,但社会收益和社会成本涉及面广且影响的不确定性大,计量难度很大。因此,不履行环境社会责任和处置非常困难,履行环境责任的奖励也难以确定,对于ESG实施主体的激励带来较大挑战。然而,相比较政府通过行政方式激励,市场化激励手段的效率更高。基于信息披露,政府督促企业将环境、社会和治理方面的信息按照既定的标准向社会公布,让专业投资者、新闻媒体、社会公众和政府相关机构对其进行监督。当企业能够很好履行社会责任时,投资者对于企业的发展具有较强的信心,企业的股票将会上涨;新闻媒体会对实施ESG战略的企业进行正面报道,社会公众会对其产生好感,并优先购买该类企业的产品和服务,企业的经营业绩和利润都会上涨;政府部门也会根据其履行社会责任情况给予相应的税收优惠、政策性补贴和其他相关激励政策,促进企业获得更高收益。相反,若不实施ESG战略,企业的社会责任履行情况难以得到客观的评价,如同一个商品没有价签,很难获得投资者、社会公众、新闻媒体和政府的认可,或者由于信息不对称加大了社会对其环境责任履行评估的成本,不利于其业绩的提升。

二、ESG战略与企业财务绩效

已有文献评价企业和金融机构环境社会责任履行时采用的都是环境信息披露的强度和频次,认为两者越高,则履行环境社会责任的程度越好。然而,该类评价方法不够全面,而且不够准确,忽略了信息披露的质量。中财绿金院、商道融绿、OWL和社联盟这四家机构发布的ESG评级,共有1 748家机构参与,其中沪深两市上市公司有1 498家。根据中国责任投资论坛所发布的《中国责任投资年度报告2019》,全球ESG投资正快速发展,其中欧洲的资本管理市场有近半采用了ESG投资。报告指出,截至2019年11月,中国可统计绿色信贷余额达到9.66万亿元,泛ESG公募基金的规模达到485.94亿元,绿色债券的发行量达到1.02万亿元,绿色产业基金的规模也达到91.61亿元。截至2019年9月24日,沪深两市上市公司达到3 702家,其中发布CSR报告的为945家。

表5-8 中国A股上市公司CSR报告的数量

年份	2011	2012	2013	2014	2015	2016	2017	2018	2019
沪市	343	384	415	423	435	428	475	522	568
深市	222	254	289	284	314	301	326	348	377
合计	565	638	704	707	749	729	801	870	945

资料来源:商道纵横:《2019年上市公司CSR报告统计分析》,2019年10月。

(一)变量选取

为分析ESG评级对企业绩效的影响,本研究的因变量采用了ROA和ROE两个变量,前者为总资产收益率,后者为净资产收益率。自变量为ESG评级,由于只有部分上市公司进行ESG评级,而且并没有权威专业机构进行评级,故采用相对有影响力的ESG评级作为自变量。相对而言,财绿金院、商道融绿、OWL和社联盟这四家机构的ESG评级已初具规模，评级的方法也得到了市场的认可。其中OWL采用的是数值且样本量最大，其他三家机构采用的是分级而样本量相对较少。虽然四家机构的评级并非完全一致，但总体而言，这些机构对多数公司的评级保持一致。出于样本量考虑，本研究最终确定选取OWL的ESG评级，其他评级用来进行检验，而且由于前期样本量整体太少，只选择了2019年截面数据进行相关关系检验。控制变量选取了企业规模、财务杠杆、成长能力、留存收益、自由现金流、股权集中度、研发支出、资产周转率、其他应收款占比、企业年龄、产权归属、地区和行业等。变量的定义如表5-9所示。其中产权归属、地区和行业属性均设置虚拟变量，而企业规模和留存收益数额较大，故对其取自然对数。

表5-9 变量定义

变量分类	变量名称	变量符号	变量描述
因变量	企业绩效	ROA	总资产收益率＝收益/总资产
		ROE	净资产收益率＝收益/股东权益
自变量	ESG评级	ESG	ESG信用评级
控制变量	企业规模	SIZE	期末总资产
	财务杠杆	FL	期末总负债/期末总资产
	成长能力	GA	本年主营业务收入/去年主营业务收入
	留存收益率	RE	企业留存收益额/期末总资产
	自由现金流比率	CF	经营活动产生的现金净流量/期末总资产
	股权集中度	OC	第一大股东持股比例
	研发支出	RD	研发支出/主营业务收入
	资产周转率	AT	主营业务收入/总资产
	其他应收款占比	OARA	其他应收款/总资产
	企业年龄	AGE	表示企业上市时间的长短，仅计算到年数
	产权归属	M	当企业属于国有控股企业时，$M=1$，否则$M=0$
	地区	I	当企业属于东部地区时，取值为1；当企业属于中部地区时，取值2；当企业属于西部地区时，取值为0
	行业属性	IND	按证监会分类

（二）变量描述性统计

各变量的描述性统计如表 5-10 所示。比较因变量 ROA 和 ROE，后者虽然样本量损失较小，但其最小值为-602%，最大值为 83.61%，标准差为 30.87，远高于前者，故总资产收益率更能反映公司经营的整体健康程度。OWL 评级样本为 907 个，最大值为 86.69，最小值为 14.17，方差为 14.40，显示出上市公司之间的差异较大。重视 ESG 的公司能够按照证监会的要求全面披露环境、社会和治理信息，信息质量较高，评级的分数较高；其他公司则只披露了部分信息，且信息的质量相对较差，导致评级分数较低。由于成长能力 GA 和研发支出 RD 两个变量的观测值仅为 304 和 261 个，远低于其他变量，存在大量的缺失值，会影响模型的回归结构，故剔除这两个变量。其他变量观测值中数量最小的为 ESG 的 ESG 评级 907 个，样本数超过 30，符合大样本数据要求。

表 5-10 变量描述性统计

variable	N	mean	sd	min	p50	max
ROA	1 056	3.780	13.88	−162.4	4.860	67.60
ROE	1 111	4.130	30.07	−602.2	7.240	83.61
ESG	907	50.33	14.40	14.17	48.83	86.89
SIZE	1 129	2.200e+11	1.700e+12	5.800e+07	1.200e+10	3.000e+13
FL	1 129	52.07	31.24	1.450	51.72	568.1
RE	1 129	1.500e+10	8.700e+10	−4.300e+10	2.200e+09	1.700e+12
OC	1 128	58.48	16.45	8.970	57.39	97.69
AT	1 129	0.610	0.530	−0.010 0	0.510	5.470
GA	304	1.120	0.560	0.010 0	1.080	8.140
CF	1 129	0.060 0	0.080 0	−0.860	0.060 0	0.530
RD	261	0.060 0	0.190	0	0.040 0	3.080
OARA	1 021	0.020 0	0.040 0	0	0.010 0	0.350
AGE	1 130	16.55	7.100	2	15	31

（三）理论分析和模型构建

资源和环境紧约束下，中国政府提出了"创新、协调、绿色、开放、共享"五大发展理论，其中绿色发展理念要求破除"唯 GDP 论"，提倡"绿水青山就是金山银山"。"生态兴则文明兴，生态衰则文明衰"，作为经济发展的重要支撑力量，上市公司应自觉进行生态环境保护。同时，作为公众公司，上市公司应主动披露社会和治理信息，让投资者和社会公众享有信息知情权，做好监督，也让政府了解其社会责任履行情况，提高政策制定和实施的精准性。根据交易成本理论，交易双方的信息不对称会降低交易的概率，提高交易成本。实施ESG战略就是向社会主动披露环境、社会和治理方面的信息，减少公司与政府和市场主体之间的信息不对称，有利于社会增加对公司的了解，提高交易的概率，降低交易成本。从另一方面讲，实施ESG战略，披露公司的各项信息，不仅会增加一定成本，也有可能导致公司的内部信息外泄，对公司产生负面影响。若社会公众、政府和投资者能够认同公司，则政府会提供一定的补偿，投资者愿意以更高价格购买公司股票，社会公众也会优先选择该公司的产品和服务，这些正向激励会提高公司的价值。实施ESG战略初期，政府更多采用的是强制手段，让部分公司先行公布其环境、社会和治理信息，但并没有出台成熟的激励政策；投资者也缺乏对ESG的了解，购买股票仍然以经济效益为主；社会公众缺乏对ESG的认知，也不会主动去购买公司的产品和服务。随着政府部门政策体系不断完善，媒体的高频次的宣传，全社会对ESG战略的认知水平不断提高，正向激励会抵消公司为披露信息所支付的成本，提高公司的财务绩效。

中国目前还没有全面实施ESG战略，只在少数领域进行了尝试，而且ESG评价体系也没有完全建立起来，缺乏权威的社会评价机构，这些因素都在一定程度上造成ESG战略实施对公司绩效的影响存在较大的不确定性。与发达国家相比，中国还处于工业化水平初级或中级阶段，经济发展水平还不高，经济增长仍然是中央政府和地方政府重点考虑的因素之一，因此，生态环境与经济增长之间的矛盾在相当长时间内还会很突出。人民群众对生态环境的要求越来越高，促使政府必须采取严厉的措施加强生态环境保护，部分地区采用了环保一票否决制。然而，缺乏工业支撑的地区财政收支非常困难，很难对采取较高环保标准和较大环保投入的企业给予足够的补偿，致使实施ESG战略的公司在初期并没有获得正的财务绩效。故提出所设：工业化初期或中期，实施ESG战略对公司的财务绩效会产生负面影响。为了验证实施ESG战略对公司财务绩效的影响，采用模型如下：

$$ROA_i = \alpha + \beta_1 ESG_i + \beta_2 AT_i + \beta_3 RE_i + \beta_4 CF_i + \beta_5 OARA_i +\\ \beta_6 OC_i + \beta_7 \log(SIZE_i) + \beta_8 AGE_i + \beta_9 IND_i +\\ \beta_{10} M_i + \beta_{11} I_i + \theta_i + \Theta_i \tag{5.5}$$

其中 i 为实施 ESG 战略公司的编号，α 为回归模型系数，β 为自变量的估计系数。因变量为 ROA，由于 ROE 的离差过多，故不再作为因变量；自变量为 ESG，该值越大，表示公司履行社会责任越充分，即环境、社会和治理三个方面的表现越突出；为了保证结果的稳健性，选择的控制变量（具体定义见表 5-9）为 AT、RE、CF、$OARA$、IC、$\log(SIZE)$、AGE、IND、M、I，Θ_i、ε_i 表示标准误差项。

（四）实证结果

基于 2019 年公开发布的数据，删除部门存在缺失值的样本，模型 (5.5) 估计结果如表 5-11 所示。

表 5-11　ESG 战略对公司财务绩效的影响

	(1) ROA	(2) ROA	(3) ROA	(4) ROA	(5) ROA
ESG	−0.043 0* (0.025 8)	−0.043 4* (0.025 7)	−0.042 0* (0.025 2)	−0.042 4* (0.025 2)	−0.042 4* (0.025 2)
AT	4.266*** (0.807 9)	4.314*** (0.806 8)	4.069*** (0.783 3)	4.021*** (0.779 6)	4.009*** (0.778 3)
CF	37.37*** (5.071 4)	37.27*** (5.046 7)	38.10*** (4.942 2)	37.68*** (4.900 2)	37.79*** (4.884 1)
RE	14.58*** (0.693 4)	14.54*** (0.692 9)	14.66*** (0.671 6)	14.58*** (0.659 1)	14.55*** (0.653 2)
AGE	0.133** (0.066 4)	0.134** (0.065 7)	0.133** (0.063 9)	0.132** (0.063 9)	0.125** (0.059 2)
OARA	−5.936 (9.918 5)	−6.281 (9.913 0)			
OC	0.009 30 (0.028 0)				
log_SIZE	−0.187 (0.313 0)	−0.155 (0.290 8)	−0.183 (0.275 5)		
M	−0.204 (0.903 2)	−0.225 (0.899 9)	−0.115 (0.871 4)	−0.256 (0.845 0)	
IND	显著	显著	显著	显著	显著

续表

	(1)	(2)	(3)	(4)	(5)
	ROA	ROA	ROA	ROA	ROA
_cons	2.499 (9.966 4)	0.968 (10.074 3)	3.018 (9.652 4)	−0.854 (7.681 5)	−0.850 (7.677 3)
N	827	828	855	855	855
adj. R^2	0.508	0.507	0.506	0.506	0.507

注：括号里是标准差。* $p<0.1$，** $p<0.05$，*** $p<0.01$。

表 5-11 中模型(1)使用了全部控制变量，模型(2)—模型(5)为调整部分不显著变量回归的结果。从表 5-11 中可以看出，ESG 的结果为负且在 10% 水平显著，表示实施 ESG 战略在当前阶段对其财务绩效产生负的影响越大，改造的社会责任越多，承担的成本越高，且这些成本无法从政府或市场获得完全补偿。资产周转率 AT、自由现金流比率 CF、留存收益率 RE 的估计系数为正且至少在 5% 水平显著，表示资产周转率、自由现金流比率和留存收益率与公司财务绩效之间呈显著正相关关系。公司年龄 AGE 的估计系数为正且在 5% 水平显著，表示公司成立时间越长，财务绩效的就越好。其他应收款占比 OARA、股权集中度 OC、公司规模 SIZE 和产权归属 M 的估计系数均不显著，表明这些变量对公司的绩效的影响非常有限，可以忽略。行业变量 IND 为虚拟变量，结果显著部分行业的估计系数显著，处于不同行业的公司财务绩效存在显著差异。

中国 A 股上市公司的数量已超过 3 000 家，但本研究的样本量不足 900 家，不及上市公司总量的三分之一，且仅采用了 2019 年的截面数据，因此，可能存在结果不稳健的问题。从社会发展趋势来看，各级政府正在努力改变原有的经济增长至上观念，将生态环境保护列为重要的执政目标，所以，会采取更为严厉的措施和手段惩处破坏生态环境的行为。然而，仅依靠政府的行政手段无法形成生态环境治理的长效机制，公司迫于压力实施 ESG 战略，若财务绩效受损必然在很大程度上挫伤其履行社会责任的积极性和主动性。各级政府应该充分发挥市场在资源配置中的决定性力量，做好顶层设计，除了采用行政手段惩戒不履行社会责任的公司外，还应该积极引导，利用市场的力量进行生态经济利益和其他社会利益的补偿。根据公共产品理论，凡是创造社会价值的公司应该从政府和社会公众处获得一定的补偿，而社会成本高于私人成本的公司需要向政府或利益相关人支付一定的补偿。政府应不断探索社会管理机制，明晰界定政府和市场行为的边界，逐步退出微观市场，建立包括产权在内的各类要素和资源交易市场,完善法律法规体系,创造良好的市场环境,促使市场自主完成对履行社会责任主体的激励。

三、ESG战略与金融机构财务绩效

金融是现代经济的核心,在资源配置中起关键作用。金融机构承担着资金调配融通的重要任务,其效率直接关系到经济发展的速度和质量。中国自改革开放以来,经历了四十余年的经济快速增长,一举成为全球第二大经济体,金融系统功不可没。从改革开放初期发展商品经济,到区域发展战略,开放沿海地区,建立经济特区,再到西部大开发和"一带一路"倡议等,无一不是金融先行,政策支持,然后才是产业布局和发展。金融机构成为政府经济发展规划和产业布局等目标实现所必须倚重的中介,通过资本的集中和集聚,政府的顶层设计得到有效支撑。党的十八大以来,中国经济发展进入新常态,政府不再单一追求经济增长速度,而是更加注重经济发展质量,即开始进行经济供给侧结构性改革,企业的发展目标也由单一的经济效益转向经济效益与社会效益并举。金融机构作为资源配置的重要力量,在政府的引导下,需要将资本引入既有经济效益又能承担社会责任的公司。因此,实施ESG战略不仅仅是公司的选择,也是金融机构的选择。

(一)理论分析和模型构建

以兴业银行为代表的金融机构较早实施了赤道准则,在选择投融资对象时考虑公司的社会责任履行,自身也成为承担社会责任的主体。近几年来,部分金融机构开始实施ESG战略,按照国际通行的环境、社会和治理三类标准要求和约束自己,并获得专业机构的ESG评级。然而,金融机构是一类特殊的企业,其首先的目标是追求经济利益最大化,然后才是履行社会责任。否则,在激烈的竞争环境中,金融机构会因为没有足够的利润作为支撑很快被市场淘汰。与企业不同的是,金融机构很难直接享受政府对其社会责任履行的各类政策性补贴。金融机构作为中介机构,需要与企业进行协商,在推进企业履行社会责任并获得外部激励的同时,分享部分收益。从短期来看,金融机构很难单纯为了社会责任履行而舍弃高收益的投资机会,其投资的前提条件是不低于市场的平均机会成本。反过来讲,企业即使投资了绿色项目,按照环境、社会和治理标准披露信息,若想获得融资也必须按市场规则提供相应的回报。从长期来看,金融机构实施ESG战略会获得政府、公司、投资者及社会公众的认同,政府会为其提供相应的政策性补偿,公司与其合作会更紧密,投资者愿意为其股票进行更多支付,社会公众也对其有更多信任并将资金委托其管理。

然而，与前述公司实施 ESG 战略的背景类似，中国多数地方仍以经济增长为重要目标，各级政府没有足够的财务对公司和金融机构的溢出价值进行合理的补偿。市场补偿机制未完全建立起来，制约了金融机构实施 ESG 战略的主动性。如上一节所述，ESG 评级对其财务绩效的影响取决于其获得的正向激励与成本之间的权衡。若其社会价值获得足够补偿，超过其为此支付的成本，则能够提高财务绩效；若补偿低于成本，则降低财务绩效。为研究 ESG 评级对金融机构财务绩效的影响，基于以上分析，构建实证模型如下：

$$ROA_i = \alpha + \beta_1 ESG_i + \beta_2 AT_i + \beta_3 RE_i + \beta_4 CF_i + \beta_5 OARA_i + \beta_6 OC_i + \beta_7 \log(SIZE_i) + \beta_8 AGE_i + \beta_9 IND_i + \beta_{10} M_i + \beta_{11} I_i + \theta_i + \Theta_i \tag{5.6}$$

（二）变量描述性统计

与前节所述，仍选择总资产收益率 ROA 作为因变量，ESG 评级作为自变量，公司规模 SIZE、财务杠杆 FL、留存收益率 RE、股权集中度 OC、资产周转率 AT、成长能力 GA、自由现金流比率 CF、研发支出 RD、其他应收款占比 OARA、企业年龄 AGE、产权归属 M、地区 I 等作为控制变量。各变量的描述性统计如表 5-12 所示。

表 5-12　变量统计性描述

variable	N	mean	sd	min	p50	max
ROA	107	−2.090	18.46	−95.75	3.160	28.98
ROE 加权	106	−7.440	36.73	−168.7	3.740	37.16
ESG	93	51.05	14.09	13.56	49.11	87
SIZE	107	1.400e+10	5.400e+10	4.900e+08	6.000e+09	5.600e+11
FL	107	39.77	24.38	5.960	36.66	171.2
RE	107	1.800e+09	4.700e+09	−6.000e+09	1.100e+09	3.800e+10
OC	107	48.06	14.70	19.30	46.55	90.54
AT	107	0.490	0.360	0	0.410	2.410
GA	16	1.200	0.960	0.010 0	1.110	4.350
CF	107	0.050 0	0.060 0	−0.050 0	0.050 0	0.320
RD	16	0.110	0.100	0	0.090 0	0.310
OARA	103	0.020 0	0.020 0	0	0.020 0	0.110
AGE	107	14.27	6.390	2	11	31

表 5-12 中成长能力 GA 和研发支出 RD 这两个变量的观测数据只有 16 个，需要剔除以免损失样本量。模型(5.6)中各字母的含义如前节，数据日期为 2019 年，总样本为 107 个，其中 OWL 进行 ESG 评级的金融机构为 93 个。

（三）实证结果

模型 5.6 的回归结果如表 5-13 所示。模型(1)为全部控制变量回归结构，模型(2)—模型(5)为调整部分变量进行回归的结果。从结果来看，所有模型的自变量系数均为正，但不显著，意味着实施 ESG 评级对金融机构的财务绩效产生负面影响，但不明显。究其原因，中国政府并没有强制要求所有上市金融机构实施 ESG 战略，前期选择该战略的金融机构也由于政府缺乏相应的补偿机制和成熟的市场环境而未获取超额收益，相反，增加的成本一定程度上降低了财务绩效。然而，这种影响却非常微小，可以忽略不计。从实践来看，金融机构现阶段还是以经济利益为主，投资的先决条件是高利润和低风险，而没有将企业履行社会责任放在首要考虑因素。政府在对金融机构的监管中首要考虑的是合规，而非履行社会责任情况，因此，金融机构没有动力去主动按照环境、社会和治理标准要求自己。至关重要的是已经实施 ESG 战略的金融机构即使存在溢出价值，也没能得到政府的补偿，以及投资者和社会公众的认同，产生的成本较高，抵消了实施 ESG 战略带来的收益。

表 5-13　实施 ESG 评级对金融机构财务绩效的影响

	(1)	(2)	(3)	(4)	(5)
	ROA	ROA	ROA	ROA	ROA
ESG	−0.055 2 (0.057 3)	−0.060 4 (0.057 4)	−0.065 1 (0.061 3)	−0.062 0 (0.057 1)	−0.115 (0.136 8)
Log (SIZE)	−3.182** (1.314 1)	−3.487*** (1.294 4)	−4.023*** (1.370 3)	−3.507*** (1.288 6)	−4.272*** (1.995 2)
RE	4.705*** (1.031 0)	4.806*** (1.031 5)	4.985*** (1.100 1)	5.038*** (0.971 5)	
OC	−0.069 5 (0.057 6)				
AT	11.51*** (3.487 3)	10.57*** (3.411 9)		11.22*** (3.268 2)	6.123*** (5.300 1)

续表

	(1)	(2)	(3)	(4)	(5)
	ROA	ROA	ROA	ROA	ROA
CF	11.59 (15.168 2)	10.52 (15.200 1)	23.38 (15.619 7)		50.73 (36.963 2)
OARA	−120.0* (62.488 3)	−107.2* (61.822 2)	−68.50 (64.676 2)	−116.8* (60.003 9)	−214.8** (97.378 8)
AGE	−0.229 (0.167 7)	−0.190 (0.165 3)	−0.043 6 (0.169 2)	−0.225 (0.156 4)	−0.448 (0.362 4)
M	−0.396 (2.123 5)	−0.850 (2.097 9)	−0.441 (2.236 6)	−0.935 (2.085 3)	4.837 (5.612 5)
I	1.118 (1.556 7)	0.926 (1.554 5)	0.317 (1.647 1)	1.098 (1.527 9)	−3.816 (3.490 6)
_cons	−18.95 (19.988 4)	−17.15 (20.008 4)	−5.878 (21.017 0)	−20.74 (19.239 6)	−83.41* (44.134 1)
N	70	70	70	70	90
adj. R^2	0.420	0.415	0.333	0.420	0.178

注：括号里是标准差。* $p<0.1$，** $p<0.05$，*** $p<0.01$。

表中 Log(SIZE) 的估计系数为负且在 1% 水平显著，表明规模越大的金融机构财务绩效越差，这与现实相符。一般而言，规模大的金融机构均为国有控股，承担了更多的社会责任，且经营体制没有小规模金融机构灵活，因此，财务绩效相对较低。然而，从近几年的经营情况来看，小规模的金融机构风险更高，多家机构已经出现财务危机甚至濒临破产，故从经过风险调整的收益率看，大规模金融机构未必低于小规模金融机构。留存收益率 RE 和资产周转率 AT 估计系数显著为正，表明这两个指标对金融机构的财务绩效产生正向影响。股权集中度 OC、自由现金流比率 CF、企业年龄 AGE、产权归属 M、地区 I 等指标的估计系数均不显著，表明这些变量对金融机构的财务绩效没有明显影响或作用。事实上，已经上市的金融机构均采用市场化运营模式，产权归属已无法对金融机构的绩效产生太大影响。对于金融机构而言，持有自由现金流意味着有较高的成本，所以其自由现金流的比例一般非常低，对其财务绩效产生的影响可以忽略不计。中国资本市场已有近三十年的历史，金融机构的运营已有成熟的经验可以借鉴，故年龄对金融机构财务绩效的影响也非常微弱。现在上市金融机构多采用了多区域甚至全国化经营,故机构注册地处于何地已不再影响其财务绩效。

综上,实施ESG战略并未给金融机构带来超额收益。中国尚处于工业化的初期或中期阶段,绿色金融的溢出价值还无法获得足额补偿。这一是因为政府没有足够的财力进行转移支付,向提供绿色金融产品的金融机构给予一定补偿;二是因为完善的市场补偿机制还未形成,即使绿色项目的个人成本高于社会成本,个人收益低于社会收益,但项目的溢出价值很难确定,市场主体间的补偿无法自行完成;三是因为社会公众和投资者在短期内无法获取足够多的绿色金融方面的知识,缺乏自觉的意识为享受溢出价值进行支付。换言之,现行市场经济条件下,金融机构的收益和成本仍以个人成本和个人收益为基准,社会成本和社会收益仍保留在理论层面,各市场主体还没有就主动履行社会责任达成共识,经济利益补偿缺乏统一、可执行的标准和办法。党的十八大以来,中国各级政府对生态环境保护高度重视,金融机构的社会责任意识与日俱增,相关的法律法规日益完善,市场环境也不断改善,绿色金融的社会价值获得的支付也在不断增加,这些都将会促进绿色金融的有效供给。

第四节 绿色金融供给的政府补偿

绿色金融作为准公共产品,由政府自行供给或购买。受财政预算约束,政府无法直接提供绿色金融服务,只能将之交给市场,给予绿色金融服务提供方政策支持和利益补偿。

一、绿色金融供给的市场失灵

市场自发状态下绿色金融的社会价值难以获得自行补偿,政府缺位和市场失灵必然导致绿色金融有效供给不足。亚当·斯密认为市场就像一个"看不见的手",通过价格所反映的供求关系调节市场和配置资源,可以保证市场的顺畅运行。然而,包括大萧条在内的多次经济危机和金融危机向我们昭示,市场难以达到完美,各种摩擦都会影响资源配置,并会导致市场失灵。导致市场失灵的主要因素包括垄断、外部性、公共物品和不完全信息等。绿色金融属于准公共物品,存在正外部性效应,单一的市场调节无法保证绿色金融的正当、合理利益,必然导致绿色金融有效供给不足。

从需求角度看,社会对绿色金融的需求非常旺盛。一方面,在资源和环境的紧约束下,洁净的水和空气、安全无污染的食物及生物多样性等都是公众之所需。金融是资源配置的核心力量,公众对绿色金融的需求随着资源的紧缺和污染加重而不断提高。另一方面,地球变暖、生态恶化、资源枯竭和污染所致的高社会成本使各国各级政府对绿色金融的需求非常巨大。公众的需求是单个需求,是作为个体的人出于生存和发展需要对特定事物的需求。根据需求规律,当其他条件不变时,商品的数量和价格之间呈负相关关系,即商品的需求量会随着商品价格的上升而下降,随着价格的下跌而增加。然而,公众对绿色金融的需求并不符合传统意义上的需求规律。公众对生态环境改善有强烈的愿望,但这种需求并不能转化为有效需求,即有支付意愿的需求。原因在于人们愿意为直观可见且能够准确量化的商品支付,而不愿意为自己无法量化且不可直观的商品进行支付。如人们在超级市场购物时,没有价格标签的商品即使消费者再喜欢也很难转化为实际的购买。公众不了解绿色金融所投资的绿色项目,无法量化绿色项目对其所直接或间接产生的收益,即使其对良好生态环境有急切的需求,也难以转化为有效需求,为绿色金融的正外部性进行支付。虽然个人对绿色金融的需求无法形成有效需求,但作为个人需求之和的市场需求却是有效需求。政府作为顶层设计者,会关注公众对良好生态环境的需求,出台政策治理污染,安排财政资金支持和鼓励绿色金融发展。出于经济社会可持续发展需要,政府应当处理好当前经济增长与未来社会发展之间的关系,解决公众对绿色金融现实需求,调整不同主体之间的利益关系。

由于绿色金融属于有限的非竞争性或有限的非排他性的准公共产品,即介于纯公共产品和私人产品之间,部分受益者向其付费,还有部分受益者为外部受益者不向其支付,理论上,绿色金融的供给应由政府和市场共同分担。传统上公共产品由政府提供。当政府承担越来越多的对经济活动的规制、干预和生产功能,依靠公共财政支出的规模会越来越大,制度安排的效应递减和官僚体制的弊端随之显现,政府提供公共产品的效率将越来越低下。因此,绿色金融的最佳供给模式应是政府与市场共担,以市场为主,政府为辅,市场运营解决效率问题,政府补偿解决公平和激励问题。

当前绿色金融巨大的供需缺口可以主要归因于市场在资源配置中的失灵。旺盛的市场需求和有限的供给理应提高绿色金融的收益,但市场无法准确定位全部受益者并向其追索享有正外部性的合理收益,造成绿色金融的收益无法得到保障,进而导致绿色金融有效供给不足。如前所述,由于绿色金融的特殊性,其成本是既定的,但其收益无法通过市场机制准确计算并获得补偿,导致绿色金融供给方存在着激励不相容问题,部分相对市场高收益的绿色项目获得投资,更多市场低收益的绿色项目无法获得融资,绿色金融供不应求的状况无法自行得以缓解。

二、绿色金融供给的政府失灵

碎片化的绿色金融政策只能解决部分绿色项目的运营问题,无法对绿色金融形成全面和有效激励。大萧条后,凯恩斯提出了针对市场失灵的相机抉择的政府干预理论,挽救了资本主义世界的经济。迄今为止,尽管凯恩斯主义存在诸多缺陷,但其仍然是多数国家经济运行所采用的重要理论。

政府不是万能的,也存在失灵。虽然政府在解决市场失灵方面起到了重要作用,但其干预经济和运营过程也发生成本,也应考察其资源的投入产生比。基于此,庞大的官僚体系和制度的不顺畅等方面会大幅降低资源配置的效率。政府失灵体现在对公共物品的供给方面,现代代议制民主政治中公共部门在提供公共物品时总是存在浪费和滥用资源的行为,导致公共支出规模过大且效率降低,或者说政府作出了降低经济效率的决策或不能实施改善经济效率的决策。绿色金融具有典型的准公共产品性质,即使实施"赤道原则"的金融机构开展了部分绿色金融业务,并不代表市场可以高效率进行绿色金融资源配置,因为市场上确实存在部分风险较小且收益较高的绿色项目可供投资。除此之外,大部分绿色项目的收益都达不到投资者的要求,需要政府给予补贴才能实现合理的收益。无论是发达国家还是发展中国家,政府都没有足够的财力完全提供绿色金融产品,当前主要采用由政府引导和拉动、由市场组织运营的模式发展绿色金融。发达国家已经在绿色金融方面积累了成功的经验,然而不可争辩的事实是全球环境恶化的趋势并没有得到遏制。美国于2017年6月退出了《巴黎协定》,中国一些地方政府仍在为了地方经济增长未严格执行环保法律和政策,这意味着政府在面对复杂的经济和政治环境时,并不是把治理生态环境作为唯一或者是重要目标,往往经济增长会优于环境治理。各国各级政府充分认识到生态环境对人类可持续发展的重要性,基本都会在其发展规划中将绿色生产列为重要目标,保护生态环境,积极发展节能环境事业,加大对发展绿色金融的支持。然而经济增长无疑在短期内仍是政府的首要目标,其出台的支持绿色金融发展的法律法规和政策措施还不足以支撑绿色金融的有效供给。

政府在绿色金融供给中出现失灵的重要原因在于政策支持的碎片化。迄今为止,在经济增长为首要目标的指挥棒下,各国仍在争取各类资源,提高生产效率,大部分高投入、长周期、低产出的绿色项目并没有得到政府和金融机构的青睐。中国各级政府相继出台了部分支持绿色金融发展的政策,但这些政策多是临时性、局部性和选择性的,如专门针对某些行业、某些区域甚至某些企业和机构出台短期的、可变的扶持政策。这些碎片化政策使绿色金融资金提供方无法形成稳定的预期。如新能源汽车的补贴,只针对个别入选的企业提供年度补贴,下一年有可能出现大的退坡,导致项目运营的收益无法得到保证。更有部分企业为了骗取国家的补贴政策采用隐藏信息或虚构信息的方式进行"漂绿"。

绿色金融资源配置中的政府失灵造成了绿色金融有效供给不足,以及资源配置的低效率和高成本。2016年8月七部委联合出台的《关于构建绿色金融体系的指导意见》指出"坚持创新、协调、绿色、开放、共享的发展理念,落实政府工作报告部署,从经济可持续发展全局出发,建立健全绿色金融体系,发挥资本市场优化资源配置、服务实体经济的功能,支持和促进生态文明建设"。这份文件是指导绿色金融发展的纲领性文件,旨在提高政府配置绿色金融资源的效率,解决市场激励问题,即形成系统化的支持绿色金融发展的法规和政策体系。解决政府失灵的关键在于制定完善的生态补偿制度,政府既能向绿色金融资金提供方提供有效激励,又能从正外部受益者征收合理的费用,从而实现财政收支的平衡,解决绿色金融期限错配问题。

三、基于净值系统的生态补偿制度

生态补偿深度和宽度成为决定绿色金融有效供给的决定因素,系统化和常态化的生态补偿制度是解决绿色金融有效供给不足的根本所在。绿色金融的激励不相容问题导致其正外部性得不到合理的补偿,制约了资金投入的积极性和持续性。生态补偿制度是一种宏观调控手段,能够解决绿色金融正外部性中外部受益者不直接进行支付的困境,将生态环境的维护视为区域内所有市场主体和公众的责任,运用财政资金向生态系统服务提供者支付,购买相关服务,提高绿色项目及绿色金融的价值,即正外部性得到补偿。

由于每一个投资者的利益相关者众多,双边谈判解决生态环境利益问题的难度非常大,即使能够达成协议,投资者与多个相关者进行谈判的成本也会非常高,执行难度和成本都相当高。当市场失灵时,政府的介入有助于提高生态补偿的效率,降低市场交易成本。而且,政府不是利益相关者,将会公正对待各市场主体,有利于保障生态补偿质量,提高生态系统服务价值核算的合理性。政府代表公民进行社会治理,不仅要发展经济,还要向大多数公民提供合宜的环境公共产品,促进经济社会协调发展。政府居于投资者和利益相关方的中间位置,可以建立净值系统,调整生态赤字区和盈余区的利益关系,完成生态补偿(见图5-3)。在大数据背景下,政府可根据环境质量指标、经济发展指标和社会发展指标制定生态环境发展总目标,权衡经济社会发展与生态环境之间的关系,通过生态环境发展总目标预估资金需求,并由此做出财政资金来源计划。政府作为净值系统的运营中心,负责生态环境发展所需资金的筹措和支付。政府对辖区进行生态区域划分,将之区分为若干个生态盈余区和生态赤字区,考虑到中国行政管理体制实际,各生态区域不超越行政区域。对于规模以上企业进行单独生态区划分,根据中国符合《战略性新兴产业分类(2012)》等规定要求的且实际执行节能环保标准、从事节能环保生产和经营业务的规模企业认定为生态盈余区,否则为生态赤字区。生态盈余区享受资金补偿,获得财政资金转移支付,生态赤字区则需要交纳生态环境相关税费和罚没。

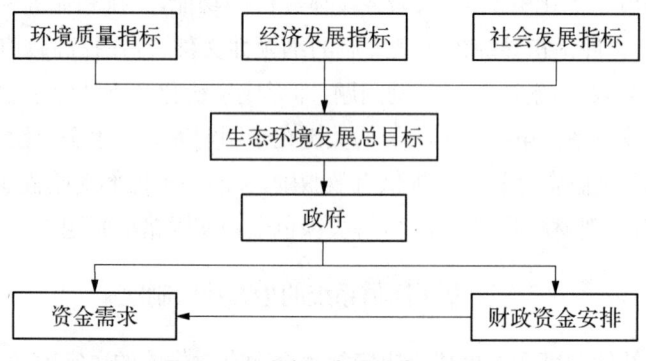

图 5-3 政府生态环境发展系统

政府通过环境质量指标预算该财政年度的资金收入和支出计划。由于政府替代市场成为净值系统中心,并不从中获得收益,因此,资金的收入和支出原则上应该相等(见图 5-4)。根据生态赤字区和盈余区的划分,不同的投资者隶属不同的生态区,而生态区又不超越行政区域,故投资者可以在生态区内进行利益谈判和博弈。政府居于生态环境发展平台净值系统的中心,负责辖区生态区域划分、环境质量指标确定、利益相关方确定和资金收支。为解决生态环境发展问题,政府进行制度方面的顶层设计,制定激励机制和环境质量发展指标并进行细化,落实到每个生态区。如图 5-4 所示,生态系统服务价值的核算以生态区为基本单位,区内投资者依据环境质量指标计算生态系统服务价值,生态赤字区需要支付税费或罚没,生态盈余区获得相应补偿。生态区相关者的利益由政府进行核算,生态赤字区相关者获得政府补偿,而生态盈余区相关者则需要交纳税费。

把环境质量指标作为生态系统服务价值的核算基础可以将投资者的利益与社会利益统一起来,并据此对正外部性进行补偿和负外部性征收税费及

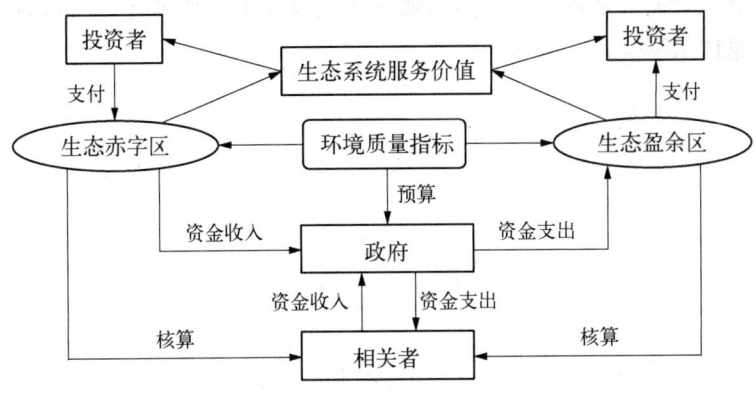

图 5-4 生态环境支付净值系统

罚没,从而形成有效的激励机制,投资者和相关者都能自觉采取环境保护措施,降低经济行为对生态环境的破坏,增加生态系统服务的规模和质量。

如前所述,政府处于净值系统中心,是生态系统服务供求的对接点,代表公众提出生态系统服务需求,而投资者提供生态系统服务。供需缺口越大,则生态系统服务价值越高;反之,随着生态环境质量的改善,生态服务的价值会逐步降低。政府生态环境发展总目标将主要体现在环境质量指标和政府预算两个方面,因此,生态系统服务价值可以看成环境质量指标和政府预算的函数:

$$V = f(Q_1, Q_2, \cdots, Q_n, B)$$

其中,V为生态系统服务价值。Q为环境质量指标,代表生态系统服务的供给。环境质量水平越高,意味着对生态系统服务的供给越多,生态服务的边际价值会不断降低,生态系统服务的价值就会越小。B为政府愿意并能够为生态系统服务系统提供的总的支出预算,代表生态系统服务系统的需求。支出预算越高,表示生态系统服务的需求越高,意味着生态系统服务价值就越大。如图 5-5 所示,S_1和S_2为生态系统服务供给曲线,其左移意味着生态系统服务供给增加;D_1和D_2为生态系统服务需求曲线,向左移表示生态系统服务需求增加。E表示生态系统服务的供需平衡点,即净值系统中生态系统服务的供给与需求平衡,在纵轴上表征该均衡水平下政府的支出预算或生态系统服务总价值。E_{11}和E_{12}为S_1供给水平下不同需求水平的决定的生态系统服务价值。因为D_2大于D_1,所以E_{12}大于E_{11},即生态系统服务价值水平随需求水平提高而增加。同理,当S_2既定时,因为D_2大于D_1,所以E_{22}大于E_{21}。当D_1和D_2既定时,由S_1和S_2不同的供给水平决定的均衡点值体现了供给水平增加导致生态系统服务价值降低。从图 5-5 来看，随着环境质量的不断改善，生态系统服务价值总体水平会逐步降低。

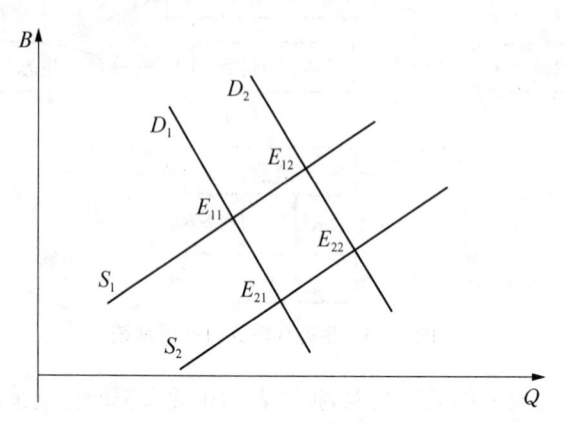

图 5-5 供给和需求均衡水平决定的生态系统服务价值

B 作为生态区具体的收支预算，决定于政府对环境治理的能力和公众及企业的支付意愿。中国已基本建成覆盖环境空气、地表水、酸雨、近岸海域、土壤、噪声和生态等要素的国家环境质量监测网，环境质量监测体系相对比较完善，大部分指标的发布已经常态化，并引起公众的高度关注，如 PM2.5 空气质量指标。公众对环境质量指标的理解有利于自觉约束破坏环境的行为并提高改善生态环境相关行为的支付意愿。全国已经在部分城市试点碳交易，前提是碳排放量可以准确计量。碳交易价格越高，代表政府环境治理的力度越大。所有投资者的项目都会找到相应的环境质量指标与之相对应，凡是有利于节能减排和降低污染的即给予补偿，否则就征税、收费和罚没。环境质量监测体系的日趋完善及前期环境质量指标和数据的累积为政府进行生态系统服务支出预算提供了依据，使其具备了较强的可操作性。

政府针对每一个生态区设计若干个与环境相关的量化指标，并根据这些指标进行资金收支预算，使资金收支预算成为环境量化指标的函数：

$$B = f(Q_1, Q_2, \cdots, Q_n, X)$$

其中，X 为政府针对每个环境质量指标所设计的预算系数。环境量化指标 Q 分为三类：第一类为总量指标，如二氧化硫排放量、污水排放量、固体废弃物排放量和碳储存量等；第二类单位指标，如空气负氧离子含量、水贡含量和 PM2.5 等；第三类指标为综合指标，如水质和优良天数等。为了方便计量，所有的环境质量指标都要加上符号，正号表示正外部性，负号表示负外部性。每个生态区内部有正指标也有负指标，只不过生态区的划分依据的是该区的总体外部性。如前所述,环境质量指标只考虑增量指标,负指标的增量为负表示对环境的贡献为正,正指标的增量为负表示对环境的贡献为负,因此,在划定生态区时需要取一个合理的基期数值,后期的环境质量指标预算系数都以此为基准进行调整。环境质量指标预算系数 X 恒为正,数值的大小受总预算、企业和居民支付意愿约束,与特定时期政府治理环境的力度呈正相关关系。

假设一个行政区域内划分为 N 个生态区,环境质量指标为 M 个,则生态区的单个环境质量指标可以表示为 Q_{ij},即第 j 个生态区所对应的第 i 个环境质量指标数值。若该生态区将该环境质量指标列入考核并有预算,则该数值不为 0;没有列入考核或没有预算则该数值为 0;M 维向量 $[X_1\ X_2\ \cdots\ X_m]$ 表示适用于每个生态区的环境质量指标预算系数,而 $N \times M$ 矩阵是 M 个生态区的环境质量指标矩阵:

$$\begin{bmatrix} Q_{11} & Q_{12} & Q_{13} & \cdots & Q_{1n} \\ Q_{21} & Q_{22} & Q_{23} & \cdots & Q_{2n} \\ \vdots & \vdots & \vdots & & \vdots \\ Q_{m1} & Q_{m2} & Q_{m3} & \cdots & Q_{mn} \end{bmatrix} \quad (5.7)$$

则各个生态区的预算值可表示为:

$$[X_1\ X_2\ \cdots\ X_m] \times \begin{bmatrix} Q_{11} & Q_{12} & Q_{13} & \cdots & Q_{1n} \\ Q_{21} & Q_{22} & Q_{23} & \cdots & Q_{2n} \\ \vdots & \vdots & \vdots & & \vdots \\ Q_{m1} & Q_{m2} & Q_{m3} & \cdots & Q_{mn} \end{bmatrix} = [B_1\ B_2\ \cdots\ B_n] \quad (5.8)$$

则 $B = \sum_{j=1}^{n} B_n = 0$,即所有生态区的预算之和等于 0,政府针对生态区的预算收入应等于预算支出。换言之,生态赤字区应向生态盈余区进行支付,政府只是充分转移支付中介。若第 j 个生态区为生态赤字区,则 B_j 小于 0;否则,B_j 大于 0。政府居于净值系统的中心,向生态赤字区收取税费,向生态盈余区支付补偿金,相应地生态系统服务投资者获得补偿。至此,每个生态区的外部性问题得到解决,各区之间的利益通过政府的净值系统得以协调,解决了市场失灵问题,节约社会成本,并提高外部性相关问题解决的效率。

每个投资者所提供的生态系统服务价值需要在生态区内部解决。就每个生态区内部而言,可以依照以上思路对域内的投资者进行划分,依据政府净值系统的净支付预算 B_j,设置域内环境质量指标,但预算系数仍为 $[X_1 \ X_2 \ \cdots \ X_m]$ 或做微调,从而使每个投资者和利益相关者都纳入支付系统。每个投资者所提供的生态系统服务价值及相关者的支付仍由公式 5.8 得到,投资者据此获得相应补偿,相关者也据此支付相关税费。

将绿色金融的资金供给方具体化为生态系统服务价值的提供者,根据外部性内部化原则,将一个生态区域视为一个封闭系统,系统内分为生态赤字方和生态盈余方,政府独立于两方并进行利益协调,通过生态补偿完成对绿色金融的市场激励,避免了作为准公共产品市场和政府资源配置时的失灵问题。

政府对毗邻生态区进行有效划分是生态环境发展系统顺畅运行的关键。中国实施了区域经济发展策略,从历史责任角度看,当前生态环境好的区域未必一定是生态盈余区。从历史经验来看,中国东部沿海地区从20世纪90年代开始大力发展工业,对环境的污染和能源的消耗远大于其他地区。然而,随着经济的发展,东部地区的工业化水平不断提高,有了足够的资金投入环保治理,或者干脆将高污染和高耗能的产业转移到中西部地区或其他欠发达国家。相较之下,中西部地区面临着发展和环保的巨大矛盾,工业基础薄弱,财力有限,人才和技术不能支撑高质量发展,所以发展成为第一要务。因此,静态地看生态区会有失偏颇,在考虑历史责任的前提下,政府应平衡各地区生态环境保护和经济发展之间的关系,动态合理地进行生态区划分,基于此进行毗邻区的生态补偿。

第六章 绿色金融的期限错配及纠正机制

绿色金融投资一般具有期初占比高和回收期长的特点，投资的收益具有较强的不稳定性，导致期限错配。如果政府不进行适度干预，期限错配问题难以自我修复，制约绿色金融的有效供给。采用代际补偿方法，不仅可以解决正外部性的代际传递问题，实现代际公平，又有利于解决绿色金融在时间上的错配，缩短绿色金融的久期，提高收益的确定性和稳定性，增加绿色金融的有效供给。

第一节 绿色金融期限错配的内在机理

绿色金融期初投资资金巨大，且这些资金的要求的偿还期普遍较短，而所投资绿色项目的回收期却很长，前期的现金流非常有限，导致前期资产久期远大于负债久期，即存在巨大的正久期缺口。期限错配使绿色金融面临巨大的投资风险，但随着时间的推移，久期缺口将逐步减小。政府介入可以调节绿色金融的期限结构，降低绿色金融投资风险，增加绿色金融的有效供给。

一、绿色金融投资期限结构

绿色金融投资大体可以分类两个类型：生产型和改善型。生产型项目期初投资大，投资建设期较长，一旦运营后各期都有相对稳定的现金流，如新能源汽车和太阳能发电等绿色项目；改善型项目期初投资也非常大，前期基本无现金流，后期现金流会相对较大，如碳捕集项目。

绿色生产型项目是将资金投入政府鼓励的节能环保领域，建设期间有大量现金流出，建成投产后通过产品的销售和政府的补贴有稳定的现金流入。

绿色生产型项目是绿色金融投资的重点，多数项目既可以通过"受益者付费"的方式从购买方获得正外部性部分补偿，又在政府鼓励项目名单之列并获得补贴，所以在投产后各期可以获得相对稳定的现金流（见图6-1）。由于可以获得政府的补贴，绿色生产型项目投产后各期会有一定的现金流入，但政府补贴并不是固定的，而会随着项目本身的生产和运营能力而不断调整。比如，若新能源汽车在经历大量的研发投入，达到技术相对成熟，与传统汽车相比具有了一定的价格优势，政府的补贴就会退坡甚至取消。相反，如果项目后期盈利能力差，政府仍会从鼓励节能环保项目发展的目的出发提高补贴，以期稳定项目的现金流。

图6-1　绿色生产型项目现金流

绿色改善型项目前期一般是正外部性相对较强的项目，很难通过"受益者付费"的原则准确定位受益者并向其收费，属于政府宏观调控的领域，如退耕还林和退牧还草等。其前期一次性的投入非常大，初期基本无现金流入，随着时间的推移，项目的收入会逐步增加（见图6-2）。绿色改善型项目对政府补贴的依赖性较生产型项目大，基本无法通过市场回收全部投资，甚至少数项目为具有纯公共产品性质，后期基本无现金流入。如为保持生物多样性而建立的非经营性自然保护区，虽然从市场无法获得营业性收入，但政府对保护区的投入却会随着时间的推移而逐步增加。

图6-2　绿色改善型项目现金流

无论是绿色生产型项目还是改善型项目，其前期投入都比较大，即现金流出量大，项目的收益期又相对传统项目更长，即后期现金流入期数多且每期流入较少,这必然造成绿色金融的期限错配,即近期的现金流入少,但偿债压力大(或资产回报率低),随着时间推移,偿债压力逐步得到缓解。若没有政府和其他外部资金的介入,进行期限错配的纠正,绿色项目会在投产初期就出现支付危机,导致项目难以为继,影响绿色金融的有效供给。

二、绿色金融投资的久期分析

久期是以未来的现金流按照当前的收益率折现成现值,然后用每笔现值乘以该现金流距离当前的年限,求和,再以这个和除以所有现金流贴现值的和。可以简单地将久期理解为一份投资回收现金所需要时间的加权平均值,或者是收回一笔投资所需要的平均时间。久期通常被用来度量债券平均有效期。当其他条件不变时,债券的久期越短,代表的实际到期日就越短,换言之,债券回收投资的时间就越短。影响债券久期的因素有息票率、期限和市场收益率,扩展到其他资产,影响资产久期的因素为每一期现金流入、期限和市场收益率(公式6.1)。

$$D = \frac{\sum_{t=1}^{T}\frac{CF_t \cdot t}{(1+R)^t}}{\sum_{t=1}^{T}\frac{CF_t}{(1+R)^t}} = \sum_{t=1}^{T} t \cdot \frac{\frac{CF_t}{(1+R)^t}}{\sum_{t=1}^{T}\frac{CF_t}{(1+R)^t}} = \sum_{t=1}^{T} t \cdot \omega_t \quad (6.1)$$

这里 D 即 Durition,表示资产的久期;CF 为 Cash Flow,表示现金流;R 为市场收益率;t 为即期时间,到期日为 T,剩余持续期可用 $T-t$ 表示。

利率对价格 P 的影响可以用资产的价值对利率求导(公式6.2),P 为用市场利率 R 对各期现金流进行贴现的现值。

$$\frac{dP}{dR} = -\frac{\sum_{t=1}^{T} t \cdot CF_t}{(1+R)^{N+1}} = -D \times P \times \frac{1}{(1+R)} \quad (6.2)$$

从公式6.2可以看出,资产价值与市场利率呈负相关关系,提高市场利率,资产价值降低;反之,资产价值提高,变动的幅度取决于市场价值 P 和久期的大小。资产的久期越大,市场利率的单位变化所引起的资产价值变动幅度越大。

久期与资产价值变动的关系可由公式6.2推导出,如公式6.3所示,MD 表示修正久期,等于 $D/(1+R)$。

$$\frac{dP}{P} = -D \times \left(\frac{dR}{1+R}\right) = -MD \times dR \quad (6.3)$$

由公式 6.3 可以看出,资产的久期对其价值的变动比率起决定性作用,市场利率变动 1%,资产价值的变动比率为 $-MD\times 1\%$,可见久期应该是绿色金融投资者关注的核心问题,也是绿色金融期限错配的关键所在。

前边讨论了市场利率对久期的影响,对于公司而言,市场利率是一个外生变量,是不可控因素,能够改变久期的可控因素为现金流 CF 和期限 T 两个因素。

从公式 6.1 可以看出,其他条件不变的情况下,前期的现金流越大,则久期越小;相反,前期现金流量越小,久期越大;前期现金流为零,则资产的久期等于其期限。这也不难理解,如果前期现金流量大,现金流的贴现率会相对较高,意味着回收投资的期限会变短;如果前期现金流量小,则后期现金流量会变大,但后期现金流的贴现率相对较小,意味着回收投资的时间会变长。对于绿色金融而言,多数绿色项目的投资期较长,投产前期的现金流相对较少,会延长投资回收期,即久期变大,造成绿色金融的期限错配,并加大了投资者的风险。

在其他条件不变的情况下,久期与期限呈正相关关系,即期限越长,久期越大。当期限变长时,每一期的现金流相对减少,而贴现率会随着期限变长而逐步变小,意味着后期的现金流现值越来越小,投资回收期自然拉长。如前所述,投资回收期的变长即为久期变大,造成资产和负债的久期不匹配或期限错配,投资者面临着较大的风险。

作为一个理性的投资者,在其他条件既定时,投资者会优先选择净现值大于零的项目。若项目的净现值均大于零,则投资者会优先选择高净现值项目。对于绿色项目也是如此。金融机构是中介,高杠杆经营,其资金来源主要方式为存款(商业银行)、发债和发行股票。前两种为其主要负债,权益资本一般作为资本储备或风险储备,以约束金融机构对外负债的冲动和风险缓冲,故能够用来进行经营的资金大多是金融机构对外负债形成的。从经营的角度看,金融机构是资源配置的核心,成本控制是其最为关注的因素。长期负债虽然具有很强的稳定性,但其成本会非常高,挤压对外投资的利润,因此,市场化金融机构的负债多是短期的经常性的负债。传统金融业务中,金融机构的资产现金流相对稳定,通过调整负债的期限结构,基本可以实现现金流的匹配并解决期限错配问题。然而,绿色项目的未来现金流并不稳定且期限较长,增加了负债调整的难度和久期匹配的成本,因此,单独依赖金融机构自身调整期限错配的难度和成本都非常大。

三、期限结构的动态演化

笔者基于严格的假设条件和绿色投资的资金流入流出特殊性构造久期

模型,动态模拟绿色金融的期限结构及演化,解析形成期限错配的内在机理,推演自然状态下期限错配对绿色金融供给产生的可能后果。

假定一个绿色项目由银行绿色信贷提供资金支持。项目取得收益及收益大小都具有一定不确定性,这些构建成了绿色金融投资的风险,同时,也会造成绿色项目期限结构的演变。假定项目绿色信贷总额为 L,投资期限为 T,信贷利率(市场利率)为 i。项目投资完成后,第 t 年会产生收益,每年收益为 CF_t。绿色项目负债的久期为 D_L,资产的久期为 D_A,久期的计算方法如公式 6.1 所示。

(一)缺口分析

从市场角度看,由于资本的逐利性,只有当净现值为正时,绿色项目才可能获得融资,故期初进行项目评估时,要求项目的净现值为正。由于资产和负债的期限结构不可能完全一致,利率缺口就必然存在。中国利率已经市场化,绿色信贷可以理解为固定收益证券,故属于利率敏感性负债。同样,项目投资期限相对较长,资产也对利率具有较高的敏感性。

利率敏感性缺口=利率敏感性资产总额-利率敏感性负债总额。从期初看,项目持续期较长,且预期资产总额应大于负债总额。然而,随着时间的推移,绿色项目的不确定性造成资产产生波动。在负债不变的情况下,资产的变化会引起期限结构的不断变化,并因此导致其对利率变动的反应不同。利率敏感性比率=利率敏感性资产/利率敏感性负债。该值大于 1 表示利率敏感性缺口为正,等于 1 表示利率敏感性缺口为 0,小于 1 则表示利率敏感性缺口为负。表 6-1 呈现了利率敏感性缺口、利率敏感性比率、利率变动与项目预期净收益之间的关系。由于项目投资后,负债不变,项目的净收益取决于资产的变化。利率上升,意味着市场报酬率提升,则项目的收入增加,即项目净收益增加。然而,该方法没有考虑资产和负债的时间价值,因此,应考虑久期的影响。

表 6-1 利率敏感性缺口及比率、利率变动与银行净利息收入变动

利率敏感性缺口	利率敏感性比率	利率变动	项目预期净收益变动
正值	>1	上升	增加
正值	>1	下降	减少
负值	<1	上升	减少
负值	<1	下降	增加
零	=1	上升	不变
零	=1	下降	不变

(二) 久期分析

由公式 6.3 可知,久期与资产和负债价值变化的关系为:

$$\frac{\Delta A}{A} = -D_A\left[\frac{\Delta R}{1+R}\right], \quad \Delta A = -A \times D_A\left[\frac{\Delta R}{1+R}\right]$$

$$\frac{\Delta L}{L} = -D_L\left[\frac{\Delta R}{1+R}\right], \quad \Delta L = -L \times D_L\left[\frac{\Delta R}{1+R}\right]$$

项目净资产的变化可以表示为:

$$\Delta E = -A \times D_A\left[\frac{\Delta R}{1+R}\right] + L \times D_L\left[\frac{\Delta R}{1+R}\right] \tag{6.4}$$

由公式 6.4 可知,绿色项目净值的变化由资产价值等多个因素共同决定,其中 L 固定,其他的因子均会随着时间变化而发生变化,尤其是期限结构的动态演化会导致资产发生较大变化。事实上,在投资过程中,市场收益率对项目的影响较小,即多数情况下,公式 6.4 右边的第二项通常保持不变或变化较小,项目净值的变化多取决于第一项。当利率变化可以忽略不计时,资产未来所形成的现金流决定其久期和现值,进而决定其净值。

对于金融机构而言,绿色信贷与其他信贷产品相比期限更长,其资产的久期变大,对利率的变化更加敏感,即当利率发生微小变化时,其资产的价值会发生较大变化。当信贷规模保持不变时,利率降低,资产的价值会提升。然而,未来绿色项目收入存在的不确定性会导致其违约率上升,若没有相应的市场机制解决该不确定性或者由政府提供风险分担措施,则绿色项目收入不确定性会加大项目的风险,进而造成金融机构期限结构的动态演化,形成期限错配,提高管理成本,严重的还可能造成财务危机。故政府应该考虑绿色项目的正外部性,在市场无法自行完成激励时,设立相应的风险补偿基金,以期降低绿色项目的风险,并解决绿色投融资的不确定性,降低期限错配对金融机构造成的风险和损失。

第二节 绿色金融溢出价值的代际补偿

在环境和资源紧约束下,经济社会可持续发展成为各国各级政府所面临的重大选择。然而,在开放经济条件下,不同群体对资源的占用却存在竞争,对生态环境的维护虽负有共同责任,但并没有强制约束,依靠巨大资源消耗的经济增长的冲动仍是许多市场主体的首要选择。调整当代人与后代人之间的利益关系是政府的职责。在满足当代人利益的前提下,最大限度地考虑后代人利益是政府进行顶层设计应高度关注的问题。绿色金融属于准公共产品,具有正外部性,投资的回收期长,收益具有代际传递性,应进行代际补偿。由于准公共产品不以营利为目的,对绿色金融溢出价值的补偿也并非全额,因而可视同一个看跌期权,补足绿色项目收益与同期等额投资平均收益的差额部分,使绿色项目的收益保持稳定。借助期限转移金融衍生工具,既可以调动当前社会资金投资于绿色金融领域,又可以实现绿色金融正外部性的代际补偿,促进绿色金融的有效供给。

一、绿色金融溢出价值代际补偿机理

绿色金融正外部性大多数不体现在当期。如退耕还林进行碳捕集,小范围讲可以净化当地空气,降低雾霾浓度,惠及所在区域居民,大范围讲可以降低温室气体的浓度,缓解地球变暖及其对生态环境的破坏,但这种良好作用的发挥需要树木成林后才能显现,受益期为投资期后的多期,即绿色金融的溢出价值具有典型的跨代性或代际传递性。根据"受益者付费"原则,绿色金融溢出价值并非发生在当期,其价值补偿应由未来受益者进行补偿,但未来补偿存在极大的不确定性,会制约绿色金融的有效供给。

鉴于绿色金融的正外部性,市场无法解决激励问题,政府介入和合理干预是必要选择。从政府角度看,作为公共管理部门,有义务向公众提供公共产品和准公共产品,维护经济和社会的可持续发展,不仅要解决当代人的福利问题,还要统筹考虑后代人的利益。绿色生产就是要当代人放弃高资源消耗,降低经济增长速度,增加当期资金投入,以换取将来经济的稳定发展。绿色金融投资的绿色项目在当期产生较小价值,甚至不产生价值,而在未来会产生较高的生态价值。政府应当向绿色金融的跨期正外部性提供补贴,但政府资金仍来源于税收和收费,即仍由社会公众支付。既然绿色金融溢出价值具有跨代性或代际传递性,则应由未来的实际受益者进行支付,即使无法准确定位外部受益者并按"受益者付费"原则向其收费,但政府仍应该将支付期推后,用公众在未来所支付的税收来向绿色金融进行补贴。只有如此,才能体现绿色金融外部受益者权利与义务的统一,解决期限错配问题。

从公众的角度看,绿色项目投资当期没有产生溢出价值,当期一定不愿意付费。如长期以来公众对洁净水和蓝天有强烈需求,绿色金融投资了多个绿色项目,但这些项目对水和大气的改善并非一蹴而就,当期和近期并不会出现碧水蓝天,甚至会在相当长时间内雾霾仍然爆表,水仍然不干净,公众当然不愿意当期支付任何费用。更为重要的是,政府为了改善生态环境,会限制甚至取消很多原来经济利益很高的高能耗、高污染项目，经济增长速度也会因此降低，部分原有行业的员工会失业，家庭收入降低，公众就更难以为当期的绿色项目支付费用。虽然公众对优良的生态环境有强烈的需求，但总体来讲，公众还是希望未来享受这些生态环境时才付费，换言之，在绿色金融正外部性实现的当期进行补偿。

虽然传统项目也是当期投资，未来获取收益，如果投资回收期较长，而金融机构负债的久期相对稳定，也存在期限错配问题，但这里的期限错配与绿色金融的期限错配存在着明显区别。传统项目没有正外部性，可以依靠市场自行完成激励，即使存在期限错配问题，也可以通过金融机构自身的久期管理纠正错配问题，而不需要政府介入。绿色项目则不然，其外部性的存在必然要求政府介入，向外部受益者收取费用，并向绿色金融进行补贴。传统项目的受益者不存在时变性，即交易方在合同中有约定，不会随着时间的推移而发生变化，除非合同执行过程中发生了变更，但变更时权利和义务同时转移，后者承担了前者全部的权利和义务；然而，绿色金融的受益者具有代际传递性，换言之，绿色金融受益者具有时变性，即绿色金融的外部受益者会随着时间的变化不断发生变化，而不是固定的人，新的受益者不继承前期受益者的任何义务，前期收益者一旦离开受益区域，就不会为绿色金融的溢出价值进行任何补偿。绿色项目的期限错问题需要政府进行纠正，向特定的或全部的受益者征收税收或者费用，并向绿色金融机构进行支付。

政府增加当期税收对绿色金融的溢出价值进行补贴不仅会受到公众的强烈反对，而且也违背了"受益者付费"原则。如果通过举债的方式增加政府公共财政支出，合理扩大赤字向绿色金融提供补贴，未来再以税收偿还前期债务，比如新设的与生态环境相关的税种，那么这种方式不会增加当代人的税负，反而通过增加绿色金融投资提供了更多的就业机会，增加了当期收入，弥补了由于限制或取消高耗能和高污染企业所造成的损失，后代人能够享受到良好的生态环境，同时还有充足的资源可以利用，虽然增加了税负，但相对于增加的经济和社会福利，该支出也是合理的。事实上，当期公众不愿意为绿色金融溢出价值付费还有污染代际传递问题。前期经济发展过程中对资源的过度开发和对生态环境的破坏对当代人造成了巨大的健康和经济方面的损失，这些损失没有获得弥补，反而形成了资源和环境的约束，即增加了经济发展的成本，阻碍了当前经济的发展。这些损失无法再向前追溯，无法得到合理的补偿，因此，公众不对未来绿色金融溢出价值进行补偿也是合理的。然而，绿色金融正外部性的代际传递却需要未来受益者支付，以弥补当期公众所承受的损失及其为未来经济发展所节省的成本。

综上所述,绿色金融溢出价值必须进行代际补贴,根据"受益者付费"原则应该向正外部性价值获得者征收费用,但绿色金融的外部性发生在未来而非当期,而且受益的对象并不是特定的,无法在投资初期进行确定,因此无法通过市场机制获得补偿。政府作为准公共产品的提供者,应从宏观上制定可持续发展战略,并调整绿色金融各方的利益关系,既包括当期的利益关系,又包括代际利益关系,通过税收优惠和生态补偿等多种手段,实现绿色金融正外部性溢出价值的补偿,完成绿色金融的市场激励,促进当期绿色金融的有效供给。

二、绿色金融溢出价值代际补偿方法

绿色金融溢出价值外部受益者的不确定性和代际传递性使其不能用市场传统的补偿方法来解决补偿问题,政府和金融机构均可以利用资源跨期配置的方法解决期限错配问题,即代际补偿。

"前人栽树,后人乘凉"可以形象地说明绿色金融正外部性的代际传递。如果当代人在金融资源配置时多向绿色项目倾斜,则后代人就会拥有良好的生态环境和可持续发展所能利用的能源;相反,如果当代人无节制地开发资源,竭泽而渔,则后代人只能承受更多的损失,甚至会失去可持续发展的能力。因此,当代人提供准公共产品——绿色金融,受益的是后代人,这种代际传递的显著特点是当代人站在后代人的立场上去考虑生态环境问题并牺牲当代人的福利而为后代人谋福利。金融是资源配置的核心力量,利用资金对资源进行空间和时间上的配置。空间的配置服从价值导向原则,即资金由收益率低的区域流向收益率高的区域,或者是从资金富裕区域向资金短缺区域流动,从而提高了资金利用的效率。绿色金融实现资源在时间的配置,投资的是未来的价值,资金流向未来具有比较优势的项目,同样也提高了资金的利用效率。

理论上,绿色金融具有正外部性已经得到社会各界的认同,但市场主体相关利益调整问题却相对困难。实践中,政府推动绿色金融积极态度与金融机构消极参与之间矛盾的症结是如何解决代际补偿问题,已经实施多年的生态补偿是一个有益的探索。针对绿色金融溢出价值的特点,政府可以利用金融工具调整和改变现金流,即增加绿色项目的近期现金流入,降低远期现金流入,降低绿色金融资产的久期,从而使绿色金融的负债久期与资产久期相匹配,纠正期限错配问题。

以绿色生产型项目为例,图6-1显示的是没有经过贴现的现金流情况,图6-3则是经过现金流贴现的现金流。只有现金流入的和大于现金流出时,项目的净现值才为正,项目才可能获得融资。从图6-3可以看出,加入了时间价值因素,期限越短的现金流贴现率越高,单位现金的价值越高;相反,期限越长的现金流,单位现金的价值越低。故增加近期现金流的贴现值较高,会加快绿色项目投资回收速度,降低绿色项目的久期。

图 6-3 绿色生产型项目现金流现值

政府对绿色金融溢出价值的补偿遵循"受益者付费"原则,但为了解决期限错配问题,需要采用代际补偿方法。图 6-4 为政府采用近期赤字、未来偿还的财政手段解决绿色金融溢出价值补偿的代际补偿方法,共分为三个阶段,第一个阶段为赤字阶段(n 期),第二阶段为收支平衡阶段(m 期),第三阶段为偿债阶段(p 期)。在赤字阶段,政府通过融资平台发债,融入资金向绿色金融提供补贴,绿色金融短期内现金流入增加,项目回收期变短,并引导和促进更多资金投向绿色项目。该阶段由于绿色项目的正外部性还没有显现,不增加包括环境税在内的税收。在收支平衡阶段,绿色项目的正外部性已经体现,政府新设生态环境相关税收,所得的收入向绿色金融提供补贴或偿还前期债务,激励更多资金投向绿色项目。在该阶段,政府可以选择举新债还前期债务,也可以将前期债务期限推至第三阶段偿还。在偿债阶段,绿色金融的正外部性效应已可以完全靠市场解决,不需要政府再进行激励,所得的税收全部用于偿还前期对溢出价值的补偿。债务还清后,生态环境相关税收停止征收。至此,政府完成了对绿色金融溢出价值的代际补偿。

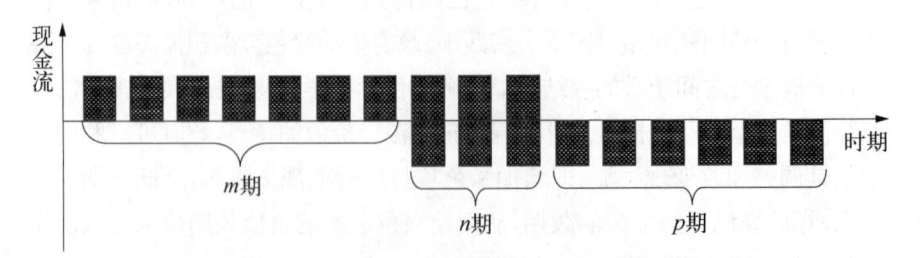

图 6-4 政府对绿色金融代际补偿的现金流

以上只是解决绿色金融溢出价值代际补偿的一种方法,但并非唯一方法。只要能够将绿色金融正外部性受益者未来付费通过期限转换提前,增加前期绿色项目的现金流入,缩短绿色项目的回收期,就能完成对绿色金融正外部性补偿和激励。绿色金融溢出价值代际补偿前期可以由政府主导。随着市场机制的逐步完善,后期也可以由金融机构主导,采取多种灵活的融资方式和补偿方式,完成对绿色金融溢出价值的代际补偿,促进绿色金融的有效供给。

当下,许多国家对货币政策和财政政策的滥用导致货币超发和政府债台高筑,系统性风险隐忧巨大,举债补偿绿色金融溢出价值的逻辑可能受到诟病,实施的可行性自然受到质疑。政府解决绿色金融溢出价值代际补偿的办法与传统的公共产品(如民生工程)有相似的地方,但也存在显著的区别。两者相似的地方都是政府当期举债投资,后期依靠政府税收偿还,取之与民,用之与民。绿色项目与传统公共产品的不同有两个:一是政府对绿色项目不是投资,仅是补偿,即政府仅对绿色项目正外部性溢出价值进行补偿,无须在期初对项目投入资金。二是政府的补偿并不是固定数额的,而是具有期权性质,即政府的补偿是按照项目合理的收益率核算,补偿金额每期核算收益减去实际收益部分。如果实际收益大于核算收益,则补偿取消。绿色金融溢出价值补偿中的政府举债并非一定是在原有政府债务总规模基础上新发债,可以在原债务规模不变甚至在减少的情况下调整资金投向,缩减原投向传统公共产品的预算规模,改用做绿色金融溢出价值的补偿。债务结构的变化体现了经济发展方式的转变,新的可持续发展的模式减少了系统性风险发生的概率,也增进了下一代人的社会福利。

三、绿色金融代际补偿的金融工具

前文从理论上阐述了绿色金融代际补偿的机理和方法,但这些方法的实施必须借助于金融市场上已有或者创新的金融工具才能实现,期限转换金融衍生工具能够实现资源在时间上的配置,完成绿色金融溢出价值的代际补偿。

金融衍生工具按功能分主要有两大类:一是互换类,二是权利类。互换类衍生工具主要为交易者提供资产在空间和时间上的转移,包括互换、期货和远期等,双方同时承担风险,权利和义务对等。这类金融衍生品设计的根本目的是为了规避风险,进行资源的跨区跨期配置,即使存在以盈利为目的的投机者,也不能认为这些金融衍生品就是高风险的投机工具。权利类衍生工具为一方通过支付一定数额资金购买收益的权利,如期权。投资者通过支付权利金购买期权,若期权实现正的收益则执行,否则就不执行。购买期权的投资者不承担资产价格不利变动的义务。

如此所述,绿色金融的溢出价值可以用看涨期权进行计算,但作为准公共产品,应不以获取超额利润为目的,所以政府补偿的上限为 max(等量投资同期社会平均收益－绿色项目收益,0)。若绿色项目收益高于等量投资同期社会平均收益,差额部分为绿色项目所取得的社会剩余(见图 6-5)。政府对绿色金融溢出价值的总补偿额可以看成是一个看跌期权,图 6-5 中 P 表示绿色项目收益,$\overline{P}$ 为等量投资同期社会平均收益,R 表示政府的补偿总额。

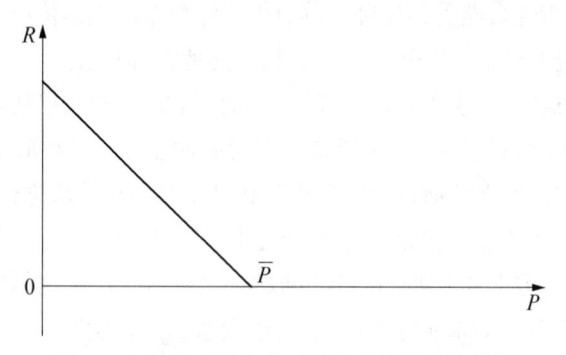

图 6-5 政府对绿色金融溢出价值的总补偿额

当 $P \geqslant \overline{P}$ 时,表示绿色金融所投项目所获得的收益高于等量投资同期社会平均收益,即市场自行完成了激励,即使项目存在正外部性,政府也无须再给予补偿,社会资金会自行流向绿色项目。

当 $P < \overline{P}$ 时,意味着绿色项目所获得的收益低于等量投资同期社会平均收益,如果没有外部激励,则绿色项目必然亏损,投资失败,影响资金流入绿色项目,造成绿色金融有效供给不足。因此,需要绿色金融执行这份看跌期权,要求政府支付金额为 $(\overline{P} - P)$。

绿色金融代际补偿金融衍生工具需要解决两个问题:一是每期绿色项目收益不确定性所导致的政府支付的不确定性;二是完成期限转换,将近期支付转换为远期偿还。我们可以将这类衍生品命名为期限转换金融产品,但这种转换非传统意义上的互换,交易的双方不再只是传统的市场主体,而是政府与市场主体。

假设一个绿色金融投资项目的期限为 T,根据公式 6.5 可知,影响该项目回收期的有三个因素:期限 T、现金流 CF 和市场利率 R,R 是一个外生变量,调整期限 T、现金流 CF 可以改变项目的久期,即实际投资回收期。

$$D = \sum_{t=1}^{T} \frac{CF_t \cdot t}{(1+R)^t} \bigg/ \sum_{t=1}^{T} \frac{CF_t}{(1+R)^t} \tag{6.5}$$

结合图6-4，假设原绿色金融投资项目的期限 $T=m+n+p$，每一期的现金流包括项目自身产生的现金流和政府对项目进行补偿的现金流。如果没有加入期限转移金融衍生品进行现金流的调整，则贴现后的现金流如图6-3所示。公式6.4的分母项即为各期现金流贴现值的和，即项目的市场价值。理性的投资者会选择将净现值大于零的项目，市值价值等于初期投资额时为项目投资的临界点。

假设初始项目投资额为 I，则只有 $I \geqslant P = \sum_{t=1}^{T} \frac{CF_t}{(1+R)^t}$ 时，理性投资者才会投资，而且只有项目投资 $I \geqslant \bar{P}$ 时，才会有更多资金流向绿色项目。等量投资同期社会平均价值 $\bar{P}$ 即为政府进行补偿时的临界值，因此久期计算公式中的分母项可以设定为一个固定项目（一般项目价值），即 $\sum_{t=1}^{T} \frac{CF_t}{(1+R)^t} = \bar{P}$。

所以项目的久期 D 可以简化为以下公式：

$$D = \left.\sum_{t=1}^{T} \frac{CF_t \cdot t}{(1+R)^t} \right/ \bar{P} \tag{6.6}$$

由公式6.6可知，分母在投资初期即可确定，R 为一个外生变量，则绿色金融投资项目久期由项目期限 T 和每一期现金流共同决定，前期的现金流量越大，后期现金流就越小，久期就越短。在负债久期确定的情况下，解决期限错配问题的关键是可以期初确定资产的久期，一旦久期确定，即可以固定每期现金流求出绿色项目的期限，也可以固定期限求出每一期的现金流。

假设绿色金融投资项目的久期确定为 D_d，则投资期限为 $T_d = m+n$，并假定每一期现金流均匀分布，则可以得出每期现金流，用 CF_d 表示，则有：

$$D_d = \left.\sum_{t=1}^{T_d} \frac{CF_d \cdot t}{(1+R)^t} \right/ \bar{P} \tag{6.7}$$

每一期的现金流由绿色金融投资项目所产生的现金流 CF_{ct} 和政府补偿的现金流 CF_{gt}，即任意一期现金流可以表示为：

$$CF_d = CF_{ct} + CF_{gt} \quad (t = 1, 2, \cdots, T_d) \tag{6.8}$$

至此，为了解决绿色金融代际补偿问题，可以构建期限转移金融衍生产品，如同商业银行票据发行便利工具一样，可发行一份每期数额不确定且期限为 $m+n$ 期（或 T_d 期）的债券，每一期项目的现金流 CF_{ct} 在当期期末可知，而政府对绿色金融溢出价值补偿的现金流可由公式6.8算出。

则该期限转换债券的终值为：

$$FV_{DT} = \sum_{t=2}^{T_d} CF_{gt} \qquad (6.9)$$

FV 即为政府偿债阶段（p 期）所应征收环境税的现值。假设政府偿债阶段每一期征税的税额相同 Tax_t，则：

$$FV_{DT} = \sum_{t=1}^{P} \frac{Tax_t}{(1+R)^t} \qquad (6.10)$$

通过公式 6.10，可以计算出每期政府应征总额 Tax_t，并以此税额偿还期限转换债券，偿还期数为 P。至此，期限转移债券完成了补偿的期限转换，实现了绿色金融溢出价值的代际补偿，将远期支付的税收提前至近期，在不增加政府成本的情况下向绿色金融提供有效激励，提高了当前绿色金融的供给水平。

第三节　绿色金融期限错配纠正机制的构建

绿色金融期限错配问题是影响绿色金融有效供给的重要因素之一，建立高效的错配纠正机制可以提高绿色金融的供给水平。在环境和资源约束下，针对当前可持续发展的目标，政府应进行生态环境发展总体规划，制定出绿色金融发展的总目标，设计绿色金融溢出价值先行指标，要求金融机构基于久期模型进行内部管理，政府依据发展规划建立常态化评估和应急救助机制。

一、绿色金融溢出价值先行指标

绿色金融期限错配源于投资收益期长且现金流的不稳定性。从宏观管理角度看，可持续发展就是要处理好当前经济社会发展与未来经济社会发展的关系，妥善处理资源的代际配置，保护好生态环境。配置资源的核心力量是金融，解决绿色金融资源错配在于通过政府的顶层设计和规划熨平，甚至是消除各种市场波动性。如前所述，公众对绿色金融具有旺盛的需求，但作为个体和理性的市场参与者，其又不愿意为绿色金融的正外部性效应提供支付，导致绿色金融难以获得合理的利润，经营难以为继，存在典型的市场失灵问题。由于绿色金融的准公共产品性质，其需求量不能通过市场机制反映。换言之，绿色金融的社会需求量不是公众个体需求量的和。政府应该根据经济和社会发展的需要进行统一的核算和规划,确定一个相对合理的量,并围绕需求量出台配套政策措施,对绿色金融提供合理的激励,保证与需求量相匹配的供给。

根据本章第二节所述绿色金融溢出价值的代际补偿方法,结合第五章第四节中所提出的绿色金融政府补偿的生态区规划,本节可以制定绿色金融溢出价值的先行指标,以此作为绿色金融需求的总量指标,进而可围绕这些指标出台相应的保障措施和构建期限错配纠正机制。

绿色金融溢出价值先行指标分两个层次:一是宏观层面的总量指标,二是具体到单个绿色金融投资项目或企业的个体指标。总量指标服从生态区或行政区规划。所在区域政府根据经济社会发展需要制定出未来发展规划,细化到节能环保各个领域,并估算出可能需要的绿色金融总体分年度额度。年度额度一旦确定,则各行业甚至各类项目的总体额度便可基本确定。发展规划对于绿色金融的发展至关重要,除了要考虑当前经济增长的需求,还要权衡资源和环境的承载能力,协调资源在当期和远期之间的配置,既不能牺牲后代人的福祉而大幅度调低经济发展速度,也不能只有为当代人福利而走高耗能、高污染的老路,需要综合权衡有序将资源导入到绿色生产领域。第五章第四节中已提出了确定总量指标的具体方法,以环境质量指标为依据,自上而下制定总量指标,并进行动态调整。经济发达地区基本都在前期耗费大量能源并产生大量污染,基本都是生态赤字区,现阶段应优先考虑发展绿色金融。经济欠发达地区正处于产业承接阶段,可以在生态环境容忍度和污染可控的前提下发展传统行业,但仍需要明确制定和实施绿色金融发展计划,逐步提高绿色金融的比重。简单而易操作的方法是建立环境质量指标与绿色金融相对比例的函数,根据前者动态规划和调整后者数值。

环境质量指数用 IND_t 表示。t 为时期,可以以年度为单位,也可以表示季度、月度和周等。环境质量指数的构造应由大气质量、水质量、土地质量和生物多样性等多个指标综合而成,具体的构建方法有待深入研究和讨论。绿色金融投入规模用 Q_t 表示,t 为时期,取值长度与环境质量指数相同。其他控制变量用 X_{it} 表示,$i=1, 2, \cdots, I$ 表示控制变量的数量。则环境质量指数与绿色金融规模的关系可用以式 6.11 表示:

$$IND_t = \alpha + \beta_1 \sum_{t=-\infty}^{0} Q_t + \beta_2 Q_t + \beta_3 X_{1t} + \cdots + \beta_{I+2} X_{It} + \varepsilon \quad (6.11)$$

这里 $\sum_{-\infty}^{t-1} Q_t$ 表示绿色金融投入的存量,Q_t 表示绿色金融投入的增量,ε 为残差项,α 为常数项,β 为系数。通过模型 6.11 可以求出环境质量变量与绿色金融投入存量与增量之间的关系。政府对环境质量有硬性要求,如环境部要求各地大气优良天数不低于某限定值,因此可确定环境质量指数的阈值。再通过以上模型就可以求出绿色金融各期的投入量。

每一期的绿色金融投入量确定后,行政区或生态区即可进行绿色金融所投行业规划。对于不同的项目,根据前期本区域或域外已有同类项目测算项目收益,进而根据第六章第三节所提出的期权定价模型计算每个项目的溢出价值,作为绿色金融溢出价值的先行指标。绿色金融溢出价值是政府进行补偿的参考值,据此可以设计未来的税收规划和期限转移模型,借助市场完成绿色金融溢出价值的代际补偿。

由于多个控制变量都会在一定程度上影响绿色金融当期和未来的投入量,绿色金融溢出价值先行指标并不是一个固定不变的值,因此,可以确定一个区间,设定一个上限和下限,上限为财政的最大承载能力下可投资金 FIN_{max},下限为达到环境质量指数所应投入的最低资金额 QUN_{min},即绿色金融溢出价值的先行指标取值区间应为 $[QUN_{min}, FIN_{max}]$。低于最小值意味着环境会进一步恶化,可持续发展难以实现;大于最大值意味着政府债务超过可承载能力,发生债务系统性风险,同样也会产生严重的后果。在此区间内合适的数值水平可根据当时的经济社会发展目标、任务和政府支出承载能力而定。该先行指标将作为辖区内所有项目的总量指标,需要再进行细分和规划。政府可以设计合理的体制机制去调整不同经济主体之间的关系,达到资金使用效率的最大化,促进绿色金融的有效供给。

二、基于久期的金融机构内部管理

期限错配是金融机构面临的重要内部管理问题,期限错配的分析方法包括缺口分析法和久期分析法。利率是资产的价格,是金融机构的外生变量。金融机构是杠杆经营,利率的微小变动会引起资产或债务的较大变化。如果资产负债期限匹配,利率变化所引起的资产和负债的变动会相互抵消;否则,期限错配则会因利率的不利变动形成巨大的风险暴露,甚至引发财务危机或破产。缺口分析是衡量某个时点上利率敏感性资产与利率敏感性负债的绝对数量大小。若前者大于后者,则存在正缺口,否则,存在负缺口。

$$\text{利率敏感性缺口} = \text{利率敏感性资产规模} - \text{利率敏感性负债规模} \quad (6.12)$$

如公式 6.12 所示,若利率敏感性缺口为正,利率上升,正缺口增加,即净利息收入增加;相反,利率下降,负缺口增加,净利息收入会减少。缺口分析可迅速判断近期利率变动对利息收入的影响,但其未考虑时间价值的影响,即利率变动对业主权益现值的影响。缺口分析仅就会计层面而未从经济层面考虑利率风险,换言之,缺口分析只反映了利率变动对收入的影响,而没有考虑到利率变动对机构负债的整体价值的影响。因此,要评估利率波动对机构资产和负债的总体影响,需要运用久期分析工具。

考虑时间价值,金融机构权益的变化可以用公式 6.13 表示。

$$\Delta E = -(D_A - k \cdot D_L) \cdot A \cdot \left(\frac{\Delta R}{1+R}\right) \tag{6.13}$$

其中 E 表示权益,D 表示久期,A 和 L 分别表示资产和负债规模,R 为利率,$k = L/A$ 为杠杆率,Δ 表示指标的变动。公式 6.12 中 $(D_A - k \cdot D_L)$ 表示久期缺口,取决于资产久期与经杠杆率加权的负债久期的大小。若该值为正,则久期缺口为正。

久期缺口为正时,利率 R 上升,金融机构或项目的净值降低;反之,若利率下降,则净值提高。久期缺口为负时,利率 R 上升,金融机构或项目的净值提高;反之,若利率下降,则净值降低。其他条件不变情况下,久期缺口越大,金融机构的净值变化幅度越大,换言之,其面临的风险越大。

绿色金融投资项目的负债既定,但资产的价值并不稳定。在没有政府介入的情况下,绿色金融投资项目只能单一依靠市场,资产的价值的不确定性非常大,久期缺口也存在非常大的不确定性。相对于其他项目,绿色金融投资项目面临着双重风险,即久期不确定性风险和利率风险,给金融机构的管理带来了巨大的挑战。金融机构开展绿色业务时需要从两个方面进行期限错配的管理:一是降低资产价值的波动率,二是同时降低资产的久期和杠杆率。

由于资产价值是绿色项目经营和政府补贴的共同结果,所以除了绿色项目自身的经营管理外,获得政府稳定的补偿显得非常重要。一般来讲,投资方并不干预绿色项目的经营管理。金融机构虽然可以对项目的经营进行评估和监督,但并不能因此而大幅度提高经营绩效,项目经营的风险依然存在。金融机构可以通过金融市场分散和转移部分风险,以增加绿色项目价值的稳定性,如在期限市场上进行套期保值,或者进入 OTC 市场与其他机构签订远期合约等,虽然会增加一定的运营成本,但避免了资产价值的大幅度波动。除了利用金融衍生品提供自身资产价值的稳定性,金融机构还应该积极与政府进行沟通,提供准确的和客观的环境信息和财务信息,争取获得合理的和稳定的补贴。金融机构应该借助绿色金融协会等社会组织定期向社会进行各类信息披露,让社会公众和政府了解绿色金融的运营情况,减少金融机构与政府和社会公众之间的信息不对称,减少政府与金融机构沟通的成本,提高补贴的效率。绿色金融行业协会通过行业自律不仅可以规范机构的行为,降低"漂绿"行为发生的概率,而且能够形成大量有效数据,成为金融机构和政府进行决策的依据。绿色金融协会还可以代表金融机构同政府进行博弈,获取更多合理而高效的支持。以资产价值估算为例,标准普尔(S&P)作为信息评估机构积累了海量企业的违约率数据,各类金融机构利用这些数据开发了包括 KMV、CreditRisk$^+$ 在内的多个计算资产价值的模型。当前中国的大数据产业已初显规模,但在绿色金融的应用尚处于探索阶段,金融机构和行业协会应尽快建立专业数据库,从而提高机构内部决策的准确性。

在负债久期相对固定的情况下,同时降低资产久期和杠杆率也会降低金融机构权益的波动性。本章第二节详细阐述了降低资产久期的方法,简言之,在资产规模不变的情况下,增加近期现金流入会有效降低资产的久期。降低杠杆率的方法则要求绿色项目降低负债规模,即降低绿色项目外源融资的比例,提高内源融资比例。这不仅有助于降低财务风险,而且会大幅降低代理成本,提高企业经营绩效。相对于降低杠杆率,降低资产的久期对于绿色金融来讲更为重要。随着久期的缩短,绿色金融投资回收期缩短,降低了资产价值的不确定性,也有助于降低期限错配的风险。如上节所讨论的,政府应在每个五年规划或财政年度制定出对绿色金融溢出价值补偿的总量指标,然后再进行分解。金融机构应根据政府的规划市场收益与政府补贴金额之和相对较高的项目,从而保证项目的收益,并联合其他机构向政府发行期限转移金融衍生产品,协助政府完成绿色金融溢出价值补偿的期限转换。这纠正了期限错配问题,同时也解决了绿色金融的激励问题,能提高绿色金融的有效供给。

三、政府常态化评估和补偿机制

绿色金融作为准公共产品,理应由政府进行投资。尽管限于财力和人力短缺及绿色金融的期限错配问题,绿色金融只能由市场提供,但解决绿色金融激励的责任仍由政府承担,需要建立常态化的评估和补偿机制。

如前所述,绿色金融的错配问题体现在当代人投入后代人受益,即绿色金融溢出价值的代际传递性。然而,不可忽视的是绿色金融还面临着第二重错配,即前期污染的代际传递性。资源和环境的约束正是前期绿色金融投入不足,高耗能高污染产业过度发展造成。前期经济获得高速发展,但污染却留给当代人,使其不得不承受高额的生态环境恢复的成本及污染所造成的直接和间接的巨额的损失。重雾霾、土壤污染、水污染和核污染等都在严重影响着人们的身心健康,各种与污染相关的疾病不仅增加了医疗支出并夺去了很多人的生命,而且消除污染需要十年、几十年甚至几百年的时间。从这个角度看,绿色金融的正外部性不仅体现在项目本身的节能环保,而且也弥补了前期巨大经济成就背后的环保账,因此,采用期权方法及其他项目同期平均收益的方法都低估了绿色金融的溢出价值。从这个角度看,政府更应该重视绿色金融的发展,强调经济社会的可持续发展,建立常态化的补偿机制,以促进绿色金融的有效供给。

在第七章,笔者提供了一个跨区域的基于生态区划的生态补偿框架,解决的是同期不同区域之间和区域内不同市场主体之间的生态经济利益补偿问题,然而并没有考虑绿色金融溢出价值的代际传递性,解决期限错配问题。解决同期市场主体的补偿问题时,需要一个区域各市场主体对环境影响的静态评估,相对比较容易界定生态赤字和生态盈余;而解决期限错配问题时,既需要静态评估,也需要动态评估。

绿色金融的常态化评估需要建立在一个目标值,即本节所建立的绿色金融溢出价值先行指标,然后根据绿色金融投资项目的进展过程中的投资量和收益等检验达成情况,评估绿色金融政策的执行效率,不断修正绿色金融支持政策。绿色金融溢出价值的先行指标取值区间为$[QUN_{min}, FIN_{max}]$。若实际执行的过程中补偿的数值不在该区间内,表明实际和目标的存在偏离,可能是目标制定的不合理,更有可能是政策执行不到位,需要进行及时总结,进行目标的修正及政策的调整。

常态化评估的关键在于绿色项目的信息系统。建立包括项目经营、财务、环保和主要事项变动在内的系统化全面的信息披露制度至关重要,企业社会责任报告(corporate social responsibility disclosure,CSRD)日渐引起企业和社会的重视,并越来越发挥正向激励作用,促进企业财务绩效的提高。

毋庸置疑,信息披露存在逆向选择问题,即管理好、效益好且环保措施到位的企业更愿意尽可能多地进行环境信息和社会责任报告信息披露,从而获得政府及社会公众的认可,从政府和公众获得更多资源,而高污染和高耗能企业往往不愿意向社会披露信息,担心负面信息披露会造成企业更高的经营成本,影响经营收入。多位学者的实证结果也都证明信息披露的强度与企业绩效之间呈正相关关系。逆向选择在一定程度上降低了信息披露的激励作用,解决的办法只能是强制所有企业必须进行全面、准确和客观的信息披露。建立完备的数据在技术上已没有障碍,但获取原始信息的质量和全面性仍有待进一步的制度规范。同征信一样,如果企业在各类信息披露中存在不真实和隐瞒行为,则应有程序化的处罚,提高信息不真实和隐瞒的成本。如把没有按规定进行信息披露的企业列入信用中国数据库,并严禁这些企业参与政府采购和出口,信息失真并造成严重后果的还应追究相关责任的民事和刑事责任。只有加大信息披露违法成本,才能保证数据的真实、可靠和全面,才能成为金融机构和政府进行决策的依据。

有了完备的数据库作为基础,政府就能够建立常态化的补偿机制。利用前文所提出的各类绿色金融溢出价值估算方法,结合政府自身的财政状况,针对各行业出台支持政策,并严格按照统一规范的流程进行生态补偿。政府可聘请专业的审计机构对绿色金融的补偿进行定期审计,补偿信息及审计信息定期向社会公开,接受社会各界的监督。常态化的绿色金融补偿机制使金融机构对政府的补贴有稳定的预期,客观上也减少了投资的不确定性,并通过本章所介绍的期限转换金融衍生工具进行代际补偿。这解决了绿色金融的期限错配问题,同时也保证了绿色金融的收益,有效促进了绿色金融的有效供给。

第七章 绿色金融的风险承担及其化解

绿色金融投资项目多具有资本密集型或高标准技术创新的特点，收益具有较大的不确定性，导致绿色金融供给面临较高包括经营风险、技术风险在内的多种风险。绿色金融的社会溢出价值并未得到合理的补偿，绿色金融的风险与收益不匹配，会导致绿色金融有效供给不足。绿色金融风险管理是一个系统工程，包括金融风险管理的识别和度量、风险自我控制、风险分散和风险转移等流程。借助多种风险管理工具和方法，可将绿色金融风险控制合理范围内，实现金融机构和行业的安全性、盈利性和流动性，促进绿色金融的有效供给。

第一节 绿色金融风险的识别和度量

风险是指不确定性所带来损失的可能性。不确定性涵盖宏观和微观各个方面，凡是将来事物不按原计划或预期方向发展的都可能给市场主体带来风险。绿色金融与传统金融相比，增加了环境和政策等多种不确定性。根据风险收益相匹配原则，高风险应该博取高收益，但绿色金融承担高风险的同时并没有获取高预期收益，从而使绿色金融的激励不到位，导致绿色金融有效供给不足。

一、绿色金融风险的类型

绿色金融较传统金融经营的不确定性更大，风险因素更多，主要的风险可分为政策风险、技术风险、经营风险和环境风险等。

政策风险是绿色金融所面临的首要风险，政策的不连续性将改变投资者的预期，影响绿色金融的收益及供给。绿色金融是准公共产品，其发展离不开政府的政策支持,然而,政策的连续性、稳定性和合宜性很难保证,从而使绿色金融面临着巨大的政策风险。绿色金融在中国是一个新生事物。2016年8月出台了《关于构建绿色金融体系的指导意见》,标志着中国开始全面着手建设绿色金融体系,之前国务院各个部委所出台的各种政策均为碎片化的临时性的政策,而且在之后的相当长时间内,绿色金融政策仍难以形成完善系统的体系。值得注意的是,截至目前,仍没有一部关于绿色金融的专门的法律,规范市场主体的行为,规定政府的责任。因此,在法律缺位的情况下,各部委的政策缺乏法律依据,其效力自然相对较低。即使发达国家的绿色金融发展历史较长,部分发达国家已经出台了相对完备的绿色金融法律法规,但政府政策的时效性仍相对较短,政策的稳定性仍不高。

基于绿色金融所投资的绿色项目多为高科技项目,技术的成败也将攸关绿色项目的存亡及绿色金融的收益。绿色金融所投项目中大部分都依赖高新科技,如新能源和新材料等,许多项目立项时技术处于实验室可行性测试阶段,甚至一些绿色金融投资的项目还停留在概念层面。没有经过产业化生产的技术没有经过市场的检验,必然存在着很大的不确定性。若能够投产并具有成本比较优势,则投资成功;若不能投产或投产也不具有成本优势,政府又不愿意进行补贴,则意味着投资失败。

现代企业制度下,绿色金融所投项目存在着双重代理问题,一是金融机构与企业或项目之间的代理问题,二是企业或项目与管理层之间的代理问题,再加上项目本身的复杂性,绿色金融必然面临着较大的经营风险。代理问题导致各方利益不完全一致,在追求自身利益的过程中难免会损害其他相关的利益,导致经营目标难以达成,甚至可能导致经营失败。经营风险在各机构、企业和项目存在显著差异,其与公司治理水平呈显著负相关关系,即公司治理水平越高,经营风险越小。

资源和环境紧约束下,环境风险日渐成为绿色金融应高度关注的风险之一。自然环境与金融系统的安全稳定之间也存在高度相关关系。受环境恶化、制度变迁等因素的影响,一区域内发挥生态功能和经济功能的可再生资源与不可再生资源总和的"自然资本"的价值会发生大幅波动,并蔓延至实体经济和金融领域,导致系统性风险的爆发。如20世纪70年代的美国石油危机就引发了经济滞胀这个世界性难题。

按照是否可以事前进行预估,可把风险分为预期风险和非预期风险。通常情况下,预期风险可以通过合适的管理模型进行计算,并通过提取风险准备金的方式进行管理。非预期风险则属于小概率事件,形成的原因非常复杂且难以提前预期,只能用资本金抵补。若非预期风险造成的损失大于资本金,则机构就会破产。预期风险计算的前提条件是资产的价值或收益呈现一定规律分布,如正态分布、学生氏分布或泊松分布等。通过已有模型可以对资产或收益率进行估值,结合概率计算出预期损失的数额,并据此提取风险准备金。形成以上分布需要两个关键因素,一是风险因素与资产价值之间有高度相关关系,二是数据频次较高,即有足够的历史数据来刻画资产价值的分布及风险因素与资产价值之间相关性。绿色金融在中国发展历史不长,影响绿色金融资产价值的风险因素主要有政策风险、技术风险、经营风险和环境风险,缺乏绿色项目资产价值信息及以上风险因素对资产价值影响的资料。当然,在数据不足的情况下,也可以采用蒙特卡罗模拟数据模拟方法来产生资产价值的数据,并计算风险因素所导致的预期损失,但风险因素与资产价值的相关关系却比较难解释。所以,在没有足够数据支持情况下,以上四类风险只有认定为非预期风险,无法通过提取风险准备金化解风险,而只能以资本金来抵补损失。

按照风险因素对市场主体影响面可以把风险分为系统性风险和非系统性风险。若风险因素对多数市场主体产生共同影响称为系统性风险,风险因素因个体差异而产生影响不同则称为非系统性风险或特定风险。一般而言,政策的制定不会仅考虑个别企业,而是会考虑一个或多个行业,甚至整个市场。不利的政策出台会影响不特定的多个市场主体,导致其资产价值发生不利变动,因此,政策风险属于典型的系统性风险。不同绿色金融投资企业或项目所采用的技术不同,技术失败只能给本企业或项目造成不利影响,并不会涉及其他项目或企业,故技术风险属于特定风险。每个绿色金融投资项目的经营团队不同,治理结构、治理水平和管理能力都存在差异,形成的管理绩效自然也大不相同,因此经营风险属于特定风险。环境风险的产生是因为外部的资源和生态等外部环境发生变化引起"自然资本"的价值发生大幅波动,这种波动传递至企业和金融机构,导致绿色金融投资项目的价值发生波动。受环境风险影响的企业并非特定企业,而是与此"自然资本"相关的各个企业,因此,环境风险属于系统性风险。系统性风险属于外部因素,或不可控因素,不能通过公司治理水平的提高而减轻或消除其影响,特定风险则可以通过管理团队的努力减轻甚至消除其影响,不至于形成较大的损失。

二、绿色金融风险的来源

形成风险的关键变量是资产价格的不确定性或者波动性。对于公开交易的证券而言,资产价格波动在交易期间是动态变化的,投资者对资产价值的判断可以通过多空双方的博弈形成均衡价格;对于非公开交易的证券而言,价格的形成只能依据同类资产进行评估。资产价格的波动性越大,预示着投资风险越大,投资者要求的资产回报率就越高。交易期限、市场利率、宏观经济运行和资产管理方的内部治理等因素也会影响到资产的价格,形成不确定性。随着交易期限的延长,市场因子的变化引起的不确定性会加大,即波动性会提高;市场利率的变化会作用市场价格,改变投资者原有的预期,资产价格的不确定性会变大;宏观经济运行的不稳定性及资产管理方较差的内部治理也会引发资产价格的大幅波动。简言之,所有改变资产价格预期的因素都会提高其波动性,进而形成金融风险。形成绿色金融风险的根本原因为绿色项目的收益不稳定,而绿色项目收益取决于政府对绿色项目正外部性溢出价值的补偿和项目自身的盈利能力。前者是由其公共产品性质决定,后者是由其治理水平和市场环境决定。

绿色金融属于准公共产品,单一依赖市场无法有足够的供给,因为多数绿色项目在当前市场环境下的相对收益远低于同类其他项目,其溢出价值无法向外部受益者索取,需要政府作为利益协调方,向外部受益者收取税收并向绿色金融供给方提供支付。如前所述,绿色金融的正外部性的估算比较困难,政府没有足够的力量和技术核算全部绿色项目的收益和溢出价值,并向其精准补贴。中国中央政府于2016年开始着手全面建设绿色金融体系,期望用完善的体制和灵活的机制解决绿色金融的激励问题。然而,绿色金融体系涉及多方利益,体系的建成和顺畅运作非一朝一夕之功。在完备的法律法规体系形成前,绿色金融政策的时效都相对较短,这种不确定性形成了政策风险。即使国外有成熟的经验可以借鉴,但不同的国情及不同的经济发展阶段决定国外的绿色金融体系建设经验并不完全适合中国。中国政府部门需要对出台各类支持政策进行试运行,在发展中发现问题并解决问题,然后才能稳定下来。如新能源汽车的补贴政策在执行的过程中发现部分汽车生产经营企业存在骗补行为,后期补贴政策开始退坡,导致一些已经上马新能源汽车生产线的企业营业收入和利益都受到很大的影响。这种政策的不连续性完全超出了单个企业或项目的预期,一旦风险转化成损失就是对企业或项目的沉重打击。

高新科技并不都能转化为经济效益。一些技术虽然在实验室是可行的,却不能进行产业化生产。一些项目进行了产业化生产,但生产成本却非常高,仍无法通过正常的方式销售出去。以新能源汽车为例,其生产成本比传统燃油车的高出将近一倍,如果没有政府补贴,单靠市场无法销售出去。部分进行新能源汽车研发的企业投入巨额资金后并没有开发出适合市场的新产品,最终投资失败。为了履行《巴黎协定》,作为一个负责任的大国,中国在温室气体排放方面作出了重要承诺并采取了实际行动。2017年,中国发射了首颗碳卫星,对全球的CO_2进行监测,并着手进行碳捕获与封存技术的研发和推广,但这些技术并不成熟,在捕捉、运输与储存阶段存在地下资源破坏、碳泄漏等风险。因此,技术风险发生在研发、应用和推广的每一个环节,任何的技术失败、技术落后和应用转化失败都会酿成投资失败,给绿色金融投资带来巨大的损失。

相对于其他项目,绿色金融投资项目的经营风险更为突出。除了公司治理因素外,正外部性溢出价值的补偿问题也严重影响项目的现金流水平,造成收益的不稳定,形成较为严重的经营风险。绿色金融的双重代理问题加大了收益的不稳定性,当绿色项目产生收益时,金融机构、企业和管理之间为了自身利益最大化必然进行利益的博弈。从第一层代理问题来看,资金的提供方与融资方存在利益的一致性,即追求投资收益最大化,但收益要在金融机构和企业之间进行分配,而企业是项目的运作方,掌握的信息优于金融机构,可能会在运营过程中隐藏信息,以争取自身收益最大化。第二重代理问题存在于企业和管理层之间。管理层是项目的具体执行者,了解项目运营的全面信息。虽然管理层与企业所有人之间有共同的利益,使企业的价值最大化,但管理层因为追求个人收益最大化,也可能隐藏信息和利用资源为自己获取利益。相对于传统项目,绿色金融投资项目采用更多高新技术、更长的周期和与政府更复杂的关系,具有更高的信息不对称程度,代理问题更为严重。代理问题主要是由于企业在进行制度设计中缺乏对代理人的约束,造成被代理人利益受损。绿色金融发展还不够成熟,没有成熟的经验可以借鉴,在经营过程存在更多不确定性因素,无法在金融机构与企业、企业与管理层之间非常明确和详细地规定双方的权利和义务关系,更无法预期未来的收益,造成代理人有更多自由处置不确定性事件的权力,也提供了隐藏、修改和提供虚假信息的机会,侵害被代理人的利益。

环境风险可以划分为两大类。一是物理性风险,如环境灾害和极端天气增加等;二是迁移性风险,主要包括技术变迁和环境政策变化等。环境风险是经济社会发展到一定阶段的产物,在长期对自然资源攫取和大肆排放污染之后,人类所栖息的自然环境已发生了前所未有的变化。生物的多样性遭到破坏,人类的健康正受到威胁,不断增加的疾病和人为灾害的社会成本越来越高,"自然资本"开始引起人们的重视,环境风险不再只是一个项目或企业所面临的风险,而是关乎所有直接利益相关人,甚至关乎所在区域所有公众和政府的利益。环境风险具有很高的不确定性,任何引起"自然资本"价值变化的因素都可能导致环境风险。这些风险因素中的部分是人为的。部分则是由自然因素产生的,难以提前预测,一旦风险爆发,波及众多市场主体甚至政府,造成的损失也是非常巨大的。

三、绿色金融风险的度量

风险的度量是金融风险管理的基础,相对精确的风险估算不仅能降低金融风险管理的成本,而且能提高风险管理的效率。VAR 方法经过多年的实践,已成为绝大多数金融机构和国际金融组织普遍接受和认可的金融风险度量方法。所谓 VAR 是指在平稳的市场环境下,给定一个期限和置信水平,测度金融机构或企业最大预期损失的方法。VAR 方法不仅可以管理具体的风险,为运营部门提供操作建议;而且能够为高级管理者提供综合的风险状况预估,提高对业务团队激励及战略决策的科学性;此外,也成为监管者进行科学监管的有力工具,现多国金融监管者认同甚至鼓励金融机构采用 VAR 作为金融风险度量、业绩评价和信息披露的主要方法。相对于其他风险度量方法,VAR 方法更具一般性,可以用于各类金融资产和大宗商品等,而且不再局限于利率、汇率等单个风险因子,能够将多个因子综合考虑进来。纵然VAR 方法也存在一些弊端,但仍不妨碍其成为金融风险管理中最为重要的风险度量方法。VAR 的含义可以用一个简单的例子来说明。假定绿色金融投资项目的价值为 1 亿元,存在 5% 的概率,资产价值为 1 亿元×(1−2.6%),则 VAR 值为 260 万元。换言之,在市场平稳时期,如果投资者的投资期限为 20 天,则这 20 天内会有一天的最大损失额为 260 万元,为了应对可能产生的损失,投资者需要预备的流动资金应该为 260 万元,从而避免在资产价格波动时出现波动性短缺的情况。

(一) VAR 方法基本假设

假定绿色金融投资项目的是公开交易,即收益率是连续的,其概率分布的应考虑所有数值,从 $-\infty$ 到 $+\infty$ 进行求积分,取值为 1:

$$\int_{-\infty}^{+\infty} f(x)dx = 1 \tag{7.1}$$

由该资产收益率的期望值和方差可以分别表示为:

$$E(X) = \int_{-\infty}^{+\infty} xf(x)dx \tag{7.2}$$

$$V(X) = \int_{-\infty}^{+\infty} [x-E(X)]^2 f(x)dx \tag{7.3}$$

考虑一个新的随机变量 $Y = a + bx$, a 和 b 都为常数,对原 X 进行线性变换:

$$\begin{aligned} E(a+bX) &= \int (a+bx)f(x)dx \\ &= a\int f(x)dx + b\int xf(x)dx \\ &= a + bE(X) \end{aligned} \quad (7.4)$$

$$\begin{aligned} V(a+bX) &= \int [a+bx-E(a+bX)]^2 f(x)dx \\ &= \int b^2 [x-E(X)]^2 f(x)dx \\ &= b^2 V(X) \end{aligned} \quad (7.5)$$

即 Y 的波动率为 $\sigma(a+bX) = b\sigma(X)$

如果是两只股票,则由统计学的知识可知:

$$E(X_1 + X_2) = E(X_1) + E(X_2) \quad (7.6)$$

即两只股票收益率和的期望值等于两只股票收益率期望值的和。

进而再求两只股票收益率的方差:

$$V(X_1 + X_2) = V(X_1) + V(X_2) + 2Cov(X_1, X_2) \quad (7.7)$$

协方差 $Cov(X_1, X_2)$ 由两只股票收益率的相关系数和方差共同决定,相关系数介于 -1 和 1 之间,其他条件不变。其越接近于 1,则协方差越大;越接近于 -1,协方差越小;若相关系数为零(或者两只股票的收益率相互独立),则协方差为 0。

根据统计学知识可知,在平稳的市场环境下,若期限足够长,公开交易证券的收益率趋向于正态分布。正态分布有很多良好的特征,用均值和方差两个变量即可刻画分布的特征。在风险管理领域,收益率通常表示证券或非金融资产的平均收益。该值越高,代表证券或者资产的投资收益越大,越能够吸引投资者进行投资。方差表示证券或非金融资产的波动率,即衡量风险。该值越大,表示投资于证券或非金融资产的风险越大。因此,投资者会权衡这两个变量,即在风险和收益之间进行取舍。若市场是有效的,高收益往往蕴含着高风险,高风险意味着高收益。投资者若期望获得更高收益,就需要承受可能的风险。若未来资产价格向上运动,则投资者可以获得相对于市场的超额收益率;反之,资产价格向下运动,则投资者的收益率会低于市场均值,甚至可能出现巨大亏损。

正态分布的特征 $N(\mu, \sigma^2)$,μ 表示位置,σ^2 表示偏差,分布函数为:

$$f(x) = \Phi(x) = \frac{1}{\sqrt{2\pi\sigma^2}} e^{\left[-\frac{1}{2\sigma^2}(x-\mu)^2\right]} \quad (7.8)$$

假设置信水平为 c，根据正态分布和标准正态分布之间的转换关系，投资组合在给定的置信水平 c 下的最小收益率 R^* 可以由公式 7.9 决定

$$prob(R \leqslant R^*) = \int_{-\infty}^{R^*} f(r)dr = porb\left(Z \leqslant \frac{R^* - \mu}{\sigma}\right) = 1 - c \quad (7.9)$$

其中 Z 为服从标准正态分布的随机变量。给定置信水平，就可以从标准正态分布的数据表中查出对应的分位数 Z_α 数值，则 $R^* = \mu + \sigma Z_\alpha$。故：

$$绝对 VAR = -W_0(R^* - \mu) = -W_0 \sigma Z_\alpha \quad (7.10)$$

$$相对 VAR = W_0 - W^* = -W_0 R^* = -W_0(\mu + \sigma Z_\alpha) \quad (7.11)$$

由于时间 Δt 内收益率分布的均值为 $\mu \Delta t$，标准差为 $\sigma \sqrt{\Delta t}$，则时间 Δt 所对应的绝对 VAR 和相对 VAR 为：

$$绝对 VAR = -W_0 \sigma Z_\alpha \sqrt{\Delta t} \quad (7.12)$$

$$相对 VAR = -W_0(\mu \Delta t + \sigma Z_\alpha \sqrt{\Delta t}) \quad (7.13)$$

根据标准正态分布，设置置信水平 c，单尾置信水平为 95%，VAR 对应的离差值为 1.645。常用的正态分布分位数数值见表 7-1。

表 7-1 常用正态分布分位数与数值

百分位数	99.99	99.9	99	97.5	95	90	50
数值	−3.715	−3.090	−2.326	−1.96	−1.645	−1.282	0.000

根据以上分析，可以用 VAR 对风险进行度量。VAR 可以定义为风险价值，即在市场平稳时期，给定置信水平下，某资产或投资组合在未来特定时期内可能损失的最大值，其数学表达式为：

$$prob(\Delta P > VAR) = 1 - c \quad (7.14)$$

其中，ΔP 资产或投资组合在持有期内 Δt 内的损失，VAR 为置信水平 c 下处于风险中的价值。通常情况下，c 的取值为 99%，95%，90%。

$$p = 1 - c \quad (7.15)$$

p 为风险演化为损失的概率，或者可以理解为统计意义上的显著水平。显著水平通常的取值为 1%、5% 和 10%。

根据定义可知决定 VAR 值的三个变量分别为置信水平、持有期和投资组合回报的概率分布（或者波动性），其中置信水平是根据金融机构或企业的

风险容忍度或管理者的风险偏好所决定,持有期则主要依据经营业务的性质、管理者需求或监管要求制定,波动性依据历史数据预估。一般情况下,前两个变量是固定的,VAR 值取决于波动性。

(二) VAR 计算和验证

VAR 方法一经推出,就被多数金融机构认可并广泛应用,重要的原因是简单而且有效。如某金融机构期望在其风险报告中披露日交易 VAR 值,则其可以简单地表示"置信水平 95%,日 VAR 值为 1 500 万元",管理层可以依据这个数字判断该机构的风险是否可控,有没有必要采取措施控制风险。然而,仍要搞清楚的是,置信水平 c 和时间窗口 T 是如何确定的或规定的,不同的置信水平和时间窗口所得出的 VAR 值如何转换。

假设只考虑绝对 VAR,其计算公式为 $VAR = -W_0 \sigma Z_a$。其中 W_0 为投资组合头寸的初始值。若时间窗口为 1 天,置信水平为 95%,现根据金融机构调整风险偏好或风险容忍度,规定时间窗口增加为 5 天,置信水平为 99%,如何计算新的 VAR 值?假定 95% 置信水平下一日 VAR 值可以用 VAR(95%,1)表示,则根据公式 7.12 可知:

$$VAR(95\%, 5) = \sqrt{5} VAR(95\%, 1)$$
$$VAR(99\%, 1) = 2.325/1.645 \times VAR(95\%, 1)$$
$$VAR(99\%, 5) = \sqrt{5} \times 2.325/1.645 \times VAR(95\%, 1)$$

其他的时间置信水平和时间窗口转移按照以上方法很容易计算,现在的问题是如何确定这两个变量的合理水平。从行业实践来看,最具权威的是巴塞尔资本委员会所提出的变量数值,其规定时间窗口为 10 天,置信水平为 99%,即 VAR(99%,10)。巴塞尔资本委员会认为,高频次监管成本与早发现问题的收益之间存在替代关系,需要在兼顾金融机构的利益并保障金融安全基础上选择适当的置信水平,可通过事后检测方法验证和确定选择 VAR 参数的准确性。最终巴塞尔资本委员会通过大量的研究确定了监管标准,即采用内部模型法的金融机构,需要选择时间窗口为 10 天,置信水平为 95%,计算出 VAR 值,再乘以一个金融安全系数(数值为 3)来确定监管当局所要求的最低资本要求。金融机构与监管当局在确定 VAR 参数时并不完全一致,尤其机构类型不同、产品性质不同或者管理者的风险偏好不同时,参数值会存在一定差异。如商业银行面对的监管要求更为严厉,以保障社会支付安全,会执行高于巴塞尔委员会的标准;然而,投资银行(证券公司)一般会提高风险容忍度,执行相对较低的标准,以博取更高的收益。

VAR 风险管理工具应用和完善为金融业提供了更为精准的风险评估及

业绩评价。最早应用该方法的为信孚银行,其提出用经风险调整资本收益(risk adjusted return on capital,RAROC)系统进行风险度量和评价。要比较两个基金经理的业绩,假若股票型基金经理 A 和债券型基金经理 B 都在 2019 年盈利 1 亿元,哪一位的比较优异呢? 显然,单靠该指标难以比较,需要更多的条件。假设基金经理 A 投资所用资金总额为 10 亿元,投资组合年波动率为 20%,金融机构为了应对可能的风险,设定置信水平为 99%,则对应的 Z_α 值为 2.33。在市场平稳时期,基金经理 A 的最大损失 = 10 亿元 × 2.33 × 0.2 = 4.66 亿元,相应地,风险准备金为 4.66 亿元,则 $RAROC_A$ = 1/4.66 = 21.46%。接下来再看基金经理 B。由于其投资的是债券,假定面值为 20 亿元,且债券的风险(波动率)为 5%,金融机构为了应对可能的风险,设定置信水平为 99%,则对应的 Z_α 值为 2.33。基金经理 B 的最大损失 = 20 亿元 × 2.33 × 0.05 = 2.33 亿元,相应地风险准备金应为 2.33 亿元,则 $RAROC_B$ = 1/2.33 = 42.92%。经过比较,基金经理 B 的经风险调整资本收益更高,即其表现更为优秀。

在同一时间段内,不同产品的收益率无法反映其风险情况,也不能对不同产品和不同投资者进行比较,经风险调整资本收益则使从事不同类型证券交易的投资者之间可以进行比较,也可以对不同投资组合的收益率进行比较。经风险调整收益率将风险与收益结合起来,更客观地对投资者或金融产品收益和风险进行评价。该比率越高,代表其表现越好;反之,则越差。

(三)绿色金融投资项目 VAR 案例

2019 年 3 月,国家发展改革委、中国人民银行等七部委联合发布《绿色产业指导目录(2019 年版)》,为金融机构投资绿色项目提供了判断依据。针对制约绿色金融发展的标准化问题,该目录将绿色项目分为节能环保、清洁生产、清洁能源、生态环境、基础设施绿色升级和绿色服务六大类,并细化出 30 个二级分类和 211 个三级分类,然后对每一个分类进行了详细的说明和界定,为绿色项目的认定扫清了障碍。绿色金融投资项目的收益和风险是金融机构投资时重点考虑的两个因素,收益的计算相对比较简单,然而,风险的计算却比较困难,因为与传统项目相比,绿色金融投资项目还面临着政策性风险。VAR 方法利用标准差(σ,西格玛)作为风险度量的指标,衡量的是总风险,其他传统的度量方法 β 等的度量的多是市场风险、信用风险等部分风险。

由于很难获得不上市进行公开交易的绿色金融投资项目价格数据,故可将已上市的环保类公司视为一个绿色金融项目投资组合管理主体,将其股票价格所反映出来的公司市场价值视为该投资组合的价值。金融机构作为初始的绿色项目投资者，可以在项目正式运营并上市后持有该公司的股份，也可以选择在某个时点退出；机构投资者（如基金）和其他个人投资者作为后期投资者买卖公司股票，也实现了对该项目的投资。绿色项目投资组合的风险在公司股票正常交易情况下可以通过多种方式计算，但 VAR 方法衡量的是投资组合的总风险，有助于公司高管和投资者全面了解投资组合面临的风险，并为下一步营运管理和战略决策提供依据。

1. 案例概述

中原环保股份有限公司是一家主要从事城市污水处理和城市集中供热的公司，其主营业务包括污水、污泥处理、养殖、种植、中水利用、供热及管网维修。中原环保前身经历了豫白鸽 A→ST 白鸽→*ST 白鸽→白鸽股份→S 白鸽→白鸽股份等多个身份，由白鸽（集团）股份有限公司资产重组后更名而来，自 2007 年 1 月，正式命名为中原环保股份有限公司。截至 2020 年 6 月 30 日，该公司累计发行股本总数 974 684 488 股，注册资本为 974 684 488.00 元。该公司所经营的王新庄污水处理厂、五龙口污水处理厂、马头岗污水处理厂等水务单位多次获得全国"十佳"污水处理厂、全国城镇供排水行业突出贡献、建设美丽河南节能减排竞赛先进等荣誉。对该公司的投资可以视为绿色金融投资，即可以将公司视为绿色项目的投资组合，公司股票反映了投资组合价值的变动。现假设某金融机构愿意投资中原环保，其方式有两种：一是为该公司旗下的绿色项目提供直接融资，占有一定比例的股份，成为其战略投资者；二是购买该公司的股票，成为其股东，相当于投资其全部项目。无论哪种形式，其投资的性质属于绿色投资，其所面临的风险可以用 VAR 方法进行计算。从公司的治理结构看，郑州市人民政府通过郑州公用事业投资发展集团有限公司持有中原环保 68.73% 的股份，是其控制股东和实际控制人，但这并不影响其他金融机构对其进行投资。

2. VAR 计算

假设某金融机构以购买股票的方式对中原环保进行整体投资，购买时点为 2019 年 1 月 2 日，价格为 5.08 元/股（收盘价），数量为 1 000 万股，则总投资额为 5 080 万元。为了计算该投资的风险，需要确定 VAR 计算公式中的三个变量，即时间跨度、置信水平和标准差。根据巴塞尔资本委员会的规定，时间窗口为 10 天，置信水平为 99%，即 VAR（99%，10）。表 7-2 为中原环保 2019 年 1 月 2 日起 10 个交易日股票的收盘价和收益率，收益率的计算方法为（当日收盘价－前一日收盘价）/前一日收盘价，则该时间窗口内标准差为 0.008 7。需要说明的是，交易期间的选取是随机的，只要股票连续交易且除权除息等行权，股票的价格就可以反映整个市场对公司的估值。价格的波动有投机因素，但更多反映的是市场信心和公司经营基本面。股票价格波动反映了绿色金融投资项目的风险，会造成直接损失或期限错配形成的间接损失。从风险管理角度看，在其他条件不变情况下，价格波动性是金融机构风险的唯一来源，即置信水平和时间窗口只是风险管理的手段，而非风险的来源，因此，VAR值的直接影响因素是波动性，置信水平和时间窗口为间接影响因素。

表7-2 中原环保2019年1月2日起10个交易日收盘价

日期	1月2日	1月3日	1月4日	1月7日	1月8日
价格	5.08	5.08	5.15	5.23	5.24
收益率	0.002 0	0.000 0	0.013 8	0.015 5	0.001 9
日期	1月9日	1月10日	1月11日	1月14日	1月15日
价格	5.25	5.23	5.34	5.32	5.32
收益率	0.001 9	−0.003 8	0.021 0	−0.003 7	0.000 0

数据来源：深圳证券交易所公开数据。

按照公式7.12可得：

$$VAR(99\%, 10) = -W_0 \sigma Z_\alpha \sqrt{\Delta t}$$
$$= -50\,800\,000 \times 0.008\,7 \times 2.33 \times \sqrt{10}$$
$$= -3\,256\,531.55 \text{元}$$

其中，W_0为投资组合的规模。这里为投资总额5 080万元。Z_α为置信水平对应的正态分布对应值。这里99%置信水平对应数值为2.33。$\sqrt{\Delta t}$为时间窗口。由于采用的时间窗口是10天，因此需要在日VAR的基础上乘以$\sqrt{10}$。

同理，$VAR(95\%, 10) = VAR(99\%, 10) \times 1.65/2.33 = -2\,306\,127.49$元，也可以求出$VAR(90\%, 10)$、$VAR(95\%, 1)$、$VAR(99\%, 1)$等数值。金融机构的管理层根据其风险偏好或风险容忍度确定不同的参数值，同一家公司不同部门也可能采用不同的参数值。金融机构内部风险管理标准通常高于监管机构所制定的标准，以使其管理存在一定弹性空间，避免由于不满足监管标准而受到行政处罚，使机构的名誉受损，蒙受巨大的经济损失。

3. 案例解析

$VAR(99\%, 10)$表示市场平稳时期，在99%的置信水平下，10个交易日该投资组合的最大损失,即3 256 531.55元。换言之,金融机构需要为应对可能的风险预留3 256 531.55元,虽然该风险发生的概率仅为1%,但一旦风险暴发,风险准备金可以防止金融机构缺乏流动性而陷入财务危机。由VAR值所决定的风险准备金并非能够让金融机构完全规避掉风险,提高置信水平即提高风险准备金数额可使金融机构的风险水平降低。然而,如前所述,风险和收益是一枚硬币的两面,需要做出权衡。如果设置的置信水平过高,则需要的风险准备金的数额会大幅增加。由于这些流动性资产也存在一定的机会成本,因此降低了资产的收益率。故绿色金融投资项目可沿用巴塞尔资本委员会对VAR参数值的规定,计算出绿色项目的风险值,并据此设立风险准备金。VAR方法计算简单,结果具有较强的经济含义;而且不同绿色项目可以通过收益率的时间序列求出相关系数后求出资产组合的标准差,进而计算投资组合的VAR,考虑了分散化的效果,提高了风险管理的效率。为了解决绿色金融投资项目期限长,不确定性更大的问题,金融机构可以寻求政府的帮助,共同设立风险准备金,使其在为社会创造价值的同时,由社会承担部分风险。

　　事实上,部分地方政府已经采取了行动,出台相应的政策为绿色金融发展提供相应支持。衢州市人民政府出台的《关于加快推进国家绿色金融改革创新试验区建设的若干政策意见(试行)》规定"绿色银行在衢州设立符合'赤道原则'的市级分行或新引进的银行,开业后3年内,按照注册资金(或营运资金)50%、最高不超过5 000万元的财政性资金存放支持(执行同期财政性资金竞争性存放利率水平)"和"建立完善风险补偿机制,对与融资担保机构合作并承担风险的银行机构,其当年实际发生坏账后的绿色贷款净损失,符合条件的,按银行承担风险比例给予20%的风险补偿,单家银行不超过200万元"。然而,这些政策是按照实际损失进行补偿,会受到地方财政支出规模的约束,一旦损失规模较大可能导致地方政府所设立的风险补偿金不能完全覆盖。引入VAR方法计算风险值,由地方政府和金融机构共同按照风险值动态调整风险准备金额度,能促进绿色金融机构更多投资绿色项目。相对于公开市场交易的股票和债券,多数的绿色金融投资项目不具备公开交易的条件,会在一定程度上影响VAR值计算的精度。但金融风险管理与资产估值不同,其对精度的要求并不太高,富有弹性的风险管理方法可以节省成本,提高风险管理的效率。因此,参照公开交易同类资产计算VAR值,并据此进行风险管理可以被接受。同类资产的确立方法可以参照《绿色产业指导目录(2019年版)》。单一资产直接按分类查找。资产组合可以首先确定核心资产(通过按资产规模,若过于分散可不局限于排名第一的资产),然后再找相近或相同资产。待同类资产确定后,非公开市场交易的资产类比上市交易资产计算波动率,代入公式7.12计算VAR值。根据管理者的要求亦可乘以一个调整系数,以此作为风险值进行风险管理。

VAR方法使用的前提条件是市场相对平稳。市场非平稳时期资产大幅波动对金融机构的冲击非常大,往往造成严重的后果。从实践来看,资产收益率并不符合正态分布,而是存在明显的"拖尾"现象,金融市场上的黑天鹅和灰犀牛事件频发,对金融风险的度量提出了巨大的挑战。因此,尾部事件的解决需要借助于其他方法,如情景分析法和压力测试法。21世纪以来,全球已经经历了互联网泡沫、次贷危机和新冠肺炎疫情等事件,各国内部也出现局域性风险事件或金融危机,部分金融机构因缺乏有弹性的风险管理策略而无法幸免于难。情景分析法放宽了假设条件,模拟小概率极端事件发生对金融机构产生冲击的情形,计算最大的预期损失额,并逆向推演出主要风险因子,据此制定应对风险事件的风险管理策略。压力测试法是一种特殊的情况分析法,针对关键风险因子进行情景模拟,计算出最差情景下金融机构的承受能力,并提示管理者关注关键因子。由于不同金融机构业务领域和资产结构不同,情景分析法和压力测试法的适用场景也不相同,监管当局提倡金融机构在满足基本监管要求的情况下自行制定风险识别、度量和控制方法,使金融机构的风险管理更具有操作性,降低风险管理的成本,同时,也避免了简单划一的监管手段降低风险管理的弹性,可防止系统性风险的发生。

第二节 金融机构的风险自控

开展绿色金融业务是资源和环境紧约束下金融机构的不二选择,但绿色金融相对于传统金融业务经营和收益的不确定性更大,风险因素更多,如果没有良好的内部风险控制,一旦风险转化为损失,金融机构会面临财务危机甚至经营难以为继。只有提高机构全员风险控制意识,设计合理的内部风险管理制度,全面提高风险管理水平,才能抬升金融机构的应对风险和管理风险的能力,实现可持续发展。

一、提高全员风险控制意识

观念主导行动。绿色金融观的确立能引导金融机构转型,自觉开展绿色金融业务。金融机构作为绿色金融发展的参与主体,需要充分认识到发展绿色金融是金融业发展的内在要求,积极主动地发展绿色金融能够抢占市场先机,夺得市场份额,提高市场地位,有助于良好社会形象的树立及竞争力的增强。然而,受到体制惯性、观念束缚和市场体制不完善的影响,当前中国金融机构开展绿色金融业务时缺乏主动性和积极性。其中的一个重要原因是,机构内部对绿色金融认知不到位,没有形成可持续发展观念。因此,开展绿色金融的相关机构应制定专门的绿色金融发展战略,强化企业社会责任意识,促进绿色投资,将绿色发展理念纳入长期发展战略,在经营决策中强调环境保护,同时提高员工绿色可持续发展的环保观念,在金融机构内部营造绿色金融文化氛围,对外提升绿色金融理念宣传的广度和深度。此外,还应在金融机构间开展绿色金融业务知识竞赛,引导金融人员培育绿色金融观念,在学习竞争中不断提高绿色金融业务素质,不断提升绿色金融业务比重,营造金融机构良好的绿色金融氛围。

全员风险控制意识对绿色金融风险管理至关重要,为了应对相对专业和复杂的绿色金融,金融机构从进行决策的高层管理人员到具体执行的基层员工都应该树立风险意识,从思想上认识并重视绿色金融的信息不对称、技术不确定性和代理问题等所带来的收益不确定性,并在工作中积极发现风险因素和信号,保持对风险因子变化和资产价值波动的敏感性,确保在风险潜在因素出现信号时第一时间向相关部门报告,以期金融机构能够迅速做出应对,保证绿色金融所投项目的资产价值蒙受较小损失,将风险控制在风险容忍水平以下。

提高全员风险控制意识首先应该在决策层和管理层就风险控制达成共识。董事会应根据行业最佳管理实践或聘请专业的风险管理咨询公司对高层管理人员进行培训,使决策层有明晰的风险管理目标并掌握有效的风险控制手段。CEO(首席执行官)、CFO(首席财务官)和CRO(首席风险官)等管理层也应对机构的风险管理战略充分理解,并提出有利于完成风险管理战略的具体执行方案。思想上的一致可以减少从决策到执行过程中不同层级和部门的冲突,有利于共同维护并完成机构的风险管理目标。风险控制意识不仅反映在决策层对风险概念、定义和内涵的理解上,而且要体现在对金融机构风险管理战略制定和风险策略执行等方面,是决策层对绿色金融经营特点的深刻理解与机构可用资源的高效配置和应用,最终是为了实现经济效益与社会责任的高度统一,促进金融机构自身及整个经济社会的可持续发展。作为机构风险控制战略的执行者,CEO、CFO和CRO既要有全局意识,又要有独立意识,充分认识自己在机构风险控制中地位和作用,评估自己所负的风险控制职责,认真学习风险管理所需要的专业知识和最佳实践,在系统性风险因素发生变化时顾全大局,认真执行决策层的战略,舍弃部分利润而保持低风险,在日常管理中则保持一定独立性,在风险容忍水平内投资潜力大的项目,主动承担风险而博取高收益。

其次应该加强对员工的风险教育,做好风险防范的最后防火墙。员工是所有金融机构战略战术的最终执行者,与企业进行绿色项目合作洽谈并监督企业建设项目,能够最早感知风险因素的变化。只有员工具备了较强的风险意识和风险认知能力,其才能准确的识别、度量的控制风险。员工的风险教育主要由机构的 CRO 承担,员工必须了解绿色金融业务所面临的各类风险因素及其对项目和机构所产生的不利影响,掌握衡量风险的一些指标和信号,提高对绿色项目经营管理中风险因素的敏感度,能积极向其主管反映其所观察到的风险指标和信号的变化,以便机构能够尽早采取风险控制措施。绿色金融所投项目面临着政策风险、技术风险、经营风险和环境风险复杂的风险。员工除了要了解金融风险管理的相关知识外,也要对政府环保相关政策、节能环保技术知识、绿色项目生产经营特点及生态环境变化等有充分了解,掌握宏微观经济运行和生态环境变化对绿色金融的收益所产生的影响。虽然基层员工不需要进行规划和协调工作,但高质量的执行和高效信息回馈对金融机构也非常重要,只有具备了敏感的风险意识,才能够对风险作出快速反应并防止形成损失或减少损失。

提高全员风险控制意识是一种自上而下的策略,依照决策层、管理层和执行层的顺序进行风险控制思想和知识的传递,形成统一的、标准化的风险控制意识。全员风险控制意识是将风险控制工作视为一个整体,每一个岗位的人员都承担不同的角色。风险意识的教育和培养要求全员都能够正确认识和评估自己所肩负的风险控制责任和义务,即让机构全体人员认识到风险对机构收益甚至是生死存亡的重要意义,并将之化成自觉行动约束自身的行为,以提高金融机构内部对风险的应对和驾驭能力,提高对外部冲击的反应能力。

二、制定合理的风险管理制度

虽然金融机构原有的风险管理框架和风险管理制度可以用来管理大部分的风险,但绿色金融的风险来源有其独特性。相对于传统业务,绿色金融业务的系统性风险大于非系统性风险,需要金融机构在管理绿色金融时制定合理的风险管理制度。绿色金融风险管理制度是建立在公司治理结构基础上的一套管理体系,包括风险偏好和经营战略、治理基本结构、岗位职责及管理流程等。

风险偏好是业务性质、目标定位和管理水平既定下金融机构对风险的态度,反映了机构的风险承受能力。众所周知,金融机构就是承受风险而博取收益,风险承受能力越强,预期收益水平越高,风险偏好就越高。当然,出于系统性风险考虑,不同的金融监管制度对金融机构的风险承担有质和量的规定,如资本充足率和从事业务限定等。中国实行分业经营制度,银行业、证券业和保险业有相对明确的经营业务范围,风险承担的行业要求不同,意在最大限度降低系统性风险发生的概率。即使在同一行业,基于不同体量和管理水平,金融机构风险承担水平也不尽相同。风险管理水平高、资产质量好的机构具备更高的风险承载能力;相反,治理水平低的机构风险承载能力差,其风险容忍度应该降低。绿色金融相对于传统金融业务更复杂,不确定性因素更多,而且一旦风险爆发形成的损失更大且影响更广,故其风险偏好水平应该略低于传统金融。风险偏好是金融机构制定风险管理制度的基调,绿色金融的风险偏好低意味着需要更为审慎的和严格的风险管理制度,经营战略更为保守,要求的投资回报率相对较低。

经营战略与风险偏好之间存在明确的逻辑关系,即经营战略应该与风险偏好保持高度的一致性,金融机构在制定经营计划时应将风险偏好作为首要考虑因素。从经营角度看,利益最大化是其追求的目标,但如果某些经营活动超出了机构的风险偏好就需要进行修改甚至取消。绿色金融的风险偏好低意味着要放弃一些预期收益高但风险大的投资机会。更为重要的是,绿色金融的投资回收期长,投资收益不确定性大,在金融机构整个资产中占比过大会提高机构的整体风险。因此,绿色金融经营战略的制定要充分考虑风险偏好、期限错配和收益不稳定等问题,权衡收益与风险,审慎制定经营计划和选择绿色投资项目,尤其要考虑绿色金融资产的下行风险。一旦风险偏好和经营战略都被考虑至机构的风险管理计划,就需要制定机构所有相关风险的识别、评估和管理流程。

不同机构可以选择相异的公司治理基本结构,但该治理结构一定要兼顾成本和安全。庞大和苛刻的风险管理体系可以保证安全,却牺牲了经营利益且运营成本高企;相反,松散的治理结构提高了机构项目选择的弹性和利润,降低了营运成本,却牺牲了安全性。因此,金融机构需要综合考虑机构的风险偏好和经营战略制定合理的治理结构。图7-1为风险管理最佳实践中经常采用的公司治理基本结构,股东大会为最高权力机关,董事会为决策层,风险咨询总监为董事会提供咨询和风险教育,风险管理委员会为董事会下属机构,审计委员会也肩负部分风险管理职责并直接向董事会报告,总经理负责制定机构日常运营管理,首席风险官(CRO)隶属总经理。

图 7-1 公司治理基本结构

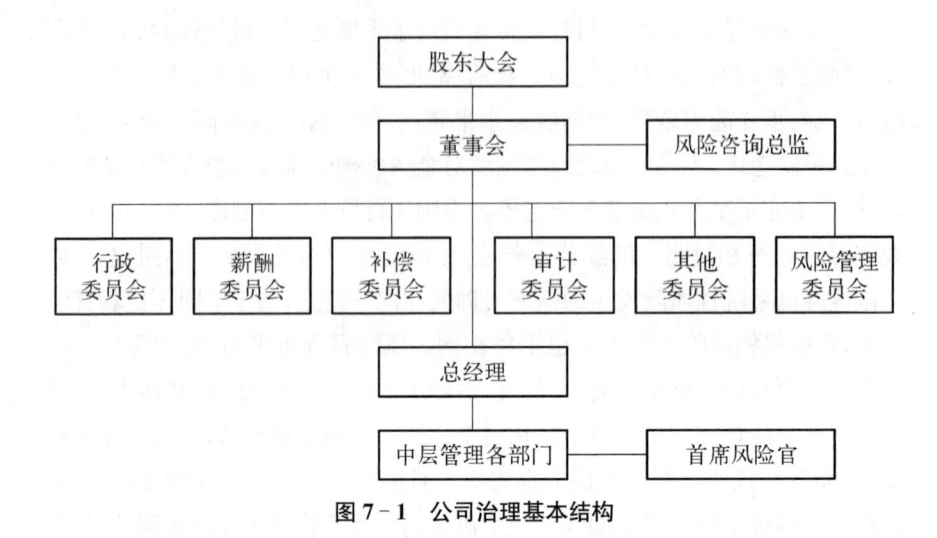

　　风险咨询总监隶属董事会,定期参加审计委员会和风险管理委员会的会议,向其提供风险管理建议,并充当董事会和管理层的联络人,将管理中遇到的风险管理问题上报至董事会。风险咨询总监的角色非常重要,他/她为机构成员提供公司治理和风险管理方面的最佳实践教育,旨在提高整个金融机构的风险意识和风险管理水平。通常情况下,风险咨询总监的职责包括分析机构管理策略、定期风险报告、风险偏好和其对经营战略的影响、机构内部控制、财务报告及披露、机构相关人及合约、内部和外部的审计报告、行业公司治理最佳实践、行业及竞争对手风险管理最佳实践。

　　风险管理委员会是贯彻董事会风险管理战略的部门,对董事会负责,主要职责包括风险的识别、度量和监测,并对高于限值或在限值内高于某特定阈值的信用便利进行评估。风险管理委员虽不直接干预机构的业务,但会对其投资组合在当前经济环境下的各类风险进行监测,并与管理层和内部及外部审计机构保持顺畅沟通。

　　绿色金融面临着双重代理问题,解决该问题需要薪酬委员会设计合理的薪酬和激励机制。薪酬委员会独立于管理层而直接向董事会负责,主要职责是讨论和批准高管的薪酬待遇。由于绿色金融的长期周期性,机构高管高于基本工资以上的奖励和绩效应该与其他战略投资者的目标相一致,故薪酬委员会避免设计基于短期收益和利润的红利激励,以防止管理层存在操纵行为。通常情况下,薪酬委员会会采用远期激励方法,即长期目标完成后才能给予相应的激励,主要的方式包括基于股票的薪酬和红利债券两大类。基于股票的薪酬有股权激励和期权激励,虽然与股东的利益相一致,但会导致管理层承担过多风险;红利债券作为薪酬的前提条件是特定的监管比率要求不能被打破。

审计委员会也是董事会的一部分,负责财务报告及其监管报告的准确性,即确保机构采取所有可能的步骤避免因未被发现的错误或欺诈致使财务报告出现实质性误报。审计委员会对财务报告、合规性、内部控制和风险管理等都负有监管职责,从这个意义上讲,审计委员会基本可以依赖内部审计团队。作为机构风险的重要防线,审计委员会的成员应该掌握充分的金融和财务知识,包括会计准则、财务报告和内部控制。审计委员会应该保证机构满足法律、合规和风险管理的最低要求,同时也有责任优化机构营运以提高效率。

首席风险官对机构所面临的所有风险负责,负责组织机构实施风险管理策略,包括设定风险偏好,定性和量化风险,设定风险限值及开发风险管理系统。首席风险官通常向 CEO 和 CFO 报告,也有可能还向董事会报告。当出现超额风险承担、监管问题或者欺诈时,双重报告可以减少首席风险官与管理层之间的摩擦。

图 7-1 提供了风险管理体系的基本框架。不同的金融机构在开展绿色金融业务时可对风险管理体系进行适当地调整,以期适应绿色金融的期限错配及技术和收益的不确定性,在控制风险的同时尽可能提高资金使用的效率,获取更高的收益。

三、全面提高风险管理水平

全员风险意识的提高和健全合理的制度是风险管理的基础,但只有全面提高风险管理水平才能提高机构投融资效率和安全性,高素质的人才和合理的激励机制能够有效提高机构的风险管理水平。资本和劳动两种要素的配置决定了一国或一地区经济和社会发展速度与质量。全球化背景下,资本的流动较以往更为容易,其会流向安全性高和收益率高的国家和地区。劳动作为生产的另一种重要因素,21 世纪以来流动更为频繁。经济发达国家和地区吸引了大量高端人才和劳动力,使其保持不断创新和发展的活力。

绿色金融作为一种新型的金融业态,对于人才的要求更高。随着全球大部分国家对环境问题的高度重视,越来越多的国家签约《巴黎协定》,碳交易在全球逐步活跃起来。全球的绿色金融业务促进学科融合发展,对绿色金融人才的需求也快速增长。G20 峰会使绿色金融成为中国各大媒体的高频词汇,各级政府高度重视绿色发展,对绿色金融人才的需求进一步提升,绿色金融人才队伍建设成为高校和金融机构的重要和迫切的任务之一。然而,绿色金融人才建设是一个系统工程,需要积累专业知识和行业最佳实践,并具备一定数量的优秀师资。只有从观念、体制和机制多位一体作出努力,才能培养出基础厚实、能力突出、拥有全球视野和创新精神及社会责任感的拔尖绿色金融人才。

绿色金融人才是金融机构的重要成员,金融机构注重绿色金融观的培育,能够促使员工树立正确的金融发展理念,自觉自主开展绿色金融业务,从而培养出更多绿色金融人才。绿色金融观并不是自然建立的,而是要通过体制、机制和文化长期持续不断强化才逐步形成。在市场经济条件下,金融机构利益导向无可厚非,但其是资源配置的主要力量,需要树立节能、环保的绿色发展理念,不能纯粹追求经济利益而忽略了社会的整体利益,应积极响应政府保护生态环境的各项决策,如自觉树立和践行"绿水青山就是金山银山"发展理念。政府加强宣传,会让绿色发展观念成为金融机构追求的新时尚,但不能完全指望其变成自主行动,而是要出台相应的激励政策,对积极开展绿色金融业务的金融机构给予政策支持和社会荣誉,相反,对投资高污染和耗能的金融机构给予一定的警示和处罚。经过长期的努力,绿色发展观念必将深入人心,金融机构会自觉从社会需求角度配置资源,为绿色发展提供有力支撑。

由于绿色金融具有正外部性,单靠市场无法解决资源配置问题,需要政府适度干预市场,解决绿色金融发展过程中存在的信息不对称和时间错配问题。政策作为绿色金融发展的导航,需要从事绿色金融的相关人员正确解读、理解和执行,减少由于理解偏误所形成的执行成本。中国在进行绿色金融人才队伍建设时,不仅要引导金融从业人员认真学习并挖掘全球经济发展相关协定中的关键性条例及其要求,而且还要引导他们能够从中国实际出发,遵循国际资金机制和其他运行规则,促进国际绿色金融资源流向中国。如学习《巴黎协定》中第53至65条所涉及的资金机制及其利用问题,了解如何申请发展中国家绿色金融所需的基金,如何评估绿色金融发展基金的使用效率及如何满足不可预测的资金需求等。这些重要信息的挖掘能力对于绿色金融人才是至关重要的。此外,绿色金融专业人才应该掌握排污权、碳排放权、IFC绩效标准、赤道原则等一些环境衍生权利和国际标准及规则的使用方法,能在面对新的国内外政策法规时游刃有余,为中国绿色金融的快速健康发展作出贡献。

党的十九大报告中明确提出,建设教育强国是中华民族伟大复兴的基础工程。高校应在经济管理教学中强调人与环境协调发展,树立可持续发展理念,引导更多的经济管理教学资源向绿色金融倾斜。在全球化和市场化背景下,高校应针对绿色金融市场对人才的旺盛需求,充分利用其在绿色金融领域的理论研究优势,并整合政府和金融机构的资源,构建完善的绿色金融人才培养体系。高校通过组织国内外绿色金融领域内的优秀专家、金融机构高管和政府相关机构的官员开展讲座或其他形式的学术研讨会,交流研究成果、实践操作经验和政策法规,在进行思想碰撞中摸索绿色金融发展之正确路径。部分有条件的高校可在原有成熟的金融学专业的基础上整合入绿色金融相关理论和实践形成新的专业方向或学科,金融学基础相对薄弱学校可开设绿色金融的课程,循序渐进地推进绿色金融学科的发展。如2016年,中国人民大学财政金融学院设置了国内首个绿色金融方向的金融专业硕士,开设了课程"绿色金融概论",这对中国高校绿色金融人才的培养具有很强的示范效应。因此,在绿色金融发展的背景下,在中国绿色金融人才队伍的建设过程中,高校应与时俱进,制定合理的绿色金融人才培养目标,设置符合绿色金融发展方向的绿色金融人才培养课程体系,建立完善健全的人才培养机制,并结合务实性的实务操作和实践培训,大力培养符合中国绿色金融发展特色的高校高素质绿色金融人才。

绿色金融的发展已经在全球范围内引起高度关注,专业人才成为全球绿色金融竞争与合作的核心资源。中国绿色金融发展起步较晚,但发展速度很快,人才需求非常旺盛。中国绿色债券2017年上半年发行总量达到115.2亿美元,同比增长了33.6%。中国首只绿色资产担保债券也在伦敦证券交易所上市。中国"一带一路"建设的实施,更催生具有国际化背景的绿色金融人才需求与日俱增。因此,应在G20框架下推动中国绿色金融人才队伍的建设,积极参与全球绿色金融规则的制定,在借鉴国际先进理念的同时,也分享中国在绿色金融上的成功经验,通过与他国进行经验交流不断提升中国绿色金融人才队伍的专业化程度,优化中国金融人才队伍结构。此外,应积极从国外引进经验丰富的绿色金融专业人才,积极鼓励国外留学人员学成回国,加入中国绿色金融人才队伍,通过"内培与外引"齐头并进,使中国绿色金融人才队伍的建设与时俱进。应提高绿色金融高端专业人才的福利待遇,吸引具有国外绿色金融机构和国际组织工作经历的优秀人才回国发展,对重要领域起到创新引领作用,解决绿色金融领域高端人才不足的现实问题,促使中国绿色金融人才队伍的结构逐步趋于合理,为中国绿色金融发展战略的实施提供智力支持和人才保障。

激励机制在中国绿色金融建设中的作用不可忽视,只有合宜的激励机制才能保证更多资源向绿色金融配置并保证资金的使用效率。正向激励可以解决人才和资金进入绿色金融领域,负向激励有助于惩处"漂绿"和高耗能、高污染行为,净化市场环境,提高非节能环保型企业和项目的市场进入成本。

中国拥有全球首个以政府为主导的绿色金融政策框架体系。应基于该体系，结合中国金融市场生态环境以及绿色金融的发展模式建立合适的激励机制，对切实推动绿色金融发展且成效显著的机构和从业人员实行奖励政策，从经济和文化上推动金融人才更加自觉地开展绿色金融业务。政府相关部门应制定相应的扶持激励政策，把绿色金融业务发展与绿色金融人才队伍的建设有机结合起来，通过绩效奖励、业务等级评价等有效方式调动金融从业人员积极主动地开展绿色金融相关业务，用绿色金融的核心资源发挥其社会经济效应。应着力推动建设符合中国绿色金融发展的人才福利保障制度，建设留住高端人才的长效管理机制，让这类人才留得住、过得好。同时，应发挥绿色金融行业协会的作用，建立绿色金融机构和人才数据库，对其进行行业规范和最佳实践教育，建立行业信用档案，对违反行业规范和触犯法律的人员和企业列入征信黑名单，使其不法行为的成本显著提高。

自1929年大萧条以来，多次金融危机表明，只有进行全面全员风险管理才能使金融机构摆脱破产倒闭的厄运。绿色金融较传统水平更复杂，高水平的绿色金融人才队伍和相对完善的激励机制能够促进金融机构提高风险管理水平，保证绿色金融发展的质量，提高绿色金融的有效供给。

第三节 绿色金融的风险分散

在绿色金融体系框架内，应组建包括绿色金融产业基金、政策性银行、商业银行和创业投资多主体分级多样化绿色金融投资系统，同时发挥多层次资本市场的融资功能，形成绿色金融供给方的联动，共担或分散风险。

一、投资主体多元化

绿色金融投资主体包括代表政府的政策性金融机构、引导基金、产业基金和商业银行、证券公司和保险机构等市场机构，由政府部分出资的PPP也成为目前主要投资主体之一。投资主体多元化主要是解决绿色金融收益不稳定和期限错配问题，多个投资主体共担风险，共享收益。

基于绿色金融的准公共产品性质，政府应成为绿色金融的主要参与者，用相对有限的财政资金作为引导基金撬动多倍的民间社会资本共同参与绿色金融投资领域。从国际经验来看，参与绿色债券发行的主体包括多边开发银行、地方政府和市政机构、公司企业和金融机构。开发银行一般都是国际性金融机构，如世界银行集团、欧洲投资银行、非洲发展银行等。《巴黎协定》

也有自身的资金机制，主要向发展中国家和地区提供资金，帮助其进行生物多样化、碳捕集和其他节能环保项目的建设。地方各级政府也在近几年大量发行绿色债券。如前所述，债券可以解决绿色金融的期限错配问题，根据"受益人付费"原则将支付由当期递延至未来，由绿色金融受益者进行支付。当然，地方政府所发行的债券不应全部直接投入绿色项目，而要将其转成引导基金，吸收更多社会资金投入绿色项目。政府资金应成为绿色金融的风险缓冲。一旦有损失发生，政府资金可以首先补亏。相对于直接投资，引导基金利用杠杆可以撬动数倍社会资本进入绿色金融领域，加快绿色项目发展，丰富资金来源，优化投资结构，促进项目管理水平的资金利用效率的提升。政府发行的绿色债券信用等级较高，包括养老基金、知名公司、开放式基金、私募基金、个人投资者等机构和个人都可以参与，投资者不再局限于商业银行或其他金融机构，而是更加丰富和多元。

产业基金是绿色金融的重要组成部分，是解决单一依赖政府投资问题、吸引民间资本参与的重要方式。不同于引导基金，产业基金采用市场化运作，在促进节能环保事业发展的同时实现盈利。针对节能环保产业高技术含量需求和规模化、集约化、现代化的行业发展趋势，产业基金应由管理先进、资金雄厚的市场主体与地方政府共同设立，并交由具有先进管理经验的机构进行市场化管理。如2016年中国企业宣布共同投资设立中美建筑节能与绿色发展基金。该基金与镇江和张家口两个城市合作，建立市级建筑节能和绿色发展基金，推动当地节能工作的开展，并将其成功经验在国内其他城市进行复制和推广。该基金抛弃了传统私募基金"先有资金再寻找项目"，而是采用了"先有项目再匹配合适的资金和金融架构"的运作模式。基金的运作则采用跨境PPP模式，对项目的遴选遵循严格的流程。这些新的市场主体的不断加入不仅为绿色金融带来了大量资金，促进市场主体多元化，而且还为项目运作带来了先进而丰富的管理经验，确保项目运营的低成本和推广。

针对绿色金融期限错配问题，商业银行、证券公司和保险公司可以进行深度合作，通过投资银行成立公募基金和私募基金的形式将各方联结起来，并打造系列投资工具。各机构可根据其自身特点的优势，成立专业的理财机构，做FOF(Fund of Funds,基金中的基金)配置，用生命周期、产品周期的原理平滑投资者风险，让每一个投资者所承担的风险都在自己能够承担的范围之内。如保险公司的期限结构为当前现金流入，未来现金流出，正好和绿色金融相反，两者之间可以通过创新型的金融工具实现期限重新配置，降低甚至消除双方的期限错配风险。

二、投资层级细分化

金融机构承受风险的能力随其规模和管理能力不同而相异,投资的层级也有所区别。随着环境和资源的约束越来越强,国际组织、各级政府、金融机构、企业及其他组织和个人纷纷投入绿色金融领域,绿色金融供给量近几年逐年快速增长,投资层级也逐步显现并明晰。

绿色金融投资的最高层级为国际项目。相对于国内项目,国际项目面临着政治、政策、法律、市场和文化等多重风险,同时又可能得到与国际资金机制和其他国际性机构的合作机会,提高金融机构的国际认可度和美誉度,获得更多最佳实践经验和培训支持,快速提高机构的内部治理水平,创新开发绿色金融产品的能力和风险管理水平。《巴黎协定》要求发达国家每年提供千亿美元的资金,通过资金机制投向经济次发达国家的节能环保和保护生物多样性的项目。金融机构若能与国际资金机制合作,将学习到更多项目管理经验,有利于在国内开发和实施绿色项目。具有国际项目管理经验且拥有国际项目管理团队的金融机构可以借助国际资金机制运营国际绿色项目。除了参与在其他国家的项目,它们也可以牵头或参与国内的国际项目,通过整合各方的资金和管理优势,最大限度地降低绿色项目的技术、经营、政策和环境风险。

绿色金融的第二个层次为政府发行的绿色主权债券。由于该债券由政府直接发行,并由政府信用作为担保,所募集的资金用于绿色发展,故债券的信用级别高,收益稳定且信用风险非常低,金融机构可以通过投资绿色主权债券参与绿色金融,履行社会责任,既不承受高风险,又获得相对稳定的收益。中国于2017年11月由国家开发银行发行首笔准主权国际绿色债券,所募集资金主要用于支持"一带一路"建设相关清洁交通、可再生能源和水资源保护等绿色产业项目。绿色主权债券是部分发展中国家获取资金的主要渠道之一,体现了中国政府所提倡的构建人类命运共同体的共享思想。只有全人类共同关注生态环境并采取有力措施降低碳排放,保护生物的多样性,才能修复已被破坏的人类家园,使经济和社会的发展具有可持续性,人类的后代才有生存的空间。

国内项目是金融机构投资的主要方向。相对于国际项目,国内项目容易得到中央政府的支持和投资者信赖,项目所运用的技术也相对成熟,投资风险相对较低。金融机构可结合自身的规模和风险管控能力,选择合适的绿色项目,或者参与相关的绿色金融业务。金融机构应该合理配置资金在不同项目或绿色金融产品上的比例。与传统金融产品相似,权益类投资的风险大于信贷和债券,与此相对应,权益类绿色金融产品的收益要高于同类信贷和债券产品。由于当前中国绿色权益类产品缺乏有效的市场机制支持,金融机构还是应该以绿色信贷、绿色债券和绿色保险为主要经营方向,也可以出于风险管理需要,在法律法规和监管要求允许情况下创新开发一些绿色金融衍生产品。国内绿色项目也可以再细分为全国性大型项目、区域性项目、省级项目及其他小型项目,不同规模的金融机构可以选择不同层次的项目,以期所选择项目满足其风险承受能力或风险偏好。中国近年来高度重视生态环境的保护,对绿色金融投资给予积极支持,但中国自改革开放以来实施区域经济发展战略,各区域在环境保护方面存在差别责任。东部地区前期依靠高耗能和高污染获得快速发展,经济发展水平和科技水平显著提高,而中西部地区则失去发展先机,当前面临着经济发展与环境保护的双重压力。因此,国内在绿色金融资源配置时应考虑这种差别责任,中央政府通过转移支付和差别性的绿色金融发展政策支持中西部地区优先发展经济,而东部地区则更多承担环境保护的责任,从而使各地区协调发展。

三、投资标的分散化

马克维茨投资组合理论的核心思想是分散化:若各资产的收益非完全正相关,则各资产风险之和大于投资组合的风险。不能将所有鸡蛋放在一个篮子里,东方不亮西方亮,都形象地说明了不能将所有资金投资于同一个项目,或者占有某个大型项目的全部股份,应该分散投资于不同的项目,且把每个项目上投资总额与机构资产的比率控制在某个特定水平之下。实践中,金融机构在投资项目时应用了该思想。如项目投资金额较大时,会有牵头机构组织多个跟投机构共同完成项目投资;而机构内部管理也设置了行业和客户集中度指标,防止投资过于集中,一旦个别客户出现问题,不会导致机构产生大的损失。投资组合理论期望实现在风险既定时收益最大化,或者在收益既定时风险最小化。相对于单个资产,投资组合可以改善投资收益关系,最终实现两者关系最优化,即投资置于有效前沿上。

以总额度为1亿元的资金为例。假设所投所有项目的违约概率为1%,违约回收率为0。如果将这些资金全部投资于一个项目,则其损失分布为图7-2所示,预期损失E(损失)=100万元,SD(损失)=1 000万元。虽然违约率只有1%,但一旦违约发生,损失额将达到1亿元,即全部损失,可能会导致机构的破产。

在投资额度和其他条件保持不变时,假设投资项目的数量为10个,其损失分布图如图7-3所示,预期损失E(损失)=100万元,SD(损失)=300万元。

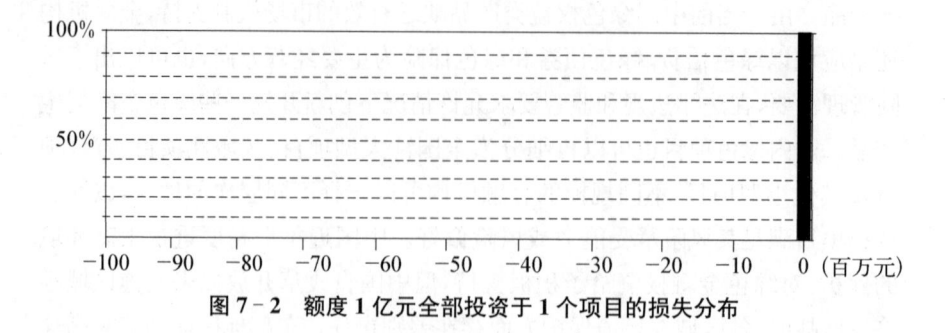

图 7-2　额度 1 亿元全部投资于 1 个项目的损失分布

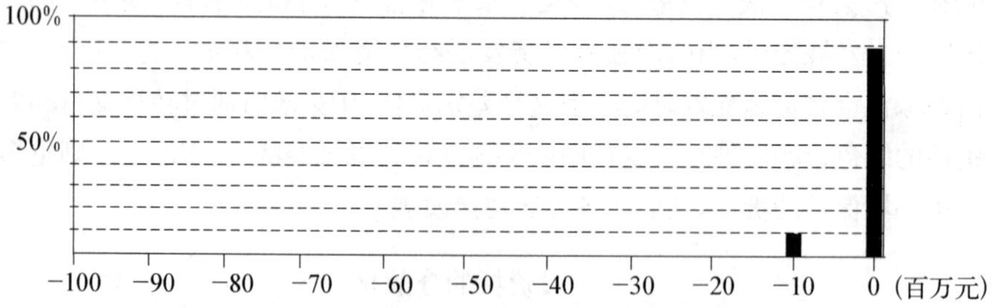

图 7-3　额度 1 亿元全部投资于 10 个独立项目的损失分布

在投资额度和其他条件保持不变时,假设投资项目的数量为 100 个,其损失分布图如图 7-4 所示,预期损失 $E(损失)=100$ 万元,$SD(损失)=30$ 万元。

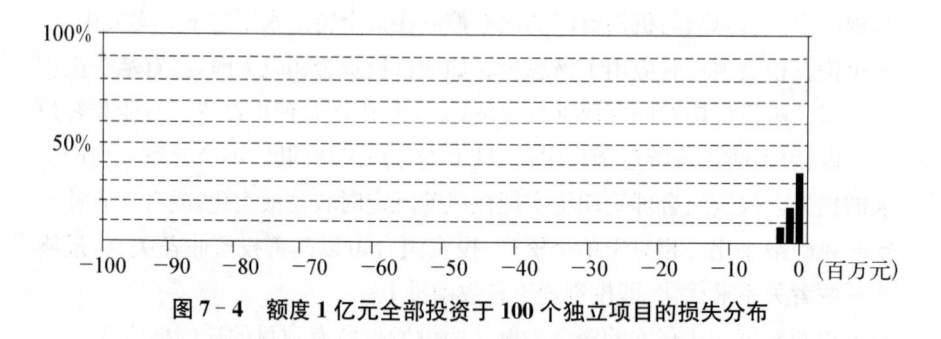

图 7-4　额度 1 亿元全部投资于 100 个独立项目的损失分布

从二张图比较来看,虽然预期损失都为 100 万元,标准差却从 1 000 万元降至 300 万元,然后再降至 30 万元。这反映了在投资总额不变的情况下,投资于多个项目可以显著降低其投资的总风险,分散化程度越高,总风险越低。

由于绿色金融投资项目多为高新技术项目,多数项目的收益还取决于政府的各项补贴,因此风险较大。分散投资虽然并不能够提高资产回报率,但可以利用不同领域资产波动率的非相关性而降低风险,避免投资过于集中时一旦投资失败致使机构出现财务危机甚至破产的悲剧。

投资标的分散化体现在两个方面：一是行业分散化，二是项目分散化。行业分散化是指金融机构可以将节能环保某个行业作为其主要投资方向，但不能将资金全部投资到这个行业，因为同行业内的各个项目之间具有较高的同质性和关联性，容易产生行业系统性风险，如行业政策的调整或者行业走向没落而被新的行业所替代等。行业分散化不代表将资金平均分散于各个行业，而是以某个或某几个行业作为主要投资方向，然后再确定几个与这些行业关联度不高的行业投资，既保证了主攻方向有充沛的资金，又不至于投资过于集中。项目分散化是指投资在单个项目的资金不应占机构总资产额过高比例。如果单个项目规模过大，则应该联合其他机构共同投资，即便项目经营失败，其他项目不受影响，金融机构受到的冲击就不会太大。如果金融机构在某个行业或项目上的投资过于集中，可以与其他金融机构互换资产，或者直接出售部分集中度较高的资产，增加其他行业或项目资产，以优化配置资产，实现分散化。

第四节　绿色金融的风险转移

金融机构的风险容忍水平取决于不同的金融制度和监管制度，风险承载能力取决于金融机构的治理水平。不同类型的金融机构需要在风险和收益之间进行权衡，并对超过风险承载能力的部分进行风险转移。虽然绿色金融发展历史不长，但总体来看，绿色金融的不确定性高于传统金融，金融机构不应盲目承担过高的风险，而应该通过保险或其他金融创新型的金融衍生产品转移超过其风险承载能力的绿色金融业务的风险。

一、设计合理的风险容忍水平

中国金融业采用了分业经营，即银行、证券和保险分属于不同行业，分别由不同监管机构进行监管。金融机构的性质决定了其可以经营业务的范围，金融机构不得超出业务经营范围经营其他业务。分业经营可以在一定程度上约束金融机构的风险承担冲动，降低系统性风险的承受能力，但也提高了金融机构运营的成本，降低了预期收益水平。绿色金融为金融机构可持续发展提供了机遇，同时也加大了当前的风险，需要金融机构能够设定合理的风险容忍水平。

虽然金融机构是靠承受风险而博取收益，但这并不代表机构可以无限度地承受风险；相反，金融机构应该追求安全，也并不意味着其完全不承受任何风险。因此,金融机构理论上存在着最优的风险容忍水平。在其他条件不变情况下,仅考虑收益与风险之间的关系,可以初步设定风险容忍水平(见图7-5)。

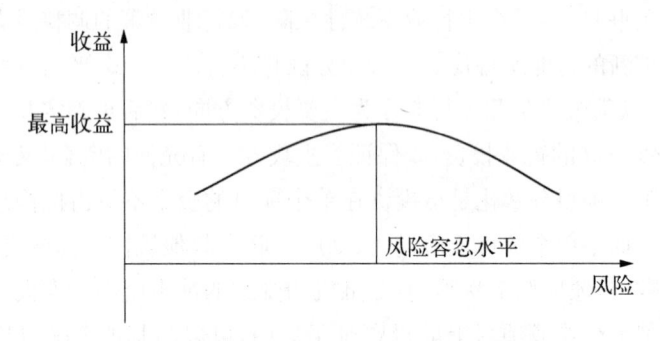

图7-5 金融机构风险与收益的关系

从图7-5可以看出,金融机构的风险承担与收益之间呈倒"U"型关系。为了保证金融机构的安全,部分机构会选择靠左的风险容忍水平,从而牺牲了部分收益;部分金融机构选择靠右的风险容忍水平,但过多的风险承担并没有给金融机构博取更高的收益,因为随着机构承担风险的增加,其财务成本和破产成本快速提高,大于提高风险所换取的收益,从而导致总体收益率的下降。风险容忍水平应该设置在可以使金融机构收益最大化的点上,当然这个点并不是一成不变。在经济周期的复苏期和繁荣期,风险容忍水平可以适当右移,当期收益可能达不到最高,但下期收益会有所提高;相反,在衰退期和萧条期,风险容忍水平可以适当左移,这两个阶段企业的经营业务显著下降,过高的风险承担会导致机构蒙受巨大损失,甚至可能破产倒闭。因此,消极风险管理者可以采取静态风险容忍水平,而积极风险管理者需要采用风险容忍水平。后者较前者更为灵活,在不利市场经济条件下提高生存概率,在有利市场经济条件下又会提高收益率。

中国绿色金融体系还没有完全建立起来,绿色金融当前的风险会高于传统金融,但其所获得的收益却没有因此提高,因此,金融机构经营绿色金融业务所看重的并非是当前的收益,而是其履行社会责任所带来的未来的收益。金融机构经营绿色金融业务,需要设定动态调整的风险容忍水平,应该降低近期的风险容忍水平,提高远期风险容忍水平。从近期看,绿色金融的收益不确定性较大,应该舍弃传统金融中高风险高收益项目,适当增加绿色金融业务,虽然可能导致收益水平一定程度的下降,但只要风险控制合理,金融机构的失败概率会大幅降低。从远期来看,随着中国绿色金融体系的建成和完善,绿色金融收益的不确定性和期限错配问题逐步得到解决,金融机构可以开展更多的绿色金融业务,提高风险容忍水平,博取更高的收益。

通常情况下,风险容忍水平需要CRO核算并提出,风险管理委员会进行审核,并提高董事会批准,然后交由CEO实施。金融机构的治理结构存在差异,并非全部严格按照上述流程确定风险容忍水平,但一定要提交董事会批准,以保护和调整包括股东和债权人的利益。绿色金融作为一种新的金融业态,对从业人员提出了较高的要求,除了金融专业知识外,从业人员还需要节能环保相关知识和绿色金融的最佳实践。只有如此,才能根据金融机构自身的可持续发展需要确定合理的风险容忍水平。

二、提高风险承载能力

监管机构出于防范系统性风险的需要对各类金融机构提出了需要满足的各项标准和条件,如巴塞尔资本协议中提出了金融机构要满足三大支柱,其中商业银行的资本充足率最低为8%,这些监管标准和条件是金融机构应该满足的最低条件。多数金融机构由于风险管理水平低,在资本充足率和风险准备金等方面都被要求高于监管机构所制定的标准,一定程度上提高了机构的安全性,但也降低了资金的使用效率。金融机构通过提高治理水平和风险管理能力不断提高其风险承载能力,减少包括超额准备金在内闲置资金的数量,提高资金运营效率,也相应提高了机构的收益。

绿色金融具有准公共产品性质,金融机构开展绿色金融业务实际上是在履行社会责任。从理论上讲,适当增加绿色金融比重有助于塑造良好的社会形象,获得公众的认可和政府的支持。中国人民银行于2017年将绿色金融纳入宏观审慎评估(MPA),引导金融机构加强自我约束和自律管理,促进金融机构稳健经营,增加金融机构服务实体经济的可持续性,防止发生金融系统性风险。国外大多数金融机构都已将业务重心转向ESG责任投资,即扩大绿色金融在机构所从事业务中的比重。在ESG理念指导下,金融机构投资决策不再只是关注企业的利润,而是着重考量企业的环境保护、对社会的贡献和良好的公司治理。企业的ESG表现好,才能稳健和持续地创造长期价值,金融机构才能获得长期稳定的利润来源,并借机实现社会效益和生态效益。全球已有60多个国家和地区出台了ESG信息披露规范文件,以鼓励型披露为主,部分交易所强制进行ESG信息披露。根据明晟MSCI测算,未来5年全球投资规模中将有57%会采取ESG策略,多数国际知名的国际金融公司都会要求被投资公司建立和健全环境与社会风险管理体系,并定期披露ESG信息。中国于2016年开始构建绿色金融体系,但据统计,只有少数金融机构正式采纳和实施ESG战略,这在一定程度上增加了金融机构的经营风险。发展绿色金融必须将ESG战略纳入金融机构的经营战略,环境保护、社会责任履行和公司治理是对企业的要求,也是对金融机构的要求,实施ESG战略能够将金融机构和企业的经营目标有效统一起来。

金融机构借助发展绿色金融之机实施ESG战略,将原本自己所承担的风险向企业转移、通过企业ESG信息披露,金融机构可以及时发现企业在环境保护、社会责任履行和公司治理方面存在的问题,通过调整资金供给额度和收益率规避部分风险,降低了企业经营波动性对金融机构业绩的影响。简言之,通过实施ESG战略,金融机构能够及早规避政策风险和战略风险,提高风险承载能力,获取相对稳定收益并实现可持续发展。

三、创新风险转移金融工具

创新开发和利用期货、期权及其他金融衍生品,对绿色金融投资项目进行套期保值、风险对冲和风险转移操作,设计有效提高绿色金融机构风险承载能力的新型定制保险和担保产品,是金融机构为转移风险、提高安全性和提高绿色金融有效供给所构筑的一道风险防火墙。

绿色金融的收益不确定性加大了金融机构近期经营的风险,但从长期来看绿色金融又会提高金融机构的预期收益并降低经营风险,因此,金融机构在积极发展绿色金融的同时应向外转移部分风险。如前所述,绿色金融的主要风险为政策风险、经营风险、技术风险和环境风险,针对这些风险的特点,金融机构可以创新开发和设计一些新的金融衍生工具,把部分风险转移至机构外部。这样做虽然增加了一定成本,但提高了金融机构的安全性。

风险转移的主要方法为购买保险和金融衍生品合约。前者事前支付一部分保险金,待项目产生损失后,保险公司进行代偿部分或全部损失;后者是购买金融衍生工具,项目到期时进行结算,对冲资产价格的不利波动。金融衍生品市场是金融机构进行风险转移的理想场所,根据部分绿色项目的特性,金融机构可以借助金融衍生工具完成绿色金融收益的期限转换或者风险的对外转移。期货和远期都可以实现部分资产的套期保值。金融机构以固定的价格买入或卖出一定数量的某个标的并在约定的未来某个时间进行交割,从而使资产的价格锁定在某个水平。外部投资者承受了价格的风险,并在价格波动中产生收益或损失。虽然期货和远期市场并不一定正好有绿色金融所投资的标的资产,但仍可以通过相近资产或者价格波动高度相近的资产进行套期保值。期货和远期所要求的权利和义务是对等的,而期权则赋予购买者权利而不用承担义务,也可以作为金融机构转移风险的工具。期权购买者支付一定权利金,就拥有了在未来某个特定时间以某特定的价格购买或销售某资产的权利。如果资产价格对期权购买者有利,则其行使权利而执行期权;如果资产价格发生不利波动,则其不执行期权。标的资产价格波动所发生的损失完全由期权销售得承担,故金融机构通过购买期权完成了风险的对外转移。互换也是风险转移常用金融工具之一,尤其是信用违约互换。金融机构就某资产的履约与否购买信用违约互换,约定若标的资产的交易在未来某个特定时间未被完全履约,则所产生的损失应由信用违约互换的销售方弥补,金融机构用固定的较小的成本完成了风险的对外转移。相对于保险,利用金融衍生工具进行风险转移更为经济,也更为灵活。当然,一个国家金融衍生品市场的发展程度决定了可供选择工具的范围,只有高度发达的金融市场才能提供多样化的金融衍生工具。

第八章 绿色金融有效供给的国际最佳实践

发达国家的经济发展历史上也曾经出现过严重的生态环境问题,然而,经过长期的政策调整和体制机制建设,已经形成了相对成熟的绿色金融体系,支持金融资源向环保型企业配置,保护生态环境。1972年,丹尼尔·米都斯等著的《增长的极限》提出了可持续发展观。1979年,在瑞士日内瓦召开的第一次世界气候大会成为人类开始反思经济社会发展模式,寻求和调整人类生存行为与未来生存空间的理性基础。1987年,世界环境与发展委员会在报告《我们共同的未来》中系统地论述了人类共同面临的一系列重大经济、社会和环境问题后,提出了可持续发展概念,进一步为绿色金融的发展指明了方向。在绿色金融发展历史上,包括联合国和世界银行在内的国际组织和多个发达国家都进行了有益探索,并付诸多项行动,可为中国构建绿色金融体系,促进绿色金融有效供给提供经验借鉴。

第一节 国际组织绿色金融最佳实践

人类只有一个地球,环境问题是一个全球性问题,任何一个国家都不能置身事外。国际组织成为环境保护和促进绿色金融发展的重要力量。联合国、世界银行和经济合作与发展组织等组织和机构在推动各国共同应对气候变化、环境污染和其他环境问题并建立多边协作机制的过程中起到举足轻重的作用。

一、联合国

围绕环境和可持续发展问题,联合国先后组织制订了《联合国人类环境宣言》《里约热内卢环境与发展宣言》《气候变化框架公约》《21世纪议程》《京都议定书》《约翰内斯堡可持续发展》《蒙特雷共识》和《巴黎协定》等多个协约和规定。联合国召开多次环境大会,围绕如何节能减排和清洁生产进行多边协商,达成共同协议,即发达国家带头自主减排,并帮助发展中国家发展环保事业,最终达到 21 世纪中叶实现零排放的目标(见表 8-1)。

表 8-1 联合国主要气候大会达成协定及主要内容

年份	地点	形成文件	主要内容
1992	巴西	《里约热内卢环境与发展宣言》和《21世纪议程》	提高银行信贷、储蓄机构和金融市场领域的可持续发展能力
1995	日本	《京都议定书》	排放贸易机制、联合履行机制、清洁发展机制
2009	丹麦	《哥本哈根议定书》	确立减少排放目标、如何资助发展中国家、决定新协议及《京都议定书》的前途、一些技术性议题
2015	法国	《巴黎协定》	各国将以"自主贡献"的方式参与全球应对气候变化行动

1992 年,联合国环境规划署与世界主要银行和保险公司于成立了金融机构自律组织,旨在进行环境保护和可持续发展方面的磋商,探讨适应金融业可持续发展的发展战略,推广和普及可持续金融理念,将之应用于金融部门的运营和服务中,并鼓励私人部门为环境友好型的技术和服务产品投资,促进可持续发展和环境友好的业务实践,最终实现经济、环境和社会的和谐发展。该组织指出,环境问题会降低客户盈利能力,危及其债务安全,增加保险理赔的可能性。如果投资项目发生了环境事件,治理污染必然产生费用,相关方也会进行索赔,企业将面临经营风险和法律风险,而金融机构则面临信贷风险,因此,金融机构为企业进行融资时需要考虑政府和公众对环保的关注度,考虑企业破坏生态环境的所带来的声誉风险,以此重估企业的经营状况及金融机构的利益和风险。

同年,联合国环境署联合多家知名银行在纽约共同发布了《银行业关于环境和可持续发展的声明书》。这标志着联合国环境署银行计划正式成立,为银行进入绿色金融领域奠定了基础。1995 年,联合国环境署将该计划延伸到保险业,与瑞士再保险等公司发布《保险业关于环境和可持续发展的声明书》。1997 年,联合国环境署保险机构计划(UNEP III)正式成立。2003 年,两个计划正式合并为金融计划,工作范围覆盖全部类型的金融机构。

2006 年联合国向全球正式推出的责任投资原则,可以看作是绿色金融的基本原则之一。其目的是将责任投资的理念纳入政策和实践,以期降低风险、提高投资者收益并创造长期价值。该原则解决的是金融机构自身可持续发展问题,通过良好治理和正直廉洁的问责机制,降低机会主义行为预期,确保全球金融体系的高效和可持续发展。当年,全球责任投资原则的签署机构仅为100家,管理的资产为6.5万亿美元;截至2016年8月,签署机构数量上升到1555家,管理资产超过65万亿美元,其中大部分为G20成员国家。责任投资原则可以看作绿色金融实施的一个基本条件。它要求企业在追求经济利益的同时,强调环境准则和社会准则,积极承担节约资源和改善环境的社会责任,最终实现包括投资者、所有者、监管者和社会公众在内的各个主体的多边共赢。责任投资原则的实施使绿色在全球范围内被广泛接受,也受到各国监管者的高度关注,各国出台了诸多指导性文件。联合国环境署在2008年金融海啸后反思金融政策的顶层设计,认为之前的金融体系未能引导私人资本流向可持续发展领域,经济发展水平越高碳排放也越多,只有重构国际金融政策和秩序才能将金融体系与经济体长期很好统一起来。绿色保险是防范绿色投资风险的一道防线。2012年,联合国环境规划署金融行动机构发布了《保险业可持续发展原则》,构建了保险业应对环境、社会与治理风险问题的全球框架。全球近百家保险公司以及保险行业协会成为该原则的签约方。2015年12月12日,《巴黎协定》成功签署,展现了各缔约国推动全球绿色低碳发展的决心和意志。在制定《巴黎协议》实施框架的过程中,部分国家的政府意识到,实现减排需要大量的绿色投资支持,然而,受政府财政支出的约束,仅依赖政府无法完成对绿色项目的投资,吸引社会资金进入绿色金融领域成为政府的一个重要任务。政府通过顶层设计,支持建立绿色金融体系,出台相应的扶持绿色金融发展的政策,有助于引导社会公众来扩大绿色投融资。部分金融机构迎合了金融领域的变革,开始主动进入绿色金融领域。如在瑞典政府环境政策和近年来全球绿色金融快速发展的影响下,瑞典第四大养老基金AP4近期决定,不再投资传统的石油资产,转而重点关注绿色与可持续发展的投资机会。2019年,联合国《负责任银行原则》(简称PRB)正式发布,130家银行成为首批签署该文件的银行。自此,联合国体系下形成PRB、PSI、PRI三大原则,分别面向银行、保险和资管,协调促进可持续金融。

二、世界银行

世界银行在1987年银行改组时设立了环境总局,并在四个地区技术局中设立了三个环境处。事实上,其环境机构大体分为两大类,即专业类和业务类。前者包括环境总局、地区环境处、法律局副行长室、发展经济学副行长室、世界银行学院及环境委员会，后者则主要包括地区副行长和地区管理组、地区专业局和国别管理局。这些机构形成一套健全的机构体系，保证环境政策的执行。然而，由各专业环境机构负责人所组成的环境委员会在整个体系中起核心作用，负责资源的配置、人员调动、业务审查和协调及质量监督工作。环境委员成立了政策监督报告体系，以及独立的监察委员会，负责项目的评估和受理控诉，为环境政策的执行提供保障。

世界银行环境总局及其他相关机构制定了包括环境评价政策、大坝安全政策、林业政策、自然栖息地政策和病虫害管理政策在内的五大环保政策，向相关项目的实施提供援助。环境评价政策要求对拟使用世界银行资金的项目进行环境评价，以确保这些项目在环境方面具有可持续性，评价的广度、深度和分析类型取决于项目本身的特性、规模和潜在的环境影响；大坝安全政策要求大坝的所有者，在大坝的整个寿命期间保证采取适当的措施并提供足够的资源，以便确保大坝的安全；林业政策要求世界银行在林业和森林保护方面采取全方位的工作方法，不得向商业性采伐活动提供资助；自然栖息地政策要求世界银行的诸项融资相关工作都支持对自然栖息地及其功能的保护、维护和恢复活动；病虫害管理政策旨在推广使用生物的或环境的控制方法，减少对化学合成杀虫剂的依赖。

世界银行自1970年首次设立环境事务顾问以来，对环境问题的关注成为其业务不可分割的重要内容。世界银行一直在完善其环境评价程序及环境保护政策。1975年，世界银行发布了"项目环境发展指导方针"，并先后颁布并修订业务手册、业务指令、业务程序，把实施和完成环境影响评价作为其批准贷款的先决条件，使得贷款项目更加符合环境保护要求。1999年首次出版的《污染预防与削减手册》列出最大污染排放标准，明确业务标准和操作程序，要求借款方对申请世界银行融资的项目进行评估，并贯彻清洁生产、提高能源效率、降低资源消耗、改善管理等理念。该手册被国际机构、多边发展银行等政府和非政府组织广泛使用。世界银行还于2001年11月发布该行历史上第一份单一的环境战略《做出可持续的承诺——世界银行环境战略》，总结前期教训，适应新的变化，并提高承诺，旨在促进人类改善环境和减少贫困。

世界银行在帮助发展中国家使用清洁能源、应对气候变化方面发挥了带头作用。这主要体现在以下几个方面：一是动员社会机构捐赠资金，帮助发展中国家解决环境问题；二是率先开展碳基金业务，推动世界温室气体排放市场的发展；三是扩大对可再生能源和能源效率项目的投资，与各国政府、私营部门和其他发展伙伴合作，开发一系列支持更绿色、更清洁能源政策的创新解决方案;四是率先推出碳债券,为低碳项目筹措资金;五是积极应对极端气候可能带来的风险,率先在拉美、南亚地区尝试推出气候保险;六是设立和发展森林碳基金,与合作伙伴共同推动森林保护工作,为森林保护项目提供信贷支持,以帮助有关国家防止滥伐森林;七是缓解和适应气候变化,提高气候韧性,面向气候变化适应技术和灾害风险管理的投资仍是世界银行的工作重点。

世界银行于2015年12月在巴黎气候大会上提出的"非洲气候业务计划"制定了帮助各国减缓和适应气候变化的工作方案,确定能源密度最高的欧洲和中亚地区适应气候变化,提高能效,并对吉尔吉斯共和国、马其顿和欧盟成员国提出了提高能效的政策改革建议,向中亚、罗马尼亚和西巴尔干国家的气候韧性提供了投资和分析服务,为波动水灾管理提供了支持。截至2015年6月底,世界银行已经以18种货币发行了100多只绿色债券,总额85亿美元,支持世界各地发展中国家的约70个气候减缓和适应项目。2016年6月,华夏银行正式承接了世界银行"京津冀大气污染防治融资创新"项目。这是中国第一个采用世界银行基于结果导向(P4R)贷款方式的转贷项目,也是世界银行全球第一个与非政府机构合作采用该模式的转贷项目,全球第一个应用于能源效应领域的结果导向型贷款项目。

三、经济合作与发展组织

经济合作与发展组织(OECD)成员国于2007年签署了一项出口信贷与环保新协议。该协议要求各成员国在发放贷款时,应执行更高的环境保护标准。为了使该协议能够更好地实施和执行,经济合作与发展组织特别强调各成员国应对申请贷款偿还期限两年或两年以上的官方支持的出口信贷项目进行评估,以保证这些项目对环境的影响能够符合国际机构的环保标准,尤其是应该达到世界银行的各项环保标准。2009年,经济合作与发展组织发表了一份《绿色增长宣言》,要求经济合作与发展组织成员国制定发展绿色增长政策。这种绿色增长政策不仅应在短期内促进经济恢复,还应在长期中实现宏观经济绿色增长。

《2018年有效碳定价:运用税收和碳排放交易对碳排放定价》(*Effective Carbon Rates 2018: Pricing Carbon Emissions through Taxes and Emissions Trading*)公布了42个经济合作与发展组织国家和G20国家碳排放征税和可交易许可的新数据。各个国家碳排放价格差异较大,且总体处于较低水平,不足以遏制碳排放,难以实现《巴黎协定》约定的目标。2019年,经济合作与发展组织的一份报告显示,发达经济体和新兴经济体与能源相关的二氧化碳排放中,有70%完全免税,这使得向更清洁能源的转换缺乏激励因素,即污染燃料税率过低,不能促进碳替代品的使用。在经历了2013—2016年的3年下降趋势后,政府对化石燃料生产和使用的支持再次上升,这威胁到遏制温室气体排放和空气污染的努力及向更清洁、更廉价能源的过渡。2017年76个国家对化石燃料的扶助增加了5%,达到3 400亿美元。这种对化石燃料的扶助对环境有害、昂贵且扭曲。

四、国际资本市场协会和气候债券倡议组织

国际资本市场协会(简称ICMA)成立于1963年,是由活跃于国际资本市场的金融机构组成的非政策组织,在证券在市场上享有崇高的声誉。该协会于2014年联合多家金融机构推出的《绿色债券原则》(GBP),成为被市场主体普遍接受的绿色债券自愿性指引。经过多次修订后,最新版本强调了外部审议的重要性,确定发行人的绿色债券框架满足GBP的主要要求,特别提出了四种认证,包括顾问审议、核查、认证和评级。其中,顾问审议是指发行人可以向有资质的顾问机构进行咨询并寻求环境可持续发展的意见,核查侧重于内部或外部标准或发行人相关声明的一致性。认证是针对发行人的绿色框架和资金使用提请第三方评估其是否符合绿色评估标准中的具体条款,评级是将绿色债券或相关的绿色债券框架直接交由有资质的、专业的第三方进行全面评估并给出级别。绿色债券评级独立于发行人的ESG评级,而顾问审议则可能涉及募集资金用途、项目评估筛选流程、募集资金管理、出具年度报告的一致性等核心要求。GBP设有执行委员会,由ICMA为其提供秘书处服务,旨在为发行人提供明确的发行指引,为消费者提供更多的债券信息,同时也协助承销商提升市场的规范性和透明度。绿色债券发行主体、债券承销商和绿色债券投资机构等会员都承诺共同遵守自愿性准则。

气候债券倡议组织(简称CBI)是英格兰和威尔士的国际非营利组织,成立于2010年,主要开发规模大、流动性强的绿色和气候债券市场,为向低碳和气候适应经济快速转型所需的项目和资产提供融资,降低发达国家和新兴市场国家相关项目的融资成本。该组织开发了与GBP互补的《气候债券标准》(CBS),要求债券的发行人符合CBS,坚持GBP,并与绿色认证机构合作给出了绿色的定义及相关标准,且对认证的程度进行监督。《气候债券标准》于2011年底发布,并于2015年12月进行修订。CBI专门设立CBS顾问委员会负责审查相关规则,监督认证方案的实施。CBI还设立了由学术界、国际机构等组成的技术工作组,研究绿色债券的资格标准,并成立了由博资讯、国际金融公司和标准普尔等组成的行业工作组,为绿色债券标准提供结构、

内容、证明和认证过程方面的建议和意见,使其更加与时俱进,符合经济社会发展需要。CBS正日益成为受市场认同的绿色债券规则。

GBP和CBS均属于自愿性流程指南,不具备法律约束力,但由于其倡导机构具有卓著的声誉和专业技能,使其备受市场关注和广泛接受,从而具有更优的软法治治理效果。两者部分内容相近,但两者仍有区别。前者为共同标准,后者为细分标准;前者要求发行人分账户对募集资金进行管理,后者未涉及资金管理。其他异同如表8-2所示。

表8-2 绿色债券原则与气候债券标准比较

标准体系	绿色债券原则（GBP）	气候债券标准（CBS）
项目范围	可再生能源、能效、可持续的废弃物处理、可持续的土地利用(包含可持续农林项目)、生物多样性保护、清洁交通、可持续水处理(包含清洁水/饮用水项目)、气候变化适应	能源、建筑、工业、废物、污染控制和封存、交通、农业与林业、信息技术和通信、气候变化适应
对募集资金管理的要求	要求发行人以分账户对募集资金进行管理,或者以某种正式的内部流程确保针对绿色项目的信贷或投资资金流向可追溯	未有相关规定
对信息披露的要求	要求绿色债券发行人在出具的募集说明书中对募集资金用途进行适当描述,以保证其所投资的项目为绿色项目,产生积极的环境效益,而且效益是可以被提前预估并在任何条件下可量化;除公布募集资金的使用方向、闲置资金的短期投资用途外,绿色债券发行人还被要求每个年度至少提供一次项目清单,对项目的基本信息、资金分配额度及环境效益进行描述;除此之外,还应完善指标体系,应采用定量指标对项目的可持续影响进行描述,提高环境信息的质量	未有相关规定,但强调发行人的自主信息披露
认证要求	建议发行人使用外部认证,确保发行人发行的债券符合绿色债券定义和要求。认证分为三个层次。一是从顾问机构获取环境可持续方面的信息和支持,即出具"第二意见",鉴别和筛选符合绿色债券要求的项目类别,以期建立项目的评估和选择体系。二是审计。鼓励发行人对绿色债券的发行进行独立的审计。三是第三方认证。聘用第三方机构依据第二方提供的评价标准对项目进行独立审核	与作为验证机构的保证提供者合作,进行认证程序监督
激励措施	由市场主体在自愿基础上形成的共识性约束,不涉及激励措施	未有相关措施

五、世界交易所联合会

世界交易所联合会(简称 WFE)是全球性的交易所行业协会和全球交易所行业最重要的组织,在国际证券行业具有很高的权威性,已拥有 64 家交易所会员。该联合会正积极开展可持续发展活动,并要求会员强化信息强制披露。2014 年世界交易所联合会成立了绿色债券可持续发展专题工作组。目前,该联合会的几乎所有会员交易所都参与了绿色债券可持续发展计划,多家交易所推出包括道琼斯环境指数和碳效率指数等在内的环境相关指数,并据此开发了金融衍生产品,为推动绿色金融产品市场发展提供了有力的保障和支持。绿色指数的推出丰富了金融市场产品,促进了绿色资产绿化,提高了绿色资产的商品化和透明性,抬升了绿色项目的收益预期,有利于吸引更多的气候敏感资金。多家交易所要求上市公司披露 ESG 信息,由此增强了绿色债券市场的透明度,为绿色债券市场可持续发展创造发行便利、政策支持和保障。

六、欧　盟

欧盟一直是绿色发展和气候变化进程的积极推动者和主要倡导者。自 2000 年以来,欧盟围绕节能减排下发了多个文件,并制定了节能减排的目标,意在约束成员国的经济行为,实现温室气体排放减少和全球平均气温比工业革命前上升不超过 2 摄氏度的最终目标(见表 8-3)。

表 8-3　欧盟出台的节能减排相关文件

年份	出台的文件和目标
2000	《气候变化方案》(ECCPⅠ)
2005	《气候变化方案》(ECCPⅡ)
2007	《欧盟能源技术战略计划》《欧盟 2050 能源路线图》《欧盟 2050 经济路线图》以及其他气候与能源政策框架,公布欧盟 2020 年气候与能源一揽子计划,明确提出到 2020 年实现"可再生能源电力占比提高到 20%、能效提高 20%、碳排放量相比 1990 年减少 20%"的目标,把欧洲改造成高能效、低二氧化碳排放的经济体
2009	《再生能源指令》,制定了再生能源目标,期望到 2020 年欧盟整体将可达到 20%再生能源使用的目标
2013	《可再生能源进展报告》,建立 2030 年防止全球变暖的能源政策框架
2014	《2050 年欧盟能源、交通及温室气体排放趋势》《2030 年气候与能源框架》,确保 2050 年全球平均气温比工业革命前上升不超过 2 摄氏度,在 1990 年基础上减排 80%—95%,其中 2030 年前减排 40%,2040 年前减排 60%

根据节能减排目标,欧盟将自然资本价值纳入财政分析,进行了一系列核算体系和排放贸易体系的改革。2008年,根据生态系统和生物多样性经济学(TEEB)行动倡议,欧盟开始对生态系统和生物多样性的价值进行量化评估,得到联合国相关机构和国际社会的广泛支持。欧盟于2009年3月启动绿色经济发展计划,打造国际水平和全球竞争力的绿色产业,投入超过GDP的2%的资金支持绿色经济的发展,如进行大规模电网现代化的投资,巩固其推动能源效率和再生能源发展的优势,以保持其在绿色技术领域的世界领先地位。

2005年,欧盟排放贸易体系(EU ETS)正式开始运作,成为世界上第一个温室气体排放配额交易市场(ETS),也是目前全球最大的碳交易体系。该碳交易体系涉及8个交易中心的近1.2万个经济实体,制定了欧洲温室气体价格和各国的排放额度,并建立了交易运行机制,使碳排放额度成为一种可供交易的产品。除此之外,对温室气体高排放部门在排放量上实施强制约束,以提高碳排放的稀缺性,进而形成一定的市场价值,促进交易流通。随着碳市场规模的扩大,碳币的市场程度不断提高,碳排放权逐步演化为各市场主体认同的一般等价物,具有流动性,并成为具有投资价值的金融资产,促进了以碳排放权为核心资产的世界碳金融体系的建立和完善。2008年至2013年间,欧盟碳市场的欧盟碳配额EUA成交量逐年快速增长,然而2014年以来受经济持续低迷和英国脱欧事件的影响,EUA成交量开始呈下降趋势(见图8-1)。2015年12月达成的《巴黎协定》对2020年后全球应对气候变化的总体目标与机制进行了制度性安排,强化了市场机制在应对气候挑战中的地位和作用。EU ETS作为全球最重要的碳市场之一,将为实现《巴黎协定》的宏伟目标发挥更大的作用。

欧盟于2004年发布《欧盟环境责任法令》,强调污染责任,以立法保证实施"污染者付费"原则,促使绿色保险业务在欧洲快速发展。为了鼓励绿色债券的发展,减轻金融体系的期限错配风险,欧盟各国政府制定自上而下的全方位扶持绿色项目的政策,对绿色项目进行政策补贴,降低绿色项目的成本,提高绿色项目的收益,从而提高绿色债券的吸引力。同时,各国政府在政府购买活动中鼓励签订绿色合同,绿色产品的比例达到50%以上,保证企业的现金回流,进一步提高了绿色债券的吸引力。欧盟委员会于2008年创办了全球能效和可再生能源基金(CEEREF)。该基金公共部门采用PPP的形式进行融资,以股权形式投资于中小型项目或企业,使母基金通过杠杆效应吸引更多社会资本,满足了新兴市场中的可再生能源和能效项目、绿色基础设施项目迫切的融资需求。作为全球绿色发展的引领者,欧盟制定了绿色创新

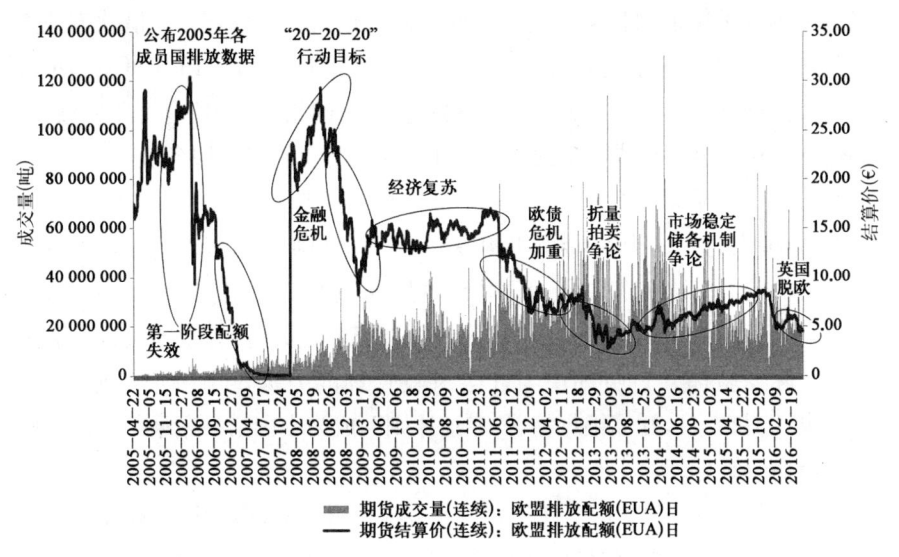

图 8-1 EUA 期货成交量和价格

资料来源：Wind，Thomson Reuters，2016。

行动计划（2014—2020 年）并在近期相继出台了一系列绿色新政，包括作为绿色发展战略的《欧洲绿色协议》，以及可持续金融《技术报告》《分类报告：技术附件》《适用性指南：欧盟绿色债券标准》。欧盟成为继中国之后第二个建立系统化绿色金融规范标准的经济体。

七、国际性金融机构

（一）国际金融公司

国际金融公司（简称 IFC）隶属世界银行，成立于 1956 年，拥有 184 个成员国，是金融市场和私营部门的全球环境和社会发展标准制定者，协助银行建立自己的环境保护评估体系。2002 年，国际金融公司在伦敦召开的金融机构环境、社会影响评估研讨会上提出筹建项目融资中环境、社会影响评估的框架平台，制定了《环境与社会风险的项目融资指南》，即赤道原则。虽然采取了非官方自愿性原则，但它仍成为判断、评估和管理项目融资中的环境与社会风险的一个最低行业标准。虽然企业是环境事件的直接制造者，但为其提供融资的金融机构也难辞其咎，必须在提供项目融资时进行环境和社会责任评估。采用赤道原则的金融机构（EPFIs）按照赤道原则的规定，保证提供融资或者咨询的项目能够符合社会责任，在项目融资的尽职调查中根据项目对环境和社会的影响程度进行分类，并据此提出相应的管理措施，同时要求客户建立一个适宜的环境与社会管理系统（ESMS），适时提交实施方案。

赤道原则为了保证项目实施的公平性和有效性,在信息披露、非借款方独立审查、与东道国规定监管合规、独立项目监测和汇报与EP-FI年度实施报告等方面都进行了详细的规定。赤道原则适用于全球范围的所有行业领域,主要包括项目资金或总成本达到或超过1000万美元的咨询服务及项目融资,以及符合一定标准的项目相关企业贷款、过渡性贷款。截至2017年6月,已有37个国家的91个国际金融机构签署了"赤道原则",新兴市场国际项目融资交易额覆盖率达70%以上,管理资产规模超过100万亿美元。2008年,兴业银行公开承诺采纳赤道原则,成为中国首家赤道银行,为中国银行业通过借鉴国际经验提升自身环境与社会风险管理能力提供了一个典型案例。2017年1月20日,江苏银行签署"赤道原则",成为中国第一家采用赤道原则的城市商业银行。

IFC在2006年2月21日建立了可持续发展框架,包括社会和环境可持续性政策、绩效标准以信息披露政策。其中,绩效标准共有8个,包括综合性评估和管理系统、劳动力权利、人权、社区健康和安全、预防和减少污染、扩大社会考察、扩大社区的参与和保护生物多样化等。2012年,IFC更新了可持续发展框架,修改了包括供应链管理、资源利用效率和应对气候变化等挑战性问题。IFC在帮助私营机构应对气候变化方面起到重要作用,主要表现在为可持续能源项目提供融资、为创新型项目投资动员捐赠资金及为发展中国家的排放权项目提供交易保证。

(二)荷兰银行

荷兰银行在全球绿色金融的实践中是当之无愧的先行者和领导者。荷兰银行将银行的经济效益同环境、社会效益有机地统一起来,通过运用专业知识和可持续发展策略,实现了客户满意度的提升,提高了社会声誉,达成了"更好的银行,更好的世界"的目标。荷兰银行在绿色金融方面进行了有益的探索,主要体现在规则制定、流程规范和产品开发方面。在规则制定方面,荷兰银行制定了环境、社会和治理标准(ESG),细化了执行规则,强调了程序化操作,并根据经济社会发展需要不断完善该标准。考虑到行业风险差异性,该银行还针对行业制定了附加标准。在流程规范方面,该银行制定了一套完整的操作流程,包括风险评估、决策和监督与报告,要求贷款客户及金融产品都必须遵守ESG标准,并按照上述流程进行融资申请。在产品开发方面,该银行发挥其中介、信息处理和资金融通优势,结合在绿色项目上的经验,创新金融衍生产品,参与市场交易,为客户搭建交易平台,以期在实现盈利同时能够节能减排。在绿色金融产品和服务方面,荷兰银行将绿色金融业务延伸至传统银行的各个业务领域。荷兰银行针对特定的客户积极开发各类金融产品,其服务对象不仅包括企业客户及大型项目,还包括家庭和个人用户,如推出气候信用卡、绿色住房按揭贷款、低碳加速器基金、可持续全球信用基金等。除此之外,荷兰银行还积极为环境、社会和治理标准符合条件的企业提供融资服务,甚至直接参股部分低碳或环保类公司。

(三)花旗银行

花旗银行设立的环境与社会政策评估委员会,集合了来自银行各个部门的人员,为环境适应性问题提供指引。花旗银行以"企业公民"理念为核心,将环境持续性管理纳入管理体系,实施赤道原则,建立了更为宽泛的社会风险管理体系,并以专业的团队和完整的政策体系给予支持,扩展了赤道原则实施范围和实施标准,为赤道原则的发展作出重要贡献。花旗银行还设立了专门的物业服务机构管理公司的环境足迹,采用"投资、改善、创新"的方法减少温室气体排放。花旗银行将履行企业社会责任作为经营理念和行动准则,制定了详细的目标及规范化的流程。为保证绿色金融的实施,花旗银行采取了多项措施:(1)绿色项目融资管理,主要将资金投向环境友好和节能型基础设施项目;(2)环境与社会风险管理,主要为可能导致环境及社会问题的项目提供管理和控制方案;(3)运营及产业链管理,主要降低产业链上各类企业运营对环境及社会产生的影响;(4)监督执行,与非营利性组织、投资者和客户对接,共同监督项目的执行。

表8-4 花旗银行绿色金融发展进程

年份	主要行动
1999	与世界资源研究所共同发起了一项专注于投资新兴经济体环境行业中的中小企业的项目——新风险投资
2003	制定了"环境和社会风险管理"(简称 ESRM)政策,综合管理信贷风险、声誉与经营权风险,达到解决环境和社会问题的目的
2006	修订 ESRM 政策,对森林业投资规定更加严格,要求对特定森林交易进行独立认证
2007	承诺10内向全球气候治理项目直接投资500亿元,促进社会绿色发展,同时实现自身的可持续发展,获得良好的社会声誉,2013年提前完成该目标
2008	与JP摩根和摩根士丹利一起,宣布碳排放项目融资原则,为美国的燃煤发电项目融资进行碳风险评估提供框架
2014	依据环境与社会风险管理准则(EARM)对405起客户交易进行检查,并在绿色金融领域投资了238亿美元
2015	制定了在未来十年投资1000亿美元的新计划,主要领域包括清洁水、垃圾处理、城市绿色基础设施、节能产品及可再生能源方面

(四)汇丰银行

汇丰银行(简称 HSBC)倡导"从自身做起"的环境保护意识,2003 年即率先支持赤道原则,建立了与该原则一致的内部政策和信用风险管理流程,对所有资本成本达到或超过 5 000 万美元的项目贷款实行赤道原则。2005 年 10 月,汇丰银行成为全球首家实现碳中和的大型银行,次年又被评为"全球气候领导指数"银行业中的佼佼者。汇丰银行努力将其环保理念扩大并影响其所服务的市场和客户,重视劳工标准、人权和环境三方面的责任;在日常经营中注重降低能源消费,提高能源效率,保护不可再生自然资源,使用可再生和循环材料,以对环境负责任的方式处理废弃物。

汇丰银行通过了"环境信贷和道德投资"指导方针,避免对存在潜在不利环境影响的项目融资或投资。按照赤道原则对这些项目进行分类与评估、建立行动计划,并以此作为向企业或项目提供融资的标准。达到或超过 5 000 万美元的借款人必须向汇丰银行提供符合东道国法律的证明,以符合世界银行和国际金融公司等所制定的相关部门或产业的预防和减轻污染指南。对新兴市场中的项目,汇丰银行还要求贷款人证明其已在环境评估中充分考虑了国际金融公司的保障政策,将处理自然栖息地、土著人口、非自愿移民、水坝安全、林业和文化财产等问题指南中的条款考虑进来。这些措施既能够保证企业或项目符合国际金融公司对风险的相关要求,又有助于汇丰银行推进赤道原则的实施,同时为其他银行提供了可供借鉴的经验或成熟的模式。汇丰银行除了积极推动绿色金融产品的创新以及大力支持"绿色丝绸之路"的发展,还积极推广绿色金融,致力于成为绿色金融的践行者和倡导者。2017 年 11 月,为应对气候变化、支持所在社区实现可持续发展,汇丰银行计划于 2025 年之前为可持续发展项目提供 1 000 亿美元的融资,并作出 5 项相关的承诺。汇丰银行高度重视绿色发展方面的信息披露,每年都会进行相关信息的发布。2018 年 4 月,汇丰银行根据前期在可持续融资和投资领域的承诺和取得的进展发布了《环境、社会及治理报告》。2018 年 6 月,汇丰银行作为独家牵头安排银行、绿色结构顾问,协助北京京能清洁能源电力股份有限公司完成了首笔中资企业在香港地区发行的绿色银团贷款交易,首次构建并启用了"绿色金融框架"。此次交易吸引了 25 家中、外资银行参与其中。

(五)瑞穗银行

日本瑞穗银行于 2003 年 10 月宣布采纳赤道原则,成为亚洲第一个正式加入赤道原则的金融机构。2006 年,瑞穗银行在国际结构金融部下设立了持续发展部(Sustainable Development Department)。该部门承担着向银行宣传赤道原则的职责,而且改变了银行项目融资审批流程。瑞穗银行对项目融资建立了完整的审批流程,并对银团贷款和项目融资服务制订实施赤道原则细则,建立指标列表,包括环境、健康和安全指引等几个方面,以对项目进行环境和社会评估。可持续发展部门会依据"行业环境清单"对项目开展严格审查,并将结果提交信贷部门,同时要求各个网点制定包括环境保护在内的社会责任计划。瑞穗银行的项目融资审批程序包括三步:一是尽职调查。按照项目对环境影响的大小把项目分为 A、B 两类。二是制定具体融资方案。内容涵盖环境和社会影响,并与客户进行沟通协商。三是持续监督。协议签订后,其会对客户遵守赤道原则的情况进行监督,并及时向社会披露信息。除了对客户进行严格要求外,瑞穗银行在日常管理中也注重节能环保,要求员工平时办公节约能源,保护环境,如尽可能采用电子化办公、双面纸打印等。近年来,瑞穗银行致力于与中国银行合作实施赤道原则,其模式对中国的商业银行而言更有参考价值。为了快速开展绿色金融业务,瑞穗银行与各国政府开展合作,如在中国于 2010 年与天津经济技术开发区管委会开展合作,协助其引进先进的环保技术,促进其节能环保业务的开展。瑞穗银行的生态发展模式可以简单总结为小公司向大公司提供碳排放指标,反过来大公司向小公司提供节能环保技术、资金或设备,银行向相关项目提供融资服务,从而使各方的信息可以共享,降低项目运营的风险。

(六)亚洲开发银行

亚洲开发银行(简称 ADB)在制定的中长期发展战略中明确承诺支持其发展中成员国实现环境方面的可持续发展,并提出将加强自然资源和生态环境的管理作为战略目标之一。ADB 以扶贫为目的,其长期战略框架把环境的可持续性作为经济发展的前提条件。ADB 的融资的环保框架包括环保政策、经营手册、环境评价指引三个部分,其经营手册对环保政策和具体操作程序作了详细的规定,ADB 的环境评价指引则描述该行对环境评价所要求的程序和实质性要素。ADB 制定了完善的环境评估和审查程序,要求所有的融资项目都要进行环境评估,根据项目对环境的影响将其分为 A、B、C 三类。A 类为环境敏感类项目,需要进行更进一步环境评估和可行性研究,并要求评估报告提前 120 天提交董事会审议。ADB 的融资项目需要提前出台环保措施,还需要对非涉密的项目信息进行披露,使融资行为受到利益相关人和非政府机构的监督。根据 ADB 的长期战略框架《2030 年战略》,结合"里约＋20 峰会"(联合国可持续发展大会)和《联合国 2030 年可持续发展议程》的相关要求,该行在 2013—2020 年和 2016 年的可持续发展报告中提出了明确的环境目标。据其绿色战略的规划,ADB 自 2015 年开始发行绿色债券。至 2018 年 7 月,ADB 已发行 17 只绿色债券,总额约 58 亿美元。

（七）欧洲投资银行

欧洲投资银行(简称 EIB)成立于 1958 年,其宗旨是利用国际资本市场和欧洲经济共同体内部资金,促进欧洲经济共同体的平衡和稳定发展。EIB 于 2007 年发行了全球第一只"气候意识债券"。该债券为 5 年期,总额 6 亿欧元,AAA 评级,收益与某股票指数挂钩,无固定息票率,投资于可再生能源和能效项目。该行绿色债券的发行需要包括国际气候与环境研究中心、气候债券行动组织和毕马威在内的专业的第三方进行环境评估和认证,出具"第二意见",以判断项目是否符合绿色标准,并评估项目的环境收益。这种做法提高了绿色债券信息披露的透明性,降低了投资者对债券的信息不对称程度,进而降低了风险溢价,增加了绿色债券的吸引力。

EIB 将环境和社会责任纳入其所有业务活动,以确保其业务活动适当的治理、透明度和责任制,确保其贷款活动与欧盟的政策目标保持一致。EIB 要求所有项目进行环保评估,除了注重本身与所在区域的互利关系,还尽可能减少自身导致的环境负担,从而有效促进正外部性和可持续性。为了实施国际最佳社会责任实践,该行开展了融资减排业务和碳金融业务。前者是将资金投向再生能源、改善能源效率以及清洁能源等投资项目,达到减少排放温室气体的目的;后者则主要依靠 EIB 成立的欧洲能源效率基金、清洁能源基金、能源援助基金和玛格丽特基金等投资于节能环境项目,提高新能源的使用比率,降低能源损耗,减少温室气候排放。EIB 先后为 130 多个发达国家和发展中国家的可持续发展项目提供了融资支持。2018 年,EIB 气候相关投资总额达 57 亿美元,占其资金总额的 25%,气候相关投资总额位列多边开发银行首位。EIB 承诺于 2020 年将气候相关投资与投资总额占比提升至 35%,并积极创新融资机制,开发创新金融工具,以吸引更多的社会资本流向气候投融资领域。截至 2018 年末,EIB 累计发行绿色债券金额已达 239.72 亿欧元,其中 2018 年发行 45.19 亿欧元,为 52 个国家的 265 个气候融资项目提供了融资支持。EIB 于 2018 年发行了首只可持续意识债,该只债券募集资金 5 亿欧元,主要针对废水处理、水供应和洪水防治领域,丰富了国际贴标债券市场,引领全球绿色债券市场不断升级发展。

（八）国际复兴开发银行

国际复兴开发银行(简称 IBRD)隶属于世界银行,是全球最大的开发银行,拥有 189 个成员国。IBRD 通过向中等收入国家和信用良好的低收入国家提供贷款、担保、风险管理产品和咨询服务以及协调各方应对地区性和全球性挑战的行动来支持世界银行集团完成其使命。IBRD 是全球绿色债券市场的先驱和最大发行者,于 2008 年发行了第一只标明为绿色债券的债券,主要支持能效提高和可再生能源的发展。该行发行绿色债券出于三重考虑：一是回应斯堪的纳维亚国家养老基金希望通过一个简单的固定收益产品支持气候项目的要求；二是支持世界银行气候融资创新战略，吸引可持续和负责任投资者的关注；三是以气候变化的减缓和适应项目为重点，增加投资者和金融界的环保意识。① IBRD在绿色金融领域采取了系列行动，包括向全球范围内兼向机构和零售投资者发行绿色债券和编写发行文件等，并就多边开发银行对绿色债券的影响进行了探索。②

（九）其他

随着可持续发展越来越受到重视，以及绿色金融的兴起，一些国际知名的主流金融机构和组织开始逐渐引入绿色金融的理念，发布一些相关指数或文件，合作开发或建立一些服务或交易平台（见表8-5）。

表8-5 国际知名金融机构和组织实践绿色金融内容

年份	国际知名金融机构和组织	内容
1990	Kinder Lynden-berg Domini & Co.(KLD)	发布DSL 400社会指数，数据来自400家美国的"可持续发展"企业
1992	Ethibel（比利时的一家独立研究和咨询机构）	发布Ethibel指数，包括200家企业
1993	美国证券管理委员会（SEC）	要求上市公司从环境会计的角度对自身的环境表现进行实质性报告
1997	英国特许注册会计师协会（ACCA）	发布"环境报告和能源报告编制指南"
1997	国际会计师联合会（IFAC）	颁布"财务报表审计中的环境事项之考虑"征求意见稿
1999	道琼斯指数（DJSG）	发布DJSG指数，数据来自琼斯全球指数环境变现分类排名前10%的企业，该指数考察上市公司的财务绩效和环境绩效
1999	世界资源所（World Resources Institute）	发起"新风险投资"项目并得到花旗集团的资金支持，专注于投资新兴市场经济体环境行业中的中小企业
2001	富时指数	推出了富时社会责任指数（FTSE4GOOD）
2007	标准普尔公司	推出包含30个主要清洁能源公司股票的标准普尔全球清洁能源指数

① World Bank, "What are Green Bonds?", https://openknowledge.worldbank.org/handle/10986/22791.
② 资料来源：《世界银行2016年度报告》。

续表

年份	国际知名金融机构和组织	内容
2009	纳斯达克证券交易所	推出跟踪50余家美国清洁能源上市公司的纳斯达克美国清洁指数
2008	纽约-泛欧交易所与法国国有金融机构信托投资局	共同建立的二氧化碳排放权的全球交易平台——Blue Next开始正式运作，这是《京都议定书》碳排放配额的首个交易平台
2010	英国特许公认会计师公会（ACCA）	国际综合报告委员会(IIRC)成立，建立全新的企业年报架构，使其能描述企业财务资本、自然资本、社会资本等的变动，以期更加综合地反映企业的价值
2011	美国标准普尔公司	与点碳咨询公司合作开发了一项服务，标准普尔根据点碳咨询提供的数据，对减排项目进行1—6级评级
2013	国际综合报告委员会(IIRC)	发布具有里程碑意义的《国际综合报告框架》
2015	气候变化资本集团	从事全方位的绿色产业投融资业务，其私募股权部门只投资于500万至2 000万欧元规模的公司，行业集中于清洁能源、绿色交通、能源效率、垃圾处理和水务

资料来源：http://www.wri.org/project/new-ventures; http://www.climatechangecapital.com/private-equity/investments。

八、主要启示

人类只有一个地球，为了防止生态环境进一步恶化，主要国际组织越来越多地参与推进绿色金融发展。中国是全球最大的发展中国家，虽然经济体量全球第二，但人均水平还远落后于发达国家，面临的发展任务还很重。国际组织是由多个国家共同参与组成的协调跨国经济社会发展的机构，虽然在生态环境方面存在共同的目标，但不同利益群体之间存在博弈。从熟悉和适应国际规则到主动参与规则制定，保护自身的合法权益，中国政府、金融机构、企业和其他与此相关的组织还有很长的路要走。联合国、世界银行、经济合作与发展组织、国际资本市场协会和气候倡议组织、世界交易所联合会、欧盟、国际性金融机构等在绿色金融的发展方面进行了相关探索，形成了部分文件和决议，提供了部分一致认同的规则、方法和技术，对中国的绿色金融发展具有一定借鉴价值。中国部分银行借鉴这些国际组织的做法，引入"赤道原则"等先进做法,解决绿色金融发展中激励不到位的问题,促进企业和其他机构进行社会、环境和治理信息披露,为绿色金融在中国的快速发展奠定了基础。当然,中国除了学习绿色金融已有的先进经验之外,还应该主动与国际接轨,掌握绿色金融运行机制,积极进行绿色金融产品和机制创新,主动参与国际绿色金融行业规则制定和承担环境保护责任,保护中国合理的发展权益。借助"一带一路"倡议,中国全力推动各国构建人类命运共同体,绿色金融成为可供利用的主要手段之一,可在合理的全球治理框架内,加大对发展中国家节能环保技术项目的投资,共同减少碳排放,减缓温室气体排放,保护生物多样性。

第二节 主要国家绿色金融最佳实践

一、美　国

美国及其金融机构绿色金融可持续发展的实践始于20世纪70年代。此后,美国从法律法规体系、市场体系和政策体系三个方面逐步完善美国的绿色金融体系,推动美国发展低碳经济,实现经济、社会和环境的良性互动发展。

(一)完善绿色金融法律体系

美国是全球最大经济体,历史上经历了多次环境污染事件,实践证明,仅仅依靠市场无法治理污染问题。1980年,美国发生了爱河事件,之后出台了"超级基金法案",自此美国开始走上绿色金融的立法之路(见表8-6)。

表8-6 美国绿色金融体系建设历程

年份	环保事件及出台的法律规范
1980	出台《综合环境响应、补偿及责任法案》,建立名为"危险物质应对信托基金"(The Hazardous Substance Response Trust Fund)的财政基金,用于自然损失的恢复和受害者补偿。由于该基金的庞大资金规模,其被称为超级基金。相应地,该法案也被称为超级基金法案
1986	马里兰地区法院起诉马里兰银行信托公司持有借款人用于清偿的物业,且拒绝环保署(EPA)要求其清理污染物的提议,结果胜诉,被告需偿付EPA用于清理的成本
1990	车队金融(Fleet Financial)公司因接受其贷款客户抵押的治污设备,导致法院裁定其"有削减客户环境保护能力从而导致环境污染的倾向",并处于其罚金

续表

年份	环保事件及出台的法律规范
1990	通过《清洁空气法案修正案》,首次提出了排污权交易制度的设想,并制定了相应的法规,为排放权进行市场交易提供了制度准备
2007	制定了《低碳经济法案》,确定低碳经济为美国未来发展的重要战略选择
2008	把挖掘传统能源潜力、提高能效技术、发展清洁能源作为美国未来经济新增长点,"绿色新政"即"绿色复苏计划"启动,加大了政府在低碳产业的财政投资和减税力度,大量资金投入环保和能源领域
2009	提出《2009年美国绿色能源与安全保障法案》,首次量化提出美国减排目标:到2025年温室气体排放量比1990年减少26%—28%。这构成了美国向低碳经济转型的法律框架
2009	提出《瓦克斯曼-马基法案》,在各个行业推广节能环保观念;《能源与环境计划》宣布其后10年将投入1 500亿美元支持绿色能源;《复苏与再投资法案》同意投资7 870亿美元发展新能源;《清洁能源与安全法案》规定美国有权对包括中国在内的不实施碳减排限额国家的进口产品征收碳关税
2013	发布《气候变化应对计划》
2014	发布《削减甲烷排放计划》
2015	发布《中美气候变化联合声明》

每一次环境事件或环境诉讼都会推动绿色金融立法,除了联邦,各州也都出台了一系列绿色金融的法律法规,完善绿色金融制度建设,规范包括政府、企业和金融机构在内的各市场主体的行为,取得了良好的经济与环境效应。

(二)完善绿色金融政策体系

美国是发达的市场经济国家,但基于绿色金融的外部性,美国成立专门机制,制定专门政策,以支持绿色金融的发展。

美国环保署(EPA)与各州政府共同建立监督与合作协调机制,以实现跨部门、跨地区的环境管理。1970年,美国环保署专门成立了环境金融咨询委员会,并在全国建立了环境金融中心,两者分工合作,形成了为大至联邦政府、小至社区的环境治理提供环境金融服务的无缝网络。

在理念方面,美国出台了一系列加强公民环保意识的宣传教育政策,旨在鼓励绿色产品和服务的购买,并促进企业进行绿色产品生产,以及金融机构发放绿色信贷和其他绿色金融产品,初步形成了绿色金融政策的实施框架。

在行业政策方面,美国要求企业和金融机构树立融资环境意识,关注企业的环境债务问题,鼓励金融机构向绿色企业和项目进行融资。近半数美国银行因担心企业出现环境问题而终止贷款。美国进出口银行根据世界银行发布的《污染防治和消减手册》制定了《环境评价程序和指导方针》,要求各类项目贷款都要进行环境影响评估。2003年12月,包括美国在内的OECD国家达成协议,出口信贷机构采用《共同方法》,对于超过1000万美元的融资项目要依据对环境的影响进行分类,并要求申报人提供完整的"环境审查报告"。美国银行业还依据世界银行《污染防治和消减手册》和赤道原则等在内的多个标准建立了核心业务的环保激励机制,推动环保项目的投融资工作。

在财政和税收政策方面,美国联邦政府利用财政投入、强制性手段、投资税额减免优惠和免税债券计划等措施推动绿色金融的发展。美国对于可再生能源开发利用的投资给予税收优惠,对推广新能源的基础设施建设的公司债券的投资者豁免联邦所得税,加大对环境监测执法、清洁技术发展、污水处理及固体废弃处置场建设等的财政投入。2009年,美国制定了应对国际金融危机的联邦经济刺激方案,强调了对可再生能源技术和电力传输技术的贷款担保。

(三)完善绿色金融市场体系

为了促使绿色金融外部性内部化,美国出台一些行业标准和措施,完善绿色金融市场体系,形成有效市场激励,从而推动绿色金融的发展。美国绿色金融市场体系的构建包括专门成立绿色银行、完善绿色经济发展与测度体系、实施伯尔第斯原则和创新绿色金融产品及服务等。美国在多个州注资成立独立商业化运作的绿色银行,推动公共资本与私人资本紧密合作。纽约绿色银行(NYGB)、康涅狄格州绿色银行(CEFIA)、新泽西州能源适应力银行(ERB)等,通过贷款、担保、证券化、保险和投资组合保险等形式投资或支持可再生能源、能效和低碳技术项目。

为了更好推动绿色金融的发展,美国制定了一系列市场标准和测试体系。1978年以来,美国加州制定一系列节能政策及提高建筑和电器的能效标准。加州在2006年通过了全面控制温室气体的排放计划,2009年又推出"加州绿色创新指数",基于科学统计、科学分析和科学监测等手段,逐步形成了科学标准,引领全社会追求新的能源效率和清洁能源技术创新,从而减少排放,推动节能环保事业的发展。美国CRERES投资集团于1989年发布伯尔第斯原则,并用控股的形式对环境密切相关企业和公司进行渗透,敦促企业遵循伯尔第斯原则,每年向CERES投资集团提交环境报告。CRERES投资集团统一设置报告内容的格式且对年度报告进行比较和分析,以此作为投资决策依据。

创新绿色金融产品和服务是促进绿色金融发展的必由之路。绿色金融产品主要包括绿色信贷、绿色债券、绿色基金、绿色保险、绿色金融衍生品及碳金融产品。美国是世界上社会责任投资(SRI)发展最早和完善的市场,绿色金融创新也最为积极和高效。美国成立了全球首只绿色投资基金 Calvert Balanced Portfolio A。1987 年,美国成立了清洁水州周转基金,2000 年又设立"绿色城市基金"。这些基金对环保基础建设发挥重要作用,主要通过低息甚至无息贷款的方式为环保项目提供资金支持,偿还的资金本息再滚动进入资金池,实现了资金的可持续供应,并撬动大量社会资本投入环保基础设施。

为了解决绿色项目融资的期限问题,美国的一些金融机构进行绿色资产证券化。如花旗集团旗下的风投机构 CVCI 发起了可持续发展投资项目(SDIP),向可再生能源、水资源管理、清洁技术、能效管理和碳市场等领域的项目进行股权投资。花旗银行还对可再生能源技术的贷款担保,撬动大量的民间信贷资金流入清洁能源产业。美国银行系统是绿色金融的中坚力量,投资银行、金融控股公司、投资管理公司、会计师事务所、律师事务所和公司信用等级评估机构等其他各类机构也为包括新能源和节能环保产业的融资提供便利。美国的绿色金融创新市场主体很多,金融产品种类非常丰富,引导金融资源向节能环保产业配置及消费者购买节能环保产品(见表8-7)。

表 8-7 美国绿色金融产品的创新

发行人	产品种类	产品属性	产品描述
花旗银行	住房抵押贷款	结构化节能抵押品	2004 年推出的专门针对中低收入顾客的结构化节能抵押产品,将省电等节能指标纳入贷款申请人的信用评分体系
	房屋净值贷款	便捷融资	与夏普电气公司签订联合营销协议,向购置住房太阳能技术的客户提供便捷融资
	私募股权	可持续发展投资计划	在风能、太阳能和生物燃料等领域进行私募股权投资
	信贷产品	碳融资与排放交易	银行提供股权、贷款及/或预付款或货到付款,从清洁发展机制和联合履约项目购买碳信用
美国新能源银行	商业建筑贷款	优惠贷款	为商业建筑或多单位住宅领域内的绿色领先项目提供贷款优惠
	房屋净值贷款	一站式太阳能融资	"一站式太阳能融资",25 年期,相当于太阳能面板的保质期

续表

发行人	产品种类	产品属性	产品描述
美国银行	房屋净值贷款	贷款捐赠	根据环保房屋净值贷款人申请使用 VISA 卡消费金额,按一定比例捐赠给环保组织
	运输节能贷款	小企业管理快速贷款	支持小企业投资节油技术、购买节油的 Smart Way 升级设备以降低汽车尾气排放
	绿色信用卡	支持绿色商品	持卡人可将 Visa World Points 的奖金捐赠给投资温室气体减排的组织,或用来兑换"绿色商品"
	私募股权	保护森林和生态多样性	侧重于森林保护和生态多样性保护的私募股权,融资用于购买生物敏感性土地以及实施可持续森林保护实践与管理
	绿色债券	支持可再生能源业务	于 2013 年 11 月发行的 5 亿美元的绿色债券,旨在支持银行的可再生能源、提高能效业务
富国银行	商业建筑贷款	第一抵押贷款	为 LEED 认证的商业建筑项目或住宅建筑项目提供第一抵押贷款和再次融资
加州消防员基金保险公司	建筑/房屋保险	"绿色"险种	绿色建筑置换和更新险种。产品覆盖与可持续建筑行业相关的特殊类型"绿色"风险
通用汽车保险公司	购车保险	投保优惠	为混合动力及节能型汽车提供 10% 的优惠
美国国际集团	担保/保险	碳排放交易	与达信保险公司推出了碳排放信贷担保及其他新的可再生能源相关的保险产品,让私营公司参与抵减项目和碳排放交易
美国太平洋海滨银行	环保项目贷款	生态存款账户	为个人客户开立与环保项目贷款挂钩的生态存款账户,存款指定用于向当地能效企业发放贷款
美国摩根大通银行	私募股权	可再生能源投资项目	为风力发电、生物、地热和太阳能等可再生能源项目筹集股权资本
Mid America Enercy's Solar Star	绿色债券		金额为 10 亿美元,22 年期,票面利率为 5.375%,信用评级为 Baa3 (Moody),用于建造世界上最大的太阳能装置

续表

发行人	产品种类	产品属性	产品描述
美国太阳能发电系统提供商 Solar City	绿色债券		金额为 0.702 亿美元,票面利率为 4.59%,8 年期,信用评级为 BBB+,用于为居民安装太阳能板系统
	资产抵押证券化产品	光伏发电资产证券化	发行金额为 5 442 万美元的太阳能屋顶光伏发电资产抵押证券化产品,成为全球首单光伏发电资产证券化案例
康涅狄格州清洁能源银行	绿色债券		以州政府特殊资本储备基金为担保,发行 5 000 万美元绿色债券用于海上风力发电和能源效率改进
马萨诸塞州	绿色债券		2013 年 6 月自主发行的第一个免税的、总值 1 000 万美元的 20 年期绿色债券,以支持环保基础设施建设
佛罗里达州房地产投资信托公司	绿色债券		2014 年 5 月发行的 2.5 亿美元的绿色债券
夏威夷州商业、经济开发与旅游局	市政债券		2014 年 11 月发行的规模达 1.5 亿美元的 AAA 级市政债券,用于支持绿色能源市场证券化项目

美国在碳金融市场占有举足轻重的地位,是最早实施温室气体排放交易制度的国家。美国芝加哥气候交易所(CCX)于 2003 年成立并以会员制开始运营,是全球第一个自愿性参与温室气体排放配额交易市场,也是对减排量承担法律约束力的组织和市场交易平台。美国东北和中大西洋地区的 10 个州参加的《美国区域性温室气体减排立法提案计划》(RGGI)为完善碳金融市场发展提供了制度保障,是一个区域性的二氧化碳排放总量控制及配额交易框架。美国银行按照规定成为碳交易的主体,为节能环保企业提供资金支持,并在二级市场上充当做市商,为市场提高流动性,保证碳交易和其他金融衍生品正常交易。基于碳排放配额和核证碳减排量不断衍生出新的绿色金融产品。这些金融衍生品成为企业和其他金融机构进行风险管理的工具。

二、英　国

20 世纪 30 年代到 60 年代,由于环境保护严重滞后于经济发展,英国历史上出现了很多震惊世界的环境污染事件,例如 1952 年的伦敦烟雾事件。随着人们环保意识的增强和政府对环保的重视,英国成为绿色金融发展的重要推动力量。2003年,英国以《我们未来的能源:创建低碳经济》白皮书的形式提出了低碳经济的理念,建立了温室气体排放交易制度,并提出了气候变化税、碳基金等激励措施,为世界绿色金融的发展提供了诸多可借鉴的经验。英国围绕绿色金融进行了法律制度和市场制度建设,出台各项政策,设立政策性投资银行,鼓励绿色金融产品创新,成为绿色金融领域的先行者。

英国的绿色金融法律法规建设起步于1956年,经历了半个多世纪的努力,已经形成相对完备的法律法规和政策体系(见表8-8)。伦敦烟雾事件后,英国推出了《清洁空气法案》,大规模改造居民传统炉灶,推广使用无烟煤、电和天然气,冬季采取集中供暖、发电厂和重工业外迁等措施,以减少烟尘污染和二氧化硫排放。21世纪以来,英国立法的重点集中在节能和减排两个方面,突出了新能源和可再生能源的应用,并开始通过碳市场交易方式降低温室气体排放。

表8-8 英国绿色金融法律法规和政策体系

年份	政策法规	主要内容
1956	清洁空气法案	大规模改造居民传统炉灶
1989	电力法案	通过非化石能源义务(NFFO)和苏格兰可再生能源义务(SRO),支持可再生能源。对化石能源征税
2000	气候变化项目	确立英国和国际层面气候变化政策及优先级
2001	气候变化税(CCL)	气候变化税取代化石能源税
2002	可再生能源义务(RO)	RO取代NFFO和SRO,成为首要的可再生能源政策工具
	能源效率承诺(EEC)	要求国内能源供应商提高能效
2007	持续家庭法案	房屋设计建造过程中的能源、水、材料及废弃物标准
2008	气候变化法案(CCA)	2050年较1990年减排80%,允许碳交易和碳抵消
	碳减排目标(CERT)	取代能效承诺(EEC),更加关注实质性的家庭节能措施
	可再生交通燃料义务(RTFO)	提高公路可再生能源使用比例
	能效证书(EPS)	楼宇建造、出售、租赁过程中的能效证书
	碳抵消交易出售者最佳行动指南草案	增加消费者对碳抵消交易产品环保性及其价值的信心

续表

年份	政策法规	主要内容
2009	社区节能项目(CESP)	贫困地区实施能源属地和全屋能效办法管理
2010	碳减排承诺及能源效率方案(CRC EES)	涵盖了未受到欧盟或其他协议覆盖的排放企业和机构
	发电补贴政策	面向小规模可再生能源发电补贴政策
	碳捕获和储存(CCS)示范项目	政府融资10亿英镑在英国示范CCS项目
2011	碳计划	政府的国内外碳减排计划,包括远景、计划和时间表
	最低碳价制度(CPF)	财政大臣乔治·奥斯本将CPF纳入预算演讲
2012	可再生能源供热激励(RHI)	给2009年7月15日后安装可再生能源供热装置提供经济支持
2013	气候变化协议(CCA)	减少气候变化税对高耗能企业带来的冲击
2014	安装智能电表	英国境内所有用户安装智能电表

资料来源:Climate change policy in the United Kingdom, LSE, 2011。

为了达到节能环保的目的,英国出台的部分文件具有强制性。如2007年的建筑能源法规要求2013年以后所有公共支出的项目、住房必须达到零能耗,2020年后任何私人的建筑都必须在达到零能耗。英国将低碳技术喻为第四次技术革命,力求在碳捕集和封存技术上成为全球商业化规模示范的国家之一,并成立基金,支持建立低碳技术项目。不仅如此,英国还专门针对气候进行立法。英国2008年出台的《气候变化法案》使其成为全球首个进行气候立法的国家。此后,英国针对低碳领域出台了多个战略规划和方案,并配套了包括气候变化税和温室气体排放交易制度等在内的保障措施。英国排放交易制度采用了基线与信用额度模式,最高排放基线由管理当局设定,期末实际排放量小于最高排放基线的公司获得信用额度,超标排放的公司提交信用额度,结算出差额才能交易。

以金融机构为代表的绿色金融主体进行金融创新,将环境与社会因素纳入企业评估系统和居民日常消费中,提高企业和居民的环保意识,并会同政府给予一定的奖励,提高企业和居民节能环保的积极性。英国政府自2011年开始补贴低碳汽车,鼓励人们购买达到安全指标和低排放标准的电动汽车等新能源汽车，车主可获得25%的车价补贴。金融服务社给房屋交易提供免费家用能源评估及二氧化碳抵消服务。巴莱克银行推出的"巴莱克全球碳指数基金"、汇丰银行推出的"汇丰环球气候变化基准指数基金"，均被用于低碳环保和新能源项目融资。巴莱克银行鼓励人们低碳旅游，推出可以抵减碳排放的绿色金融产品，呼吸信用卡用低利率鼓励消费者购买绿色产品和服务。Trucost公司提出了自然资本负债的概念，将环境污染成本进行量化，从而评估和反映长期被忽视的"外部性"规模。

在发行绿色债券方面，英国政府出台了"贷款担保计划"。该计划有助于降低发行人的利息成本，增加绿色债券的吸引力。例如，2014年8月，英国政府的基础设施基金为绿色生物发电项目提供4 850万英镑的债券发行贷款担保。在绿色保险产品方面，英国皇家太阳联合保险公司推出了"绿色车险"项目，为环保车型提供3%—15%的保费优惠，鼓励更多人购买环保汽车；英国保险业协会组织全国保险公司推出绿色保险产品，一旦污染发生，赔付内容不仅包括清理污染成本，还包括罚金、不动产价值损失、全部相关法律费用和医疗费用等。

设立政策性绿色投资银行是英国鼓励绿色金融发展的重要举措。2012年10月，英国政府成立了首家政府全资拥有、按市场模式运营的政策性绿色投资银行GIB。GIB董事会专门设立了绿色委员会，审查该行制定的政策和所开展投资活动是否符合GIB的绿色使命，并建立完善有效的评估体系，量化衡量该行的表现。该行有效解决了英国绿色基础设施项目融资中市场失灵问题，建立公共部门的投资信誉，吸引私人资本进入绿色环保项目，从而缩小了所需要投资与实际投资之间的差距。GIB采用稳健性、杠杆效应和绿色效应三个准则评估项目，确立海上风力发电、能效融资和生物质能作为三大优先投资领域，使投资者也能够从绿色环保项目中获得丰厚的利润回报，从而吸引和撬动更多社会资本进入环保领域。截至2015年11月，GIB已经出资23亿英镑支持了58个绿色基础设施项目，总交易额约为101亿英镑。

英国拥有发达的资本市场，通过将绿色理念导入信息披露、投资分析和融资等方面，绿色股票和绿色债券也因此获得了较快发展。2012年，伦敦政府要求在其证券交易所上市的公司全部提交温室气体报告，披露了温室气体排放情况。2014年，伦敦证券交易所加入了可持续证券交易所倡议(SSEI)，将环境信息披露纳入市场估值。英国金融时报综合指数中的英国公司都通过年报披露了本企业的环境信息及其影响。另外，英国政府还通过多项结构性激励措施，鼓励储蓄、养老金和企业可持续发展领域的投资。

三、日 本

日本是一个资源极端匮乏的国家,一直非常重视节能环境问题,并重视提高公众的节能环保意识和参与度,推出了多项推动绿色金融发展的政策,构建了完善的绿色金融法律法规体系,力促形成高效的绿色金融市场运行机制,鼓励绿色金融产品创新。首先,在观念上,日本一直倡导极简主义,鼓励公众低碳生活,节约能源,减少污染物排放,推动循环经济的发展。如日本建立了严格的垃圾分类制度,要求家庭必须将垃圾分类后才能送至垃圾回收站,没有分类的一概拒收。在产业结构方面,日本及早调整产业结构,将高耗能、重污染的产业转移至国外,国内则投入巨资推动节能技术的发展。凡是职工超过20人规模的工厂都受到环境专职人员的监管,如果发现偷排行为,则对其进行严厉的处罚,要求关停企业、支付赔偿金并引进环保设备。在法律法规方面,1997年,日本制定了《促进新能源利用特别措施法》,设立专门机构提供低息贷款及保证对绿色产业进行补助和支持。《环境事业团法》规定政策性银行和中小企业金融公库为环保型企业提供优惠融资服务,投资领域主要为3R研究开发、设备投资、工艺改进活动等。《土壤污染对策法》建立了土壤污染对策修复基金,资金来源主要为政府拨款和民间捐赠资金。在绿色保险方面,日本采用了环境责任保险,还建立了"公害"损害赔偿制度。

为了推动绿色金融的发展,日本成立了政策性投资银行,利用财政资金的杠杆放大作用,引导更多社会资金进入节能环保领域。日本政策投资银行是注册资本过100亿美元的日本大型国有银行,主要向对日本经济社会发展有利的项目提供长期资金支持,不与商业银行进行竞争,也不以盈利为目的,主要是肩负可持续发展的使命。其中,节能环保是其最重要的投资领域。为了促进企业投资环保领域,该行于2004年4月起实施根据环境评级结果选择投资对象及给予的贷款利率,向环境友好型企业提供融资服务。2006年,该行又根据京都议定书在环境评级中加入了控制二氧化碳等温室气体排放量的新评分点,凡是能够达到排放标准的,贷款可以享受"特别先进"最高级贷款优惠利率。日本环境省拨付财政资金对于"环境评级贴息制度"的框架下日本政策投资银行的贷款息差进行补偿,以鼓励政策性投资银行给予企业贷款利率优惠。该行在开展自己经营的节能环保绿色金融业务的同时加强与商业银行的合作,充分发挥政策银行的协调作用,给绿色信贷的发展创建了一个宽广的平台。此外,在绿色债券方面,2014年3月,日本丰田公司的Toyota Financial Services以汽车租赁的现金流为抵押,发行了第一款资产证券化形式的绿色债券,为消费者购买和租用丰田电动汽车、混合动力汽车和低排放汽车提供贷款。

四、德　国

德国是欧盟最大的经济体，也是绿色金融领域发展较好的国家。德国从经济发展理念、金融机构组织、财政税收政策和市场规则运用等方面推动绿色金融和环保事业的发展。德国一直在探索可持续发展模式，强调人与自然协调发展，借助生态经济和知识经济，在节能环保领域处于全球领先地位。德国致力于完善法律法规体系支撑绿色金融的发展，支持发展绿色经济，提高企业的国际竞争力。德国针对环境的法律超过 2 000 项，成为绿色金融发展的有力保障。如实施《能源节约条例》使其在建筑业使用节能环保建筑的最高标准——"被动式"建筑标准，基本实现建筑的"零能耗"。

绿色金融组织和机构是实施绿色金融战略的主体。德国于 1974 年成立了全球首家社会生态银行 GLS 银行，以期为生态和污染治理项目提供优惠融资服务。1988 年，德国又在法兰克福成立了世界第一家生态银行，为与自然和环境保护相关企业提供优惠信贷服务，以促进生物和生态事业发展。1994 年，德国的银行、储蓄所和保险公司成立了环境管理协会，成员定期交流信息，致力于解决共同的问题，以期简化程序并确保在客观性原则指导下实施环境战略和发展环境管理工具。德国采取废物收费和废物处理产业化政策，要求居民和企业交纳垃圾回收和处理费用，不仅增加了处理垃圾的经费，而且也提高了垃圾的回收和利用，减少了垃圾的数量。

财政税收是政府常用的支持绿色金融发展的手段。德国于 1998 年在波恩制订了"绿色规划"，在国内工业经济和金融投资中将生态税引进产品税制改革。同时，德国也应用财政补贴的手段加强正向激励，以促进更多金融机构向节能环保企业和项目提供融资服务。生态税的起用有利于政府引导企业自行采用先进的工艺和技术，引导企业减少不可再生资源的使用，达到改进消费模式和调整产业结构的目的。《饮料容器实施强制押金制度》等政策意在让消费者提高包装物使用成本，自觉形成回收利用的习惯，提高了包装物循环利用的比率。德国是绿色信贷政策的发源地，通过生态银行为从事生态保护、建设循环经济和鼓励绿色制度的企业提供优惠融资服务，运用资本市场和商业银行来实施对环境项目的金融补贴政策，最大效率地发挥政府补贴资金的作用。德国政府为参与节能环保融资的金融机构提供贴息，金融机构根据微利的原则适当调整利率，通过其金融产品或者服务向市场提供融资，支持环保、节能和温室气体减排等绿色项目。政府为了绿色金融资源高效配置，只负责提供贴息和制定管理办法，而不对业务的开展进行直接干预，从而保证了资金使用的效率和公平。

德国的绿色金融市场体系建设起步较早,绿色信贷、绿色债券和绿色基金等金融产品都已相对成熟,持续的环境报告保证了绿色金融的顺畅发展。德国西德意志州立银行参与起草并率先实施了"赤道原则",随后德累斯顿银行和裕宝银行等多家德国银行都成为"赤道银行"。这些银行在项目评估时会着重考虑社会和环境风险,环境敏感类项目要交由第三方专家向受影响的群体征询意见,以确保整个运行机构的透明性。德国发行的绿色债券都用于节能环保领域,如可再生能源项目。绿色基金的普通投资者可以免交资本利得税且获得个人所得税优惠。德国的多家金融机构自2001年就开始每年进行环境报告,不仅满足了外部投资者和监管部门的要求,也对公司内部产生正向推动作用,引领公司员工完成目标和承诺,加强公司环境治理,减少环境风险。

五、其他国家

荷兰也是较早引入赤道原则的国家之一,绿色经营的理念已经深入荷兰各金融机构的管理。荷兰银行根据自身特点和区域差异,制定了绿色金融政策,积极开展绿色金融业务,创新绿色金融产品和服务,并构建了环境数据库,用于研究环境给企业生产经营带来的风险,以此作为其发放贷款数量及利率的依据。荷兰政府利用银行的中介地位鼓励发展绿色金融,建立了绿色基金计划,为绿色基金提供融资服务。绿色基金计划包括三个部分,即绿色项目、绿色机构和税收优惠。荷兰的大多数银行都被认证为绿色银行,可以发放绿色债券或吸收存款;投资绿色项目的投资者和储户可以享受税收优惠减免,绿色项目也可从绿色银行得到较低利率贷款。荷兰提出并应用的绿色金融理论为四阶段理论,即金融机构可以根据其对可持续发展的态度分为四个阶段:抵制、规避、积极和可持续。多数发达国家已跨越第一阶段,正由第二阶段向第三阶段过渡。此过程中的主要表现是绿色金融产品不断被创新。荷兰银行还为碳交易买卖双方搭建交易平台,并设立挂钩气候变化与环境指数的基金,推出收益与气候和水资源联动的理财产品,并设立低碳加速器基金,用以投资在低排放和高效能方面有较大潜力的未上市公司。

韩国政府对发展绿色经济给予相当大的支持,出台一些政策性战略文件支持绿色增长,设立多种绿色基金支持绿色产业的发展,并利用舆论引导国民树立绿色意识,以此保障绿色金融的发展。韩国于2008年出台了《低碳绿色增长战略》,计划每年投入GDP的2%的资金支持绿色金融发展,并配套推出相关的绿色金融政策保证绿色金融顺利开展。韩国在金融危机过后开展了"绿色国民运动",引导国民树立环保意识,鼓励绿色出行。韩国投入巨资进行全国生态基础设施建设和低碳技术开发。韩国于2010年公布的《低碳绿色增长基本法》将实施低碳绿色增长战略上升到法律层面。绿色发展基金和绿色中小企业专用基金等能为绿色产业的发展提供引导和支持,政府对绿色产业比例超过60%的产业投资基金给予分红收入免税等优惠政策,为银行的环保企业长期低息贷款提供担保和补贴。韩国还注重绿色金融人才的培养,根据节能环保产业的不同特点,实施针对性的专业从业培训。通过各类培训计划,韩国可创造近百万个绿色工作岗位,以实现同时解决绿色成长与失业问题的目标。

法国也是欧洲绿色金融发展的主要推动者之一,一直致力于绿色金融产品的创新。2011年7月开始,法国在欧洲带头实施了"碳标签"制度,要求在法国销售的产品必须披露各生产环节的碳含量。为鼓励和支持碳相关产品顺利交易,法国储蓄与信贷银行与Power next交易所合作建立了碳现货交易平台。法国不同的市场主体近几年发行了多只绿色债券,用于支持新能源、可再生能源、节能环保基础设施等绿色产业和项目。法国通过立法要求机构投资者进行详细的环境信息披露,使所有者和公众可以通过这些信息判断金融机构的绿色表现。法国还发行了巨灾债券,用于为自然灾害带来的风险提供辅助资金,其收益明显高于行业平均收益,吸引了巨量资金。法国总统马克龙于2017年7月8日在德国汉堡宣布,将于同年12月12日在巴黎举办峰会以推进《巴黎协定》的执行。

丹麦高度重视公众低碳城市意识的引导和培养,通过国家的各种组织和个人经常举办低碳公益活动,甚至在教学大纲中也加入了气候的相关内容。丹麦政府为了鼓励绿色产业的发展,出台了一系列政策,并利用了财政补贴手段,以期提高绿色产业的收益,吸引更多的社会资本进入该领域。丹麦在风能发电中采取了"私人投资与家庭合作投资"模式。投资主体风机合作社的股份主要由当地投资者持有,促使风能获得公众认可,激发了投资热情。丹麦对风能发电采取了定价优惠,进一步提高了该项目的预期收益。除此之外,丹麦还对生物质发电给予财政补贴激励,在一定程度上提高了绿色金融的收益,提高了金融机构开展绿色金融业务的积极性。

澳大利亚于2001年8月通过了对《金融服务改革法案》的修订,要求金融机构公开披露有关劳工标准、环境保护、社会或道德的因素在选择、保留或实现投资中被考虑的程度和范围的报告。2003年,澳大利亚的新南威尔士温室气体减排体系开始运营,电力零售商和电力使用大户被强制要求在体系中购买项目活动产生的温室气体减排核证,以达到减少温室气体排放的目的。澳大利亚的碳金融部门推出的碳基金,专门投资温室气体减排项目或在碳交易市场从事碳信用交易。此外,澳大利亚金融机构结合市场需求,推出针对企业、个人和家庭的绿色信贷,并为节能环保和新能源项目提供融资。

全球多个国家都意识到资源环境与经济社会发展的矛盾,并先后采取多种措施发展绿色经济,其中绿色金融成为大多数国家的首要选择(见表8-9)。

表 8-9 多个国家绿色金融进展及举措

国家	绿色金融发展举措或进展
瑞典	为环保项目提供信用升级担保及绩效担保,发行绿色债券,推出了全球变暖指数、世界排放指数、和谐全球生物燃料指数等绿色金融产品;2017年宣布采用赤道原则
波兰	组建环保银行,重点支持促进环保的投资项目。2016年12月20日发行了7.5亿欧元绿色主权债券,用于一系列可再生能源、交通、可持续农业和森林项目
立陶宛	1998年开始实施"NEFCO-APINI授信额度",促进清洁生产项目融资
哥斯达黎加	政府发行碳债券以及贸易抵消证给外国投资厂商,有效保证期为20年。国外投资者可利用此凭证抵免其在本国需要减少的二氧化碳量
印度	可再生能源署自1987年起向可再生能源项目及能效项目提供绿色信贷;2015年2月,印度YES Bank首次为可再生能源项目成功发行100亿印度卢比的绿色债券;进出口银行随后为可再生能源和交通项目发行5亿美元的绿色债券;2016年1月,通过了绿色债券发行和上市的披露要求
泰国	设立能效循环基金(TEERF),向银行提供全额追索及零息率的信贷额度,以不高于4%的利率发放能效项目贷款;2011年,政府资本参与设立碳基金,主要投资清洁能源项目和从事碳交易
加拿大	推出了清洁空气汽车贷款,向所有低排放的车型提供优惠利率;为一家温室气体排放公司进行IPO;2014年1月发行了绿色债券,为空气、水和土壤的保育、保护和修复项目和气候变化减缓项目提供直接贷款
巴西	成立绿色债券发展委员会;在欧洲发行了第一只价值5亿欧元的绿色债券;对风电项目融资的债券实行免利息税的政策
墨西哥	推出"绿色债券"板块,以支持绿色债券在本地的发行和上市,用于建设绿色机场过程中的能效、水污染防治和其他方面
爱尔兰	推出了为履行废物处理承诺而发放的贷款支持融资
比利时	加入气候和清洁空气联盟(CCAC);采用最佳可用技术减少工业部门的排放;取消了生物可降解垃圾的填埋
挪威	2015年,太阳能公司发行了5亿克朗的3年期绿色债券

六、主 要 启 示

  不管是欧美发达国家,还是发展中国家,过多的人口及不断增加的消费加剧了人与自然的矛盾,通过绿色金融促进绿色经济的发展成为缓解地球生态环境恶化的主要手段之一。发达国家绿色金融发展已经积累了丰富的经验。美国已形成了完善的绿色金融法律、政策和市场体系,并大力发展碳金融市场,现行体制机制已对绿色金融发展提供正向激励。英国也具有完备的绿色金融法律法规体系,而且相当一部分文件具有强制性,保证了绿色金融投资项目的实施,另外,英国发达的金融市场和不断创新的金融产品亦为绿色金融的有效供给提供保证。日本资源相对匮乏,非常重视绿色金融的发展,重点利用财政资金的杠杆作用引导民间资本进入绿色金融领域,保证绿色金融的有效供给。德国主要利用财税手段调节引导绿色金融供给,调动金融机构和普通投资者参与绿色金融市场,并通过年度环境报告引导社会注重生态环境保护,减少环境风险。其他国家也结合自身的国情采用了多种措施支持绿色金融的发展,其中部分法律法规和政策对中国构建绿色金融体系具有较高的借鉴价值。中国政府需结合当前发展阶段和资源禀赋,探索出一条高效的绿色金融发展之路。

第九章　绿色金融有效供给的政策协调与保障

绿色金融作为一种为绿色发展和可持续发展服务的金融体系,对于保护生态环境、应对全球气候变化和实现人口、资源、环境的可持续发展具有重要意义。无论是从国内促进经济转型和优化金融结构的角度,还是从国际上紧跟甚至引领世界金融发展潮流,应对国际金融市场的竞争和挑战,中国绿色金融体系的构建显得刻不容缓。中国绿色金融体系的基本框架包括健全绿色金融制度、发展绿色金融市场、创新绿色金融工具、培育绿色金融机构和完善绿色金融监管等几个方面(2011,天大研究院课题组)。总的来说,绿色金融体系的构建既需要一个良好的宏观经济政策环境,也需要构造一个微观的金融市场基础。

第一节　绿色金融体系的顶层设计

金融作为现代经济的核心,对经济的发展起着关键性的作用。绿色金融既是金融业的创新,也是对传统金融业的补充。新的经济形势下,绿色金融不仅顺应了世界保护环境和绿色发展的趋势,也是供给侧结构改革的重要推动因素之一。绿色金融是具有公益性质的社会活动,绿色金融的发展在尊重市场主体地位的前提下,也需要政府在理念和政策上的引导。西方发达国家已经有数十年的绿色金融的发展经验,绿色的投资对这些国家的经济结构转型和寻找新的经济增长点都起到了巨大的作用。因此构建完整的绿色金融体系,完善绿色金融的顶层设计是中国当下急需解决的问题。

党的十八大以来,党中央、国务院高度重视中国绿色金融事业的发展,先后出台了《中共中央国务院关于加快推进生态文明建设的意见》《生态文明体制改革方案》《中华人民共和国国民经济和社会发展第十三个五年规划纲要》

和《关于构建绿色金融体系的指导意见》等一系列文件。这些文件在遵循市场规律的前提下,对中国绿色金融的发展进行了总体的规划,明确了中国绿色金融体系,阐述了中国发展绿色金融的政策体系和协调机制,完善了操作层面的基础性要素,为中国绿色金融的发展打好了良好的基础。在整个绿色金融体系的构建中,顶层设计主要从政府和绿色金融市场两个角度来进行。

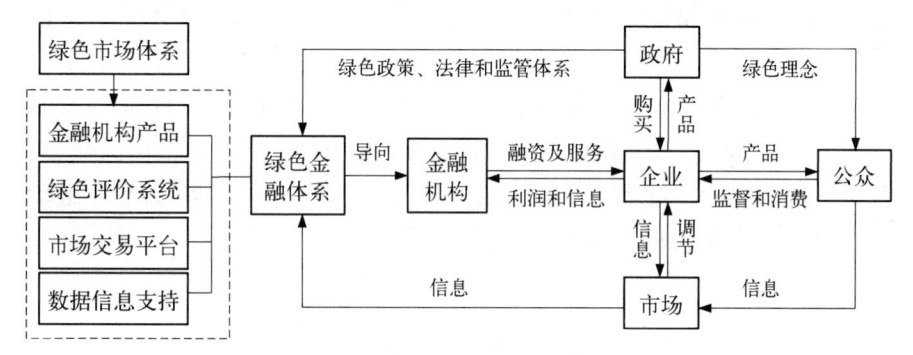

图9-1 绿色金融顶层设计的框架

绿色金融市场在绿色金融的发展过程中扮演着主要的角色,市场是绿色金融资源配置的决定性手段。绿色金融市场的顶层设计主要包括强化的市场绿色发展理念,培育多层次全方位的绿色金融机构体系,创新绿色金融的产品和业务模式,完善绿色金融市场基础设施建设和市场保障机制,充分利用国际绿色金融市场。(1)绿色金融发展理念。界定绿色金融发展的定义,明确绿色金融发展的各项标准,提高风险管理水平,严格考核估量绿色金融运营中的环境风险。(2)绿色金融机构。绿色金融机构不仅要囊括传统的银行、证券和保险市场,也要充分地挖掘碳金融市场的潜力,加快建设专业的第三方中介机构和绿色政策性银行。(3)绿色金融产品和业务。积极发展绿色信贷、绿色债券、绿色保险、绿色信托、融资租赁等传统绿色金融产品,同时也要大力发展碳期货、碳掉期、碳期权等多种形式的碳金融业务,大力发展碳排放权抵押、碳排放权交易和排污权交易等新型绿色金融融资交易模式。(4)绿色金融基础设施和市场保障机制。完善上市企业信息披露和信息共享机制,制定详细的ESG信息披露标准,建立第三方绿色评级体系和绿色金融担保机制,培养专业的绿色金融人才。(5)国际绿色金融市场。加强与国际绿色金融市场的对接,开展与国际绿色金融机构的合作和交流,充分利用国际资本推动国内绿色金融市场的发展。

政府对绿色金融的作用主要体现于对绿色金融发展的引导和规范,绿色金融市场的健康发展离不开政府宏观的调控和激励。政府的顶层设计要更加注重政策的激励、法律的规范,监管的保障和国家交流的开展。(1)绿色金融政策引导,确定绿色金融政策制定所遵循的基本原则,制定绿色项目和绿色金融产品的收益补偿和风险分担机制,创新财政投入方式,遵循生态发展规律,将环境成本和生态收益内化至绿色金融机构服务项目,保证项目收益,引导金融资源流向绿色项目;(2)绿色金融法律规范,解构现行绿色金融法律的适应性和完备性,提出未来绿色金融立法选择,规范绿色企业和绿色金融机构的经营行为,保护其合法收益;(3)绿色金融监管保障,探索自上而下扁平化绿色金融监管框架,确定绿色金融监管组织架构、监管目标、监管职责和监管原则;(4)开展绿色金融国际交流,加强政府层面与国外的绿色金融的交流,学习国外的绿色金融发展经验,构建符合中国国情的绿色金融政策体系、法律体系和监管体系。

第二节 绿色金融市场体系的型构

2016年,中国人民银行、财政部等七部委联合印发了《关于构建绿色金融体系的指导意见》,分别从绿色信贷、绿色投资、绿色发展基金、绿色保险、环境权益交易创新工具、地方发展绿色金融、开展绿色金融国际合作、风险防范与组织落实八个层面,对中国绿色金融的发展进行顶层设计,使中国成为全球首个具有相对完整绿色金融体系的国家。绿色金融的可持续发展需要建立长效机制(见图9-2),理念培育机制和市场保障机制是市场运行机制的主要组成部分,通过多元主体参与和产品工具创新,促进构建完备和高效的绿色金融市场体系。

一、普及绿色金融理念和知识

若要实现绿色金融的长效可持续发展,首先必须彻底改变传统的价值观念,鼓励全社会树立新的绿色价值观。从金融机构角度出发,金融机构应主动积极培育绿色经营理念,动员金融机构开展金融绿色文化建设。此外,还应加强传媒的宣传力度,培育企业和消费者的绿色生产和消费理念,制造一种崇尚绿色发展的社会氛围。

在越来越激烈的市场竞争下,绿色项目和企业的市场潜力大,社会形象好,将是金融机构重要的利润增长点。金融机构应当将绿色发展理念纳入长期发展战略,在日常经营过程中强调环境保护的重要性,充分认识到绿色新兴产业和节能减排项目对拓展市场份额的积极影响。同时开展金融绿色文

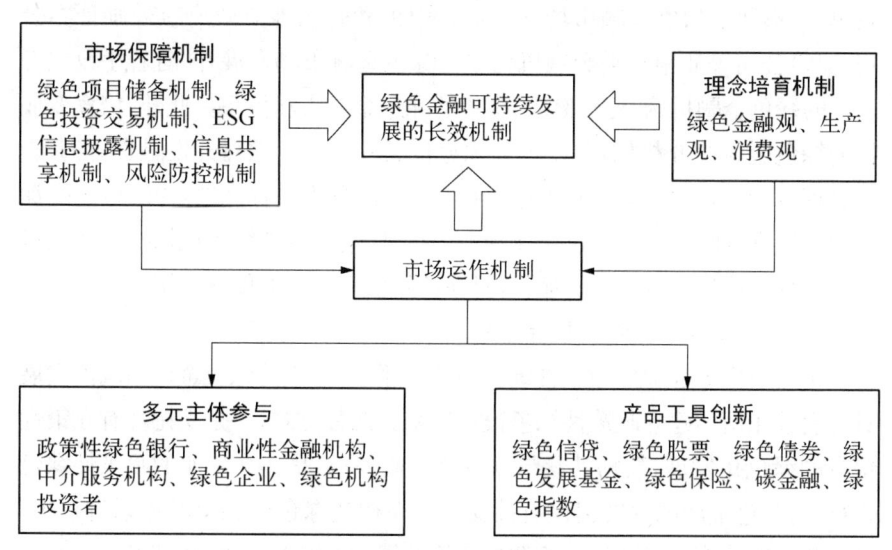

```
┌─────────────────────────┐                              ┌─────────────────────┐
│     市场保障机制         │      ┌──────────────┐       │    理念培育机制      │
│  绿色项目储备机制、绿     │ ───▶ │ 绿色金融可持续 │ ◀─── │  绿色金融观、生产    │
│  色投资交易机制、ESG     │      │ 发展的长效机制 │       │  观、消费观          │
│  信息披露机制、信息共     │      └──────────────┘       │                      │
│  享机制、风险防控机制     │             ▲               │                      │
└─────────────────────────┘             │               └─────────────────────┘
                                  ┌──────────────┐
                                  │  市场运作机制 │
                                  └──────────────┘
                                    ↙         ↘
┌─────────────────────────┐                              ┌─────────────────────┐
│     多元主体参与         │                              │    产品工具创新      │
│  政策性绿色银行、商业性   │                              │  绿色信贷、绿色股票、│
│  金融机构、中介服务机构、 │                              │  绿色债券、绿色发展  │
│  绿色企业、绿色机构投资者 │                              │  基金、绿色保险、    │
│                         │                              │  碳金融、绿色指数    │
└─────────────────────────┘                              └─────────────────────┘
```

图 9-2　绿色金融市场的运行机制

化建设，激发员工的工作积极性，树立员工绿色观念。首先，将"绿色意识"列入从业人员的培训计划，建立绿色业绩奖励制度，通过举办知识竞赛等小型活动来强化从业人员的绿色意识，促使金融从业人员树立绿色金融价值观，在其具体工作中时刻注意环境保护问题。其次，积极培育金融业领导层管理理念的绿色化，促使领导层树立绿色意识。这将有助于其制定出体现金融机构绿色管理的决策，进而为金融机构的长期发展的绿色化指明方向。

为了加快经济结构转型，促使经济增长方式由粗放型增长转向集约型增长，企业层面应当改变传统的高能耗、高污染的生产方式，借助于绿色金融的支持，加大技术研发的投入，研发新型绿色产品，将环保技术创新作为企业新的利润增长点，提升自身的竞争力。同时，企业要将"低碳环保、节能减排"的理念植入日常工作，在经营决策过程中既要重视自身利益，也要顾全社会责任和环保责任，严格将各项环保标准贯穿经营活动中。此外，一方面，只有让国民树立起绿色意识，自觉践行环境保护，才能动员更多的资金进入绿色产业；另一方面，满足消费者的消费需求是企业生产的最终目标，消费者对绿色产品有偏好，企业才有推行绿色生产的动力，绿色产品才有市场。

二、充实绿色金融市场主体结构

培育专业性绿色金融机构，使其成为承担开展绿色金融业务的主体，是绿色金融体系构建的起点。然而，从实践来看，中国绿色金融市场的主要参与主体多是商业银行，其他金融机构相对较少，造成提供的产品和服务也比较单一,不利于绿色金融市场的发展。中央和省级地方政府应鼓励证券公司、保险公司等非银行类金融机构参与绿色金融市场发展,同时着手设立专业性的绿色金融机构,构建健康、平衡的绿色金融市场体系。此外,培育专业性的绿色金融中介机构,并发挥其优势积极开展绿色项目开发融资咨询、资产管理等业务,可以解决绿色金融市场中的信息不对称问题,为绿色金融深入发展提供空间。支持绿色企业的上市挂牌,培育各类绿色机构投资者则可以扩大绿色项目的直接融资途径,对绿色发展有直接的促进作用。

(一)建立政策性绿色银行体系

由政府主导建立的政策性绿色银行体系,对于支持绿色金融市场的发展具有引领作用。建立政策性绿色银行体系有两种方式,一是支持现有政策性银行的绿色化发展,鼓励其参与绿色金融业务;二是建立专业的政策性绿色银行,为绿色金融的发展提供直接支持。在构建绿色金融市场体系过程中,中央和省级政府可以通过直接调控政策性银行的经营行为,使其经营重心向绿色产业偏移,通过更好地发挥政策性银行的投资引领作用,达到鼓励和支持绿色产业的目的。首先,可要求现有政策性银行按照"赤道原则"调整业务流程和产品结构,即实现信贷业务的进一步"绿化";其次,可要求政策性银行牵头进行银团贷款时,应具有向绿色项目信贷倾斜的明确政策导向,对企业的融资的经营行业产生一定影响,以保证节能环保项目的融资及顺利发展。此外,还可以在政策性银行内部设立专门的绿色金融发展部门,主要负责对信贷对象和信贷组合进行基于绿色金融标准的评估,提升其参与绿色金融业务的程度和专业化水平。

除了发挥现有政策性银行的作用,更重要的是建立专业化的政策性绿色银行体系。绿色银行不仅在绿色信贷和投资方面具有专业能力、规模效益和风控优势,还可以通过发行绿色债券、央行再贷款等形式进行债权融资。而且,由政府发起和设立绿色银行可以表明政府对治理环境污染和发展绿色金融的决心,达到对全社会和资本市场的宣誓效应,从而吸引更多的社会资本投入到绿色项目。正因为银行在绿色金融市场体系的构建中起着关键作用,在国家和省级绿色金融市场体系的型构过程中,两级政府应该首先着手绿色银行体系的建设,积极试点建设民资控股的绿色银行,鼓励现有的商业银行积极加入"赤道原则",推广商业银行设立生态金融事业部的经验。可以借鉴国际经验,由省市层面政府发起组建专业化的绿色发展银行,初期资本主要由财政资金、排污收费、社会资本等构成,并逐步拓展融资渠道,实现融资主体多元化,同时因地制宜地确定绿色银行发展的切入点,如绿色能源、绿色消费等重点领域。

（二）鼓励商业性金融机构参与绿色金融业务

绿色金融市场的发展不能仅仅依靠政府的扶持，更重要的是依靠市场本身的运行，鼓励商业性金融机构参与绿色金融业务，扩大绿色金融市场的参与主体。目前，中国的绿色金融市场参与主体主要是银行，这在一定程度上限制了绿色金融市场的快速发展。因此，中国当前不仅要大力鼓励现有的银行进一步"绿化"，鼓励它们加入"赤道原则"，按照"赤道原则"专业化的标准对经营业务进行调整，提升自身参与绿色金融业务的程度，还要调动证券、保险等非银行金融机构的积极性，鼓励其逐步深度介入绿色金融业务，设立专门的绿色金融发展部门。这对于国家和各省份构建全面的绿色金融市场体系是非常必要的。商业银行作为绿色信贷的主要发行主体，对绿色金融市场的发展具有不可替代的作用，也是政府干预和支持绿色信贷发展的重要媒介，但商业银行作为间接融资渠道，在效率和成本上有着劣势，同时面临着期限错配等风险。而证券、保险等金融机构可以弥补商业银行在这方面的缺陷，扩大了绿色项目的融资渠道和方式，同时降低了风险。

（三）培育中介性绿色金融服务机构

金融中介机构在金融市场上的资金供求者之间起着一个桥梁的作用，可以促进资金的流转。在绿色金融市场上起着关键作用的中介机构，主要包括三类，分别是绿色金融认证机构、绿色金融信用服务中介机构和绿色金融专业知识中介机构。绿色信贷和绿色债券市场的发展离不开第三方认证机构的支持，尤其是绿色债券的发行需要第三方认证机构出具"第二意见"。此外，为了与世界接轨，中国绿色金融市场的发展必须符合世界标准和原则。当前，国际上广泛使用的绿色信贷发行原则是"赤道原则"，绿色金融机构若想在国际市场上获得融资，通常要符合这个原则。国际上现有的绿色债券自愿性指引主要有国际资本市场协会(ICMA)推出的"绿色债券原则(GBP)"和气候债券倡议组织(CBI)开发的"气候债券标准(CBS)"。第三方认证机构应该与之相结合，制定出一套合适的标准体系。绿色金融信息服务中介包括企业征信调研机构、保险公估和资产评估机构、资信评级公司、信用增进公司等。由于绿色产业规模较小，存在着融资难、融资贵的问题，此类信用保险服务机构在一定程度上可以缓解这种问题。征信调研机构的重要作用在于披露企业的ESG信息，帮助投资者分辨所投资项目的"绿色程度"。诚信是绿色金融体系长远稳定发展的基石，但是在利益的驱使下，很多利益相关者难免会做出逆向选择的行为，导致道德风险的发生。为此，中央和省级政府应该大力发展经营性的征信机构，建立社会失信奖惩长效机制，升级改造信用信息数据库建设，将收集到的关于绿色企业和绿色产品消费者的信用记录纳入该数据库,以提升征信系统的完整性、及时性和准确性,为绿色金融市场的发展提供关键信息;必要时可以向社会公众公布这些关键信息,以便于投资者合理规划自己的投资,促使资金流入"真绿"而不是"伪绿"项目。目前,国际上有很多发展成熟的信用评级机构,例如,标准普尔信用评级(S&P)、穆迪投资服务有限公司(Moody's Investors Services)、惠誉国际信用评级有限公司(Fitch)等。但是,国内还尚未有发育成熟的信用评级机构,大多数只能依靠国际标准,会出现不能准确评估国内企业信用等级的现象,这在一定程度上不利于投资者作出投资决策。此外,专门从事绿色金融业务的律师事务所、会计师事务所、知识产权代理等中介机构,对于绿色企业的上市、融资以及完善公司经营治理等具有很大帮助,对于绿色金融业务在风险可控前提下实现市场化和不断创新起到积极推动作用。

(四)支持绿色企业上市挂牌

企业挂牌上市可以实现大金额、低成本的直接融资,而且融资方式也十分灵活。企业通过上市实现资产证券化,增强了资产的流动性,同时有利于提高企业的知名度及信誉度,从而吸引更多的投资者,为企业的发展和壮大提供了资金。绿色企业在其经营管理过程中注重对环境利益的考虑,对资源的利用效率也比较高。省级政府对绿色企业的扶持除了可以通过财政贴息的方式,为绿色企业提供低息的绿色信贷,更重要的方式是制定出台支持绿色企业上市挂牌的扶持和奖补政策,优先支持绿色企业挂牌上市。绿色企业通过发行绿色企业债、绿色公司债等绿色债券在交易所和银行间市场募集资金,同时可以助推绿色资源的定价、交易和融资,推动各地方政府绿色资源的资本化。借助多层次的资本市场和专业的金融机构组织,绿色企业可以获得更加专业的服务。

(五)培育各类绿色机构投资者

绿色金融的发展需要广泛的资金支持,仅仅依靠政府的扶持是远远不够的。绿色机构投资者的参与可为绿色金融的发展提供了大量的资金,而且有助于降低绿色项目和企业的融资成本。绿色资源的资本化是构建全国和省级绿色金融市场体系的重要组成部分。目前,机构投资者在推动绿色资源资本化和推动经济结构向绿色化转型的过程中还没有起到关键作用。培育各类绿色机构投资者,首先需要加大对责任投资理念的推广力度,创造崇尚绿色投资的氛围;其次是要求机构投资者强化环境信息披露,在投资过程中引入ESG理念,公开社会责任报告,促使被投资企业自动披露自身的环境信息,以吸引投资资金;再次是鼓励机构投资者自愿采纳与责任投资原则相关的原则,在自愿的基础上加入联合国责任投资原则(PRI),在践行责任投资原则上起到引领和示范作用；最后是鼓励机构投资者对所投资产开展环境压力测试，提升机构投资者分析所投资产环境风险的能力。

三、丰富绿色金融产品体系及业务模式

构建绿色金融市场体系的具体实施形式在于绿色金融产品和业务模式的创新，精细的产品和业务模式是绿色金融进入绿色产业和绿色项目，为投资者提供更加多元化的绿色金融产品，促进绿色金融发展的重要方式。绿色融资的需求是分层次的，绿色金融产品和业务模式的创新应当满足这些多样性和多维度的融资需求。对此，中国人民银行副行长陈雨露认为，对于投资期限较短的绿色项目，应该以银行信贷为主来设计它的产品服务体系；对于中长期现金流又相对稳定的绿色项目，可以考虑债券市场融资；对于成长性高但风险相对也较高的绿色项目，要考虑用私募股权基金或者通过上市融资，用资本市场，特别是股权市场来解决。此外，金融机构应当拓宽绿色金融产品的服务对象，面向中小型非绿色企业、家庭和个人设计出针对性强、多元化的绿色金融产品，如巨灾债券、环保技术租赁、绿色销售和绿色支票产品、绿色消费信贷、绿色理财产品、绿色信用卡及借记卡、绿色建筑信贷等。其中，绿色金融租赁可以作为重点发展方向，因其既具有融资又具有融物的特点，相比银行融资具有更多的便利性优势。通过绿色金融产品和业务模式的创新来发展绿色金融市场，可以从以下几个方面来具体着手：

（一）加快绿色信贷产品创新

目前，绿色信贷依旧是中国绿色企业最主要的绿色融资渠道，资产质量较高。绿色信贷对于控制企业的环境风险，提升企业经营和项目发展的可持续性具有明显效用。应将绿色环保理念引入金融机构的信贷政策制定、业务流程管理、产品设计的过程，要求金融机构严格执行绿色信贷政策，积极研发新型绿色信贷产品。各省级政府应引导省内的金融机构，尤其是银行机构，制定绿色企业贷款授信指引，对国家支持的绿色环保产业和国家限制的有环境风险的行业，实行有差别的贷款授信政策。针对绿色产业发展过程中存在的轻资产和传统抵押品不足的问题，金融机构应该积极创新抵（质）押担保方式，发展知识产权质押、用能权质押、出口退税质押、清洁发展机制（CDM）预期收益抵押、碳排放权质押融资贷款、合同能源管理融资等创新工具，增强绿色企业的融资能力，为绿色产业和项目提供信贷以支持其发展。

绿色项目投资风险较大，加之环境评估方法的缺失，一定程度上抑制了金融机构提供绿色信贷产品和服务的积极性，阻碍了绿色信贷市场的发展。因此，中央和地方政府应鼓励环保部门尽快建立项目环境风险的评估办法，

以促使金融机构制定自身的环境风险评估框架,从而更准确地评估和控制相关环境风险;还应鼓励环保部门与银行业金融机构进行更广泛和深入的信息交流,对绿色信贷信息的报送狠抓落实,大力发展信息化技术,以保证信息传达的及时性和有效性,从而减少金融机构面临的信息不对称问题,降低其发行绿色信贷的风险。

(二)鼓励发行绿色债券

绿色债券是应对气候变化的重要融资方式和工具,其期限长和成本低等特点比较适合为清洁能源、环保、节能等绿色产业提供中长期资金支持。绿色债券的发行有助于提高社会公众对发行机构环境项目的了解,进一步扩大社会公众购买绿色债券的积极性。2015年底,中国人民银行和中国金融学会绿色金融专业委员会同时发布了绿色金融债的公告和《绿色债券项目支持目录(2015版)》,启动了中国绿色债券市场。随后在很短时间内,中国绿色债券发行量规模快速扩张并一跃位居全球首位。然后,从横向来看,各省市绿色债券的发展却并不均衡,经济相对发达地区绿色债券发行规模居前,经济相对落后地区的绿色债券发行规模非常有限。中央政府应该从全局出发,协调各省市经济发展不平衡的问题,对经济欠发达地区发行绿色债券给予一定的政策支持,使其能够兼顾经济发展和生态环境优化。

由于绿色债券的发行需要依托于资本实力雄厚、项目运作经验丰富、环境风险防控能力突出、项目资产质量良好的大型机构,可以预见,政策性银行、商业银行、国有大型企业等信用评级较高的大型机构将成为推动国内债券市场早期发展的重要主体。因此,应该鼓励国家开发银行等政策性银行面向境内外两个市场发行绿色债券;鼓励大型商业银行腾挪出更多的资金来支持绿色产业,发行透明度更高、报告更严格的绿色债券;鼓励市政设施企业发行绿色债券支持节能减排的绿色项目;鼓励承担城市开发、新型城镇化建设的地方融资平台等国有企业试点发行绿色企业债券。此外,在已有试点基础上,各地方政府也可以自主试点发行绿色债券,未来还可加强并深化与证券公司等的合作,实行绿色资产证券化,研究推行绿色按揭担保证券、PPP+ABS模式,以促进各地方政府的绿色金融发展。最后,各地方政府还可以结合人民币国际化进程和亚洲基础设施投资银行的业务开展,推进绿色债券的跨国或国际发行。发展绿色债券市场的重点是对绿色债券的界定,要求第三方评价机构按照权威或合理的标准认定绿色债券的质量,并估算绿色项目的环境价值,从而促进合理价格的形成。政府应鼓励相关机构在发行债券后加强对其进行监督,以保证资金流向原定项目;鼓励国内机构加强与国际机构的交流与合作,拓展资金来源渠道,提高环保技术水平。

(三) 设立各类绿色发展基金

绿色发展基金是社会资本进行绿色投资的重要载体,是除了绿色信贷以外的绿色投资资金来源的重要补充。中国"十三五"规划中提出"发展绿色金融,设立绿色发展基金"。2016 年 8 月 31 日中国人民银行、财政部等七部委联合印发的《关于构建绿色金融体系的指导意见》提出,鼓励有条件的地方政府和社会资本共同发起区域性绿色发展基金。这意味着绿色发展基金在政策层面上得到了支持,对于带动民间资本进入绿色投资领域以及提高绿色投资者的信心具有积极作用。绿色发展基金可以充分运用政府与市场的双轮驱动。

股权融资是绿色金融发展的一个重要资金来源,资本具有逐利性和避险性,风险和收益相匹配的项目才能吸引绿色股权投资。然而很多绿色项目,尤其是新的绿色项目,从技术和政策层面来讲,都具有很大的不确定性,这使得社会公众对这些绿色项目没有足够的信心,也不敢贸然投资这些绿色项目。在这种情况下,政府应当出台一些对绿色产业基金进行扶持的政策,积极探索建立风险补偿转向基金,完善融资担保风险补偿机制,加大对环保项目的支持力度。政府还可以直接注入资金,设立绿色政府引导基金、绿色产业投资基金等具有政府背景的绿色基金,通过专业化管理与市场化的运作,大幅降低社会公众对绿色项目的风险嫌恶,吸引更多的社会资本进行绿色投资。政府可以用多种方式推动和组建绿色产业基金,合理设定绿色产业基金的组织形式和政府参与方式(GP 或 LP),建立地区性的绿色基金或行业性的绿色基金,构建有效退出机制。政府参与的绿色产业基金模式主要是 PPP 模式,可以有限的政府资金撬动民间资本股权投资,保证绿色项目的正常运营。

随着国际投资的绿色化,绿色发展基金成为全球绿色金融合作的重要路径,支持国际资本设立各类民间绿色投资基金将成为全球绿色金融合作的重点。中央和地方政府可以通过引入跨境的 PPP 模式,鼓励绿色金融的国际合作,促进国际经验在各级金融市场上的应用,并共同创造绿色就业机会。此外,中国可以借助"一带一路"发展机遇,依托亚投行、新开发银行、丝路基金、金砖银行、南南合作基金、国际金融公司等,推动绿色发展基金的国际合作进程,助力中国绿色金融市场的发展。

(四) 扩大绿色保险的覆盖面

绿色保险是绿色金融的主要组成部分,发展绿色保险也为绿色发展提供重要支撑,体现了绿色发展理念。2016 年,由人民银行等七部委联合印发的《关于构建绿色金融体系的指导意见》专门就发展绿色保险提出了相关要求:

"发展绿色保险,建立环境污染强制责任保险制度,鼓励和支持保险机构创新绿色保险产品和服务、参与环境风险治理体系建设。"

加快环境污染责任保险制度的建立,以及环境污染风险管理制度的健全,对高污染行业征收强制责任险,是绿色保险市场发展的关键环节。国外的绿色保险主要为商业险,市场主体均为自愿投保,这是因为国外的法律法规体系健全,环境执法力度也相对较大,公司作为理性人,为了避免由于环境风险造成巨大损失,会自主购买环境责任险。相较之下,国内的相关环保法的法律体系还不健全,还没有就"强制实施环境污染强制责任保险"出台相关法律,造成绿色保险缺少法律支撑,自主购买保险的意愿降低。随着中国环保事业的进一步发展,在采矿、冶炼、皮革、危险品运输等环境高风险行业中建立强制性的环境责任保险制度势在必行。短期内,需要政府完善和健全相关法律法规,完善污染损害责任划分和认定的法律法规,强化环境损害责任追究制度,同时,完善关于环境风险评估、损害赔偿、污染场地清理等的标准和技术规范,构建环境污染风险管理数据库,将更多环保信息收录入数据平台。长期而言,应建立统一的环保信息及管理平台,整合现有政府和市场的各类绿色保险资源,加强环保、保监等相关部门之间的协同,明确各自职责与分工,共同支持绿色保险市场发展。除此之外,还应加强对环境污染责任保险市场第三方的培育引导,让更多的市场主体参与绿色保险市场建设。最后,应在全面推广强制性环境污染责任保险制度的同时发展其他绿色保险创新险种,如在条款、费率等方面有所倾斜的绿色车险、绿色建筑险等。

(五)发展绿色指数及其相关产品

发展绿色指数体系是扩大绿色金融产品影响力、提高绿色金融市场流动性的重要手段。与绿色金融相关的绿色指数及其相关产品包括绿色股票指数、绿色债券指数等。2015年9月,中共中央、国务院印发了《生态文明体制建设改革总体方案》,提出要"研究设立绿色股票指数和发展相关投资产品"。发展绿色股票指数的首要任务在于明确绿色股票的标准,建立绿色股票评价体系,这对于健全绿色指数体系具有重要意义。绿色股票指数为上市公司对自然资本损耗进行评估和对比提供了一个定量指标标准,而且可以通过市场化的方式,鼓励上市公司进行环境信息披露,主动发布社会责任报告。绿色股票指数中整合了自然资本因素,绿色股票指数投资的抗风险能力更强,投资回报更高、更稳定。地方政府也应促进绿色股票指数的发布,引导更多的社会资本向绿色企业转移,服务于本地绿色经济的发展。借鉴国际经验,地方政府在健全绿色股票指数体系过程中,可以发展绿色环境、环保产业等主题类的系列指数、特色指数,以及多种形式的绿色股票指数投资产品。

继 2016 年中债登、中央结算公司和兴业银行先后发布的中债—中国绿色债券指数系列、中债—兴业绿色债券指数等中国第一批绿色债券指数，2017 年 6 月 19 日上海证券交易所发布上证绿色公司债指数、上证绿色债券指数，同日中证指数有限公司发布中证交易所绿色债券指数。绿色债券指数的发布，可以为绿色债券市场总体价格变化情况提供一系列指标，同时提高了绿色债券市场的透明度。

（六）开发各类碳金融产品

碳金融的核心是碳排放权。随着全球气候变暖问题越来越受到国际上的重视，基于多方因素的博弈，碳排放量已经成为一种能够获利的资产，碳金融逐渐成为实现绿色发展的关键点。在此背景下，中央政府和各地方政府应该加快建立碳排放权交易市场，构建碳金融产品体系，鼓励各类政策性金融机构、商业性金融机构、开发性金融机构以及碳交易所积极开发和推广碳债券、碳配额质押融资、碳基金、碳保险、碳指标交易、碳期货、碳期权、碳配额托管、碳现货远期、CCER 质押贷款、碳配额回购、碳配额场外掉期、基于 CCER 的碳众筹、碳信托、碳租赁等创新型碳金融产品及其衍生工具；同时，应保证碳排放权、排污权等产权的有效界定，科学准确地核算碳减排量。

碳金融发展的基础是碳交易市场的建立。顾名思义，碳交易市场的主要交易品就是碳排放量。与传统的金融产品不同的是，碳金融产品的工具要求和风险评级都更为严格，因此，碳交易市场应在政府的严格监管下建立，中央和各省级政府应加强关于限制碳排放量的立法，建立和完善碳排放量的数据库和风险评价标准，合理规划配额和交易机制。同时任何交易都离不开市场机制的自我调节，在市场机制的自行调节下，碳排放量的交易是解决温室气体排放等负外部效应的重要手段，可以说碳交易是一项"政府创造、市场运作"的制度安排。

四、健全绿色金融市场保障机制

（一）建立绿色项目储备机制

为了提高投资者对绿色项目的投资积极性，以及保证政府对绿色项目的精准扶持，各省份应该因地制宜，结合当地的发展需要，遴选环境效益显著的绿色项目，建立绿色项目库，围绕促进绿色项目投融资对接，建立绿色项目储备机制。只有先识别和确定绿色项目清单，消除"伪绿"项目的干扰，政府才能准确地将资金注入"真绿"项目，减少财政资金的无谓损失。为了实现绿色项目的有效遴选，政府需要建立和完善绿色金融信息甄别机制和绿色项目准入机制，包括建立绿色发展会商机制、建立规划项目绿色发展指导机制、合力强化绿色项目发展日常督导等。各省份应鼓励符合国家产业政策,具备明显示范带头作用的,技术先进、节能减排效果显著的绿色项目申报进入绿色项目库。同时,要对申报项目严格把关,可以由现有的环保、发改、工信等部门,或者建立专业的第三方机构对绿色项目进行认证和评级,确定绿色项目清单,并向社会公众公布,谨防"伪绿"项目混入绿色项目储备库。对于进入绿色项目储备库的项目,省市级政府应给予资金支持,并要求下级县(区)强化对绿色项目的日常督导,及时掌握项目建设和资金使用情况,严控绿色项目的具体实施过程,保证资金用到实处。

(二)建立绿色金融社会公众参与机制

现代社会,公民对自身权利的实现更加重视,公众参与是避免因政府决策失误导致社会冲突的有效方法,有助于维护社会的和谐稳定。绿色金融实施的环境利益的核心是维护社会公众的环境权,公众参与环境管理是公众实现环境权的一种具体方式。若没有公众参与,即使金融机构和企业可以获取真实的环境信息,也很难保证其充分披露。因此,可以建立一个工作平台,邀请社会环保志愿者、社会 NGO 组织和各部门,在涉及环境保护的重大项目的立项、评估、审查、决策和实施的各个环节,与金融机构形成有效的互动关系。

(三)建立绿色金融风险防范机制

中国绿色金融的发展仍处于探索阶段,抗风险能力还较弱。各省级政府应尽快建立绿色风险防范机制,严格防范绿色金融风险。对于无法规避的系统性风险,各省份应当推出相应的政策措施,积极稳妥地推进绿色金融组织体系构建,提高绿色金融领域新型系统性风险的识别、防范和化解能力。当前绿色金融风险主要包括,以假绿之名骗取融资资金,或者以小(单个的微绿色项目)博大(整个企业变成绿色企业)或者化整为零(将一个绿色项目分解成若干个小项目),多渠道获取银行信贷与发债资金。为此,中央和各省级政府应当督促当地金融机构开展环境风险压力测试,健全重大环境风险问责制度,将绿色金融业务的环境风险管理情况纳入金融机构的绩效考核体系,全面提升金融机构对信贷、债券等风险的分析和控制能力,防止地方金融机构或企业打着绿色金融的旗号从事有悖于绿色金融宗旨的违法活动。

(四)建立新型绿色投融资交易机制

建立新型绿色投融资交易机制的前提是绿色资产证券化。目前,绿色资产证券化既有以绿色企业资产证券化产品发行的直接证券化,也有以绿色信贷资产证券化产品发行的间接证券化。直接的资产证券化通常以特定的实物资产收益权作为基础资产,主要包括绿色项目未来收入收益权和碳资产收益权。间接的资产证券化一般以绿色债权作为基础资产,主要包括绿色项目贷款、绿色房产楼宇贷款、能效贷款、绿色技术租赁和绿色消费贷款等。中央和各省级政府应当积极参与绿色投融资交易平台和市场的建设,大力推进绿色项目的发展,提高绿色产业在未来的生产运营过程中所能获得的经济利益,增强绿色项目未来收入收益权的可交易性。试点地区还可以发挥本地在碳减排资源上的优势,制定完善的碳排放权核定和价格形成机制,有序发展碳金融产品,实现碳资产资本化,同时大力推进全域范围内的碳排放权交易。通过碳资产收益权的交易,以及将碳资产与金融产品进行嫁接,可以将节能减排的正外部性内部化,降低节能减排项目的融资成本,反过来又促进碳资产收益权的交易。对于由银行或者租赁公司等金融机构作为发起人,以绿色债权作为基础资产的资产证券化来说,证券化后的绿色资产的交易,不仅加快了这类绿色资产的流动性,减少了绿色金融期限错配的风险,而且提升了金融机构的资产充足率。

(五)建立第三方绿色担保征信机制

绿色项目的投资回报期限一般较长,吸引力不足,存在着融资难、融资贵的问题。为了降低融资成本,中央和各省级政府应在政策方面对绿色信贷的发行给予支持,包括贴息、担保、征信等。从时间角度来看,银行金融机构提供中长期的绿色信贷比较困难,而发行绿色债券可以解决这种问题,为绿色项目获得中长期的融资。因此,建立和完善促进绿色金融发展的第三方绿色担保征新机制非常重要。政府在这个环节中起着关键作用。政府可以采用财政贴息、税收减免、优化信贷管理流程、成立专业性绿色担保机构、设立PPP模式绿色基金等方式,降低绿色项目的融资成本,提升绿色项目的吸引力,撬动更多的社会成本。

在信贷管理流程方面,一是要优先绿色金融业务的授信审批,给予绿色信贷差异化的信贷规模,在风险可控的前提下加大对绿色企业和绿色项目的支持力度,如对于绿色企业适当降低贷款门槛、简化贷款手续、优化贷款期限结构,对于绿色经济经营主体的重点绿色项目开辟信贷绿色通道,提供高效便利的绿色信贷融资服务。绿色信用担保机制能够有效解决信贷双方的信息不对称问题,增加信贷供给,同时降低信贷成本。美国政府通过担保计划将有限的财政资金支持新能源项目的发展,通过杠杆作用撬动大量的民间资本进入新能源产业,实现了核能、风能、光伏等清洁能源行业在美国的快速发展。担保公司在信贷双方之间构建一道桥梁,通过为企业提供专业、便捷、高效的担保服务,增加其信用,鼓励社会资本为其投资,从而使更多资金流入节能环保行业,在构建绿色金融体系中发挥了重要作用。国际金融公司(IFC)与兴业银行和浦发银行等共同建立绿色信贷担保机制,推动建立了节能减排融资(CHUEE项目),为银行的能效和可再生能源项目贷款提供担保,并由IFC承担一定比例的贷款损失。该项目成功撬动了共8亿美元的贷款,支持了170多个项目,而损失率仅为0.3%。

依法建立绿色项目投资风险补偿制度,完善担保等风险补偿机制,可以合理分担发行绿色信贷、绿色债券等的风险,引导更多的社会资本进入绿色金融领域。省市级政府可以考虑成立专业性的绿色担保机构,或委托专业化机构提供担保服务;还可考虑多级政府(如省、市、县)共同出资,建立绿色项目风险补偿基金,用于分担部分绿色项目的风险损失,分散金融风险。对于碳金融市场的发展来说,省市级政府可以通过推动环境权益及其收益成为合格抵(质)押物,为碳交易提供担保。具体措施包括,完善市场化的环境权益定价机制,建立环境权益抵(质)押登记及公示系统等。

(六) 建立绿色金融ESG信息披露机制

加强监督管理是保证绿色项目执行力有效性的重要手段。在绿色金融发展的范畴,监督机制的实施主要体现在,对重点环保企业实行强制性的ESG信息披露,由政府设立的非营利性环保部门定期发布企业环境信息,供金融机构和社会公众投资者作为投资参考依据,从而引导资金流向绿色企业。

2016年8月31日,中国七部委联合发出《关于构建绿色金融体系的指导意见》,提出要强化环境信息披露的作用。目前,中国的ESG信息披露体系还不成熟,只建立了自愿性的ESG信息披露制度,披露的信息质量不稳定,且缺乏可比性。鉴于此,应该在逐步完善自愿ESG信息披露制度的基础上,建立强制ESG信息披露制度。这个过程不可能一蹴而就,需要循序渐进地一步一步发展。初期,中国可以借鉴欧盟、南非、巴西、澳大利亚等境外资本市场的经验,先选择一些国有大型企业和污染行业中的上市公司作为试点,采用半强制性ESG信息披露制度,赋予企业选择披露哪些环境问题的权利,但对于那些选择不披露的环境问题,企业需要解释其原因,这也就是所谓的"不遵守就解释"原则。此外,对于环境信息披露考核等级为良好及以上的上市公司,政府应当给予政策上的支持,比如,在上市公司的IPO、再融资、绿色信贷等方面给予便利条件,提供税收减免、财政贴息等优惠。

在具体实施层面,应该制定详细的ESG信息披露标准,并辅以激励机制。但由于许多环境问题对社会的影响都具有负的外部性,所以在制定ESG信息披露标准时,应采用"影响显著性"而不是"财务重要性"来界定信息是否需要披露,在披露内容上可以加强对披露成本低的指标的信息披露。公司管理者应当成为公司遵守指引的直接法律责任人,监管者应对不遵守制度的公司及相关责任人增大惩罚力度。公司审计人应当核实公司是否发布的环境信息披露报告,但不需要核实报告内容的准确性,以平衡报告质量与披露成本之间的矛盾。同时,要加强投资者利用ESG信息披露报告进行合理投资的教育,鼓励投资者将ESG信息纳入投资决策。这不仅可以增加企业披露ESG信息的积极性,还能够促使投资者由短期投机转向长期价值投资,从而推动绿色金融资本市场健康、平稳地发展。此外,为了使投资者更好地理解和运用ESG信息,评估投资风险和投资收益之间的关系,征信机构应该整合ESG信息与其他财务信息,更全面地介绍公司情况。

(七)建立绿色项目信息共享机制

建立绿色项目信息共享机制的基础和关键是建立环境信息公开制度。通过对环境信息的收集、整理和发布,对环境破坏行为施加压力,同时对环境保护行为进行表彰,形成一种正向激励机制,从而促进绿色金融的发展。在绿色金融市场上,普遍存在着信息不对称的问题。缺乏信息的一方为了减弱道德风险对自身的影响,会积极地寻找各种方法和途径来获取信息。实际上,公开环境信息不仅是企业的责任,更是政府的一项重要责任。为此,省市级政府应加强当地企业对环保信息的归集、整理与应用,并积极开展企业环境信用评价,及时公示并共享评价结果,建立绿色金融信息交流交易平台,解决绿色金融市场中存在的信息不对称问题,减少信用风险和流动性风险的发生,加强绿色金融体系本身的抗风险能力,促进绿色金融助力低碳绿色发展的进程。同时,可以将企业的环境行为等信息纳入绿色金融信用信息库基础数据库,对于诚实守信达到保护环境要求的企业实行优先办理、简化程序等"绿色通道"支持激励政策,对于失信违法主体予以惩戒。此外,随着信息化和大数据的发展,全国和各省级政府可以建立一系列信息共享交换的网络平台,例如"绿色社会信用信息共享平台""绿色信用中国""绿色环境监察专用信息管理系统"等,探索建立覆盖全社会的企业环保信息共享体系,构建集绿色信用服务、绿色金融服务等为一体的金融云平台,实现金融管理部门与政府相关部门之间的信用信息及时共享。与此同时,还应该完善全国和各省级政府数据共享交换平台的运行管理体制机制,保障数据信息共享交换平台的安全和可持续发展。

第三节 绿色金融政府支撑体系型构

一、树立政府部门绿色发展理念

党的十九大以来,以习近平总书记为中心的党中央特别强调"绿色水青山就是金山银山"的经济发展理念。随着绿色发展理念的广泛渗透,各级政府应该首当其冲地改变传统的、不环保的价值观,将绿色价值观融入当地政府工作的各个方面。其中,最为关键的是改变以往单纯以 GDP 作为评价当地政府部门和官员绩效的重要标准,综合考虑当地经济增长和环境可持续发展之间的关系,提高绿色经济增长部分对官员和政府政绩考核的权重。政府要有意识地利用更多的市场机制,引导当地金融机构和企业进行绿色金融的投融资,为绿色金融的发展营造良好的市场环境,建立有力的市场保障体系。

二、建立政府绿色金融组织体系

(一)加强绿色金融组织领导

绿色金融是金融发展和环保理念的融合,属于金融和环境保护的交叉领域。目前中国政府部门中不存在专门的绿色金融领导机构,各个部门的相关要求标准和发展目标也不尽相同,因此强有力的领导组织机构也是当前绿色金融快速发展亟待解决的问题。中国应加快建立全国性和地方性两级绿色金融组织体系。前者由国务院统一组织,设立绿色金融政府领导组织,包括金融部门、环保部门、税务部门、工商部门和其他相关部门;省级政府参照中央组织形式设立绿色金融发展领导小组,统筹和领导地方绿色金融建设工作。

(二)强化部门之间的组织协调

政策作为市场导向标,对绿色金融的发展具有引导作用。绿色金融不同于传统金融的一个重要表现就是绿色金融不仅关乎社会整体经济运行和金融业的发展,还关乎社会经济的发展方向和环境保护。因此,绿色金融的发展牵扯到诸多政府部门,比如中国人民银行、银监会、证监会、环保部、发改委等,不仅涉及传统的金融监管机构,还涉及环境保护部门和其他一些政府部门。各部门为促进绿色金融的发展,都制定了相关的政策和发展方案,但为了保证政策的执行力,各个部门需要相互协调政策规则,统一绿色项目的界定范畴,金融部门和环境部门之间加强需要信息的沟通和共享,相关政策措施的制定必须承上启下,互相配套。

省级政府首先要做到与中央政府的绿色金融政策的协调一致;其次,要保证地方各个部门之间的政策的协调性。地方要在中央政策的指引下形成具有地方特色、符合当地实际情况的绿色金融政策体系。在宏观上,要保持在大政方针和中央保持一致,响应中央的政策号召,积极开展中央政府鼓励发展的绿色金融业务。在细节执行上,要根据中央支持目录、监管标准、奖励政策等政策,制定出具体的、具有可操作性的绿色信贷、绿色债券、绿色保险等绿色金融产品和服务的地方政策执行体系。地方政府、金融机构以及环保部门应该以在政策制定和执行上相互配合,防止地方行政对环保工作的干扰,增强政府内部绿色金融体制机制的协调性。

三、发展多元正向政策激励机制

(一)发挥地方财政的激励作用

2017年12月27日,国务院发布了《关于环境保护税收入的归属问题的通知》,决定为促进各地保护和改善环境、增加环境保护收入,环境保护税全部归地方所有。该通知的颁布增强了地方环境保护的财税自主权,同时也把环境保护的关键权力下放到了地方政府,使各地政府能根据各地情况的特殊性做出相关的环保安排。省级政府应充分发挥税收资本的示范和引导效应,改变以往直接补贴的方式,将有限的财政资金通过税费减免、风险补偿和融资担保等方式投入绿色金融市场,让财政资金起到更大的绿色金融供给效应。从整个绿色金融的生产分配角度来讲,财政资金的投入应该涉及绿色金融的产品研发、业务开展和消费各个环节。在研发阶段,要加大对科研单位资金投入,对相关项目进行财政补贴,同时对开展研发的企业单位实施税收优惠;在供给端,中央和地方政府对绿色贷款提供财政贴息,对于绿色上市企业的股票融资交易减免印花税,积极参与组建绿色产业基金、绿色担保机构、风险补偿基金等;在消费端,对于进行绿色消费和绿色采购的个人和企事业单位实施价格补贴,引导消费者的绿色消费倾向,刺激整个社会的绿色消费和投资需求。

(二)运用货币政策诱导绿色金融市场

目前,中国绿色金融发展最快的,相对比较成熟的就是绿色信贷业务。对于银行,货币政策的激励将会起到事半功倍的效果。可以根据各大银行开展绿色信贷业务的绝对规模和相对规模以及采用绿色标准的程度,相应地降低其法定存款准备金率和再贴现率,让绿色银行有更多开展绿色业务的自由资金。也可以充分利用利率的调节功能,绿色信贷和绿色债券的利率定价充分考虑绿色项目的收益、风险和绿色业务的开展情况,既调动金融机构的积极性,加大对绿色金融产品的供给,又尽量降低绿色项目和企业的融资成本。

(三)加大政府投资引导力度

绿色基金的投资报酬率较低,在市场和政策上都具有很大的不确定性,这使得社会公众对这些绿色基金没有足够的信心,也不敢贸然参与投资绿色基金。一方面,政府可以通过发起或参与各种形式的绿色产业基金,解决部分中小企业的绿色融资问题,拓宽绿色融资的融资渠道。省级政府要探索政府公共部门和私人部门共同组建绿色基金,聘用专业的第三方基金管理团队进行基金的运营和管理,不断尝试通过股权融资的模式支持中小型绿色企业健康发展,重点为具有发展潜力、市场前景良好的企业提供绿色融资支持,以实现绿色产业基金的可持续发展。另一方面,可以由当地政府牵头设立"绿色金融专项补助基金",增强对社会资金投向的引导性,采用专业的标准对市场的企业进行筛选和考察,定期公布符合国家产业政策和环保政策的企业,对这些企业进行社会融资的贴息补助,引导整个社会的产业结构发生调整。PPP模式可以作为省市级政府参与绿色基金的主要途径,通过有限的政府基金来撬动更大的社会资本,保证绿色基金和项目持续运行。

四、夯实绿色金融基础设施建设

(一)统一绿色金融市场标准

目前中国绿色金融市场的标准制定处于摸索和学习阶段,切实可行的标准主要有中国银行发布的《绿色债券公告》《绿色债券支持项目目录》和国家发展改革委发布的《绿色债券指引》,界定了绿色债券的支持项目范围和审核条件。但是,由于受条块分割的部门体制因素影响,目前的金融市场标准碎片化现象严重。省市级政府要在遵循中央政府绿色金融现存标准制度的前提条件下,结合地方政府的绿色金融实际发展现状和未来的发展定位,统一地方的绿色金融市场标准。要在省级政府专业绿色金融领导小组的带领下,继续完善绿色金融标准的内容,协调当地不同部门、不同标准的准入门槛,明确绿色金融标准的具体执行细则,不断细化包括环境政策法规标准、环境规划标准、绿色产业标准、环境管理标准和环境绩效标准等,增强标准的现实性和可行性。另外,应提高绿色金融标准与企业绿色经营实践的结合,在实践和摸索中完善现有的标准。目前的标准多数由中央和地方政府"自上而下"地设定,但毕竟企业是市场活动的主体,只有经过绿色企业"自下而上"的实践反馈,标准的适用性才能得到检验。

(二)设立专业绿色金融交易、服务中心

应支持建立碳排放权、排污权、林权、用能权等交易平台,探索建立绿色生态交易所开展生态林业类资产、环境类资产、金融类绿色资产的交易服务。通过聚合资本、信息、技术、人才等各类资源,形成绿色金融的大数据中心,为绿色企业提供绿色金融服务,为政府的绿色产业发展规划和环境保护规划提供智力和数据支撑。支持各省内银行类金融机构设立绿色金融事业部和绿色金融中心,不断探索建立新的绿色金融投融资交易机制,进行绿色金融的各类试点工作,积极参与各大碳排放权交易市场的组建,积极发展碳期货、碳期权、碳基金以及碳资产证券化等碳金融产品,不断提高碳资产资本化的能力。同时,政府要做好对绿色金融资产交易的保障工作,为各类绿色金融资产交易提供从备案、挂牌、信息披露、信息记录的一站式服务,减少相关绿色机构设立的审批程序。

(三)建立绿色金融信息交流服务平台

信息不对称是当下影响绿色金融发展的重要制约因素之一。目前,政府部门、金融机构和绿色企业之间信息并没有实现完全的对接。金融机构皆局限于自身的信息系统开展绿色金融业务,造成对企业的环境风险评估不准确,企业绿色融资困难和融资成本高的问题。各省市级政府要依托当地的"企业公共信用信息平台",将企业的环境保护信息纳入该平台,加强对企业的环保信息的归集、整理和评估,积极开展各型企业的环境信用评估,通过平台公示评估结果,防止环境和社会风险的发生。随着信息化的不断发展,大数据已经成为绿色发展的有力支撑,中央和地方各级政府应依托现有信息平台的基础上探索建立更加专业化的覆盖全社会的企业环保信息共享平台,共同构建集绿色信用服务和绿色金融服务于一体多层次绿色金融平台,实现政府和企业之间的信息互通互享。

(四)设立绿色资产交易所

应建立多元化、多层级、影响力强的绿色金融支撑服务体系,推动中央和地方各级政府绿色金融改革创新。各级地方政府可通过和当地金融机构合作,设立绿色资产交易所,提高绿色资产交易的流动性,拓宽绿色投融资渠道。绿色资产交易所提供包括开展林权、林木资产等生态类资产及环境类权益的认证、确权、评估、抵押登记等交易服务,拓宽生态林业项目和企业绿色项目的融资渠道;为市场提供各类绿色金融资产的发行与交易服务,推动绿色金融资产流转业务的规范化和透明化;开展环境类大数据的交易服务,为各类绿色金融资产提供从备案、挂牌、信息披露和记载、交易以及结算的一站式服务;提供各类重要信息的咨询服务,打破行业信息壁垒,提高生产效率,深度推进产业绿色化的改革和创新。

(五)建立绿色金融专业人才培养和储备机制

绿色金融业务的快速拓展,需要加快专业化的绿色金融队伍建设、储备专业化的绿色金融人才。在短期内,为在绿色金融的重点业务领域有所突破,可挑选既有业务能力又有业务经验的产品经理、客户经理、授信决策分析师等组成核心团队,进行绿色金融产品开发、参与绿色项目评估、进行环境风险管理方案的拟定与实施,不断有所突破、积累经验,从长期看,首先,省市政府应制定引进高层次绿色金融人才的人才政策,依托"百千万人才引进计划"等各类人才计划,大力引进国内外绿色金融的专业人才。其次,应依托各省当地的教育和科研资源,打造本土的绿色金融人才培养基地。充分利用当地的教育资源优势,引导当地高校开设绿色金融的相关专业和课程。此外,政府还应牵头成立由政府科研机构、企业研发团队和高校科研人才共同组成的绿色金融研发机构,形成专业的绿色金融研发和培训团队。

五、加强对环境风险的监管约束

(一)强化企业环境披露意识

应严格规范当地企业环境披露制度,对企业的主要污染物排放量,以及污染处理效果进行实时监控和持续披露,严格限制环境保护和环境信息披露不合格的企业。在IPO上市制度中,要更加注重对未上市企业的环境风险的考察,对环境风险考察不合格的企业实行"一票否决制"。对于已经上市的企业实行强制环境信息披露制度,对环境风险高,环境信息披露信息不完善和披露信息弄虚作假的企业实行强制停盘整顿。同时应完善上市企业的环境信息评估标准和披露标准,将企业环境信息纳入银行征信系统,将环境保护和企业的金融市场融资能力相挂钩。

(二)严格规范金融机构社会责任披露制度

应严格规范银行等大型金融机构的社会责任披露制度,要求金融机构定期发布可持续发展报告。鼓励有能力的金融机构积极开展适用于不同类型的金融资产组合的环境压力测试。社会责任的考核机制中应提高绿色金融业务开展状况的考核比重,统一环境评估的框架。应相应地改变目前的会计统计制度,统一绿色金融资产的记账方法和统计口径。将环境风险纳入评估金融稳定性的指标体系和模型,开发更为科学合理的环境风险评估框架和体系,制定标准化的绿色金融评估和方法。监管机构建立一套完整的能够准确评估企业环境行为标准,能使监管的方向更加明确,效果更加显著。监管机构可以通过金融机构的社会责任披露,对绿色金融机构进行绿色评级,对于绿色评级较高的金融机构可实行差别化的存款准备金率和再贴现率。

六、完善绿色金融发展的法律制度

(一)界定绿色金融各方法律责任

由于目前绿色金融的发展处于起步的阶段,相关的法律法规和规章制度主要把发展绿色金融作为一种鼓励的行为,相应的法律措施也主要停留在激励的层次,并未对绿色金融具体开展的过程中应负责任进行划分和确定。按照"谁污染,谁负责"的原则,对于金融机构不按照绿色金融标准,将绿色资金用于高耗能、高污染企业及项目并造成环境污染的行为应进行处罚,相应的企业也应该承担连带责任。对于绿色保险来讲,要进行责任的限制,即保险公司赔额的限制,保费在企业合理承受范围之内的情况下,保险公司的最高赔款额也要在合理的范围内,既不能让保险企业全部为污染企业买单,也要使企业的环境风险有保证,防止逆向选择和道德风险的发生。

(二)严格绿色金融奖惩措施

应加快绿色金融专项立法,制定绿色金融奖惩措施。对促进绿色金融发展的行为进行奖励,对扰乱绿色金融市场秩序的行为进行严格的民事处罚,情节严重的可进行刑事处罚。对于有"漂绿"和"洗绿"行为和虚假披露环境信息的企业进行处罚,并对其融资进行限制,对积极开展绿色金融业务的机构和企业进行税收上的奖励。通过法律规定的奖罚措施,大幅地提高企业开展非环保行为的机会成本,督促金融机构开展绿色投资,生产企业开展绿色生产。

七、积极开展对外交流与合作

(一)开展绿色金融国内外合作

中央和地方各级政府要大力促进国内和省内绿色金融建设方面的交流与合作,加强各省政府部门绿色金融发展经验的相互学习,共同组建可以实现信息共享的绿色金融交易和服务平台。根据当前绿色金融试点工作成效,促进成绩突出的试点省市进行经验分享。同时要放眼世界,积极同绿色金融国际发展方针相协调,鼓励境内绿色金融机构和企业加强和东盟国家、港澳台、"一带一路"沿线国家的绿色金融业务的合作,扩大中国绿色金融的影响力,吸引境外绿色资本的投资。

(二)坚持"引进来,走出去"相结合

大力支持外资企业在中国银行间市场发行人民币绿色债券,积极与国际市场进行绿色融资对接,平等对待外资和中资企业在绿色项目上开展的竞争与合作。支持国际企业、国际金融机构、国际基金组织和其他国际投融资机构对国内绿色项目的投资,积极开发适合外商投资的绿色金融产品,完善外商投资绿色金融的制度准则,保障外商投资绿色金融的合法权益。同时,支持实力雄厚、绿色金融模式成熟的境内企业和金融机构,积极进入国际绿色金融市场,发行境外绿色债券,开展国际绿色金融业务。

(三)积极开展绿色金融宣传

虽然中国已成为全球第二大经济体,但不可否认的是中国仍是发展中国家,在努力发展经济的同时面临着巨大的环境问题,需要大量的绿色金融资金和先进的技术,需要获得国际性组织和发达国家的大力支持。中国是巴黎协定的重要参与者,并作出节能减排的相关承诺,而且在杭州举办了 G20 国际峰会,绿色金融首次进入议程。借助此类大型国际性会议,中国在绿色金融方面所做出的努力逐步得到国际社会的一致认同,越来越多的国际资金机制也开始与中国各级政府及企业合作,推进绿色产业的发展。中国应该借助互联网传媒和其他渠道及新闻载体,积极向包括国际组织、各个国家和知名企业就绿色金融体系建设、绿色金融业务创新和绿色项目建设等内容进行更广更深度地宣传,以寻求更多合作机会。国内学术界也应高度重视绿色金融理论研究,深入剖析制约绿色金融发展的体制机制因素,提出提高绿色金融运营效率的对策建议,并积极开展绿色金融国际学术交流,学习绿色金融先行者的先进经验,同时把中国的绿色金融实践和经验介绍给其他国家,使中国绿色金融的发展成果与世界共享。

参 考 文 献

[1] Agan, Y., C. Kuzey, and M. F. Acer, "The Relationships between Corporate Social Responsibility, Environmental Supplier Development, and Firm Performance", *Journal of Cleaner Production*, Vol.26, No.1, January 2016, p.1872.

[2] Aintablian, S., P. A. Mcgraw, and G. S. Roberts, "Bank Monitoring and Environmental Risk", *Journal of Business Finance & Accounting*, Vol.34, No.1, January 2007, p.389.

[3] Boubakri, N., S. E. Ghoul, H. Wang, O. Guedhami, and C. C. Y. Kwok, "Cross-listing and Corporate Social Responsibility", *Journal of Corporate Finance*, Vol.41, No.8, August 2016, p.123.

[4] Bouma, J. J., M. Jeucken, and L. Klinkers, *Sustainable Banking — The Greening of Finance*, UK Sheffield: Green Leaf Publishing, 2001, p.126.

[5] Campiglio, E., "Beyond Carbon Pricing: the Role of Banking and Monetary Policy in Financing the Transition to a Low-carbon Economy", *Ecological Economics*, Vol.121, No.1, January 2016, p.220.

[6] Chami, R., T. F. Cosimano, and C. Fullenkamp, "Managing Ethical Risk: How Investing in Ethics Adds Value", *Journal of Banking and Finance*, Vol.26, No.9, September 2002, p.1697.

[7] Chaurey, A., and T. C. Kandpal, "Carbon Abatement Potential of Solar Home Systems in India and Their Cost Reduction Due to Carbon Finance", *Energy Policy*, Vol.37, No.1, January 2009, p.115.

[8] Cho, S. Y., C. Lee, and R. J. P. Jr, "Corporate Social Responsibility Performance and Information Asymmetry", *Journal of Accounting & Public Policy*, Vol.32, No.1, January 2013, p.71.

[9] Christopher, W., and R. Alexis, "Institutional Pressures, Corporate Reputation, and Voluntary Codes of Conduct: an Examination of the Equator Principles", *Business and Society Review*, Vol.111, No.1, February 2006, p.89.

[10] Cilliers, E. J., E. Diemont, D. J. Stobbelaar, and W. Timmermans, "Sustainable

Green Urban Planning: the Green Credit Tool", *Journal of Place Management and Development*, Vol.3, No.1, January 2010, p.57.

[11] Cooper, R. N., "Financing for Climate Change", *Energy Economics*, Vol.34, No.S1, November 2012, p.29.

[12] Coreiro, J. J., and J. Sarkis, "Environmental Proactivism and Firm Performance: Evidence from Security Analyst Earnings Forecasts", *Business Strategy & the Environment*, Vol.6, No.2, May 1997, p.104.

[13] Criscuolo, C., and C. Menon, "Environmental Policies and Risk Finance in the Green Sector: Cross-Country Evidence", *Energy Policy*, Vol.83, August 2015, p.38.

[14] Ferraro, P. J., and A. Kiss, "Direct Payments to Conserve Biodiversity", *Science*, Vol.298, No.5599, November 2002, p.1718.

[15] Galema, R., A. Plantinga, and B. Scholtens, "The Stocks at Stake: Return and Risk in Socially Responsible Investment", *Journal of Banking & Finance*, Vol.32, No.12, December 2008, p.2646.

[16] González Ruiza, J. D., C. A. Arboleda, and S. Botero, "A Proposal for Green Financing as a Mechanism to Increase Private Participation in Sustainable Water Infrastructure Systems", *The Colombian Case, Procedia Engineering*, Vol. 145, April 2016, p.180.

[17] Goss, A., and G. S. Robert, "The Impact of Corporate Social Responsibility on the Cost of Bank Loans", *Journal of Banking & finance*, Vol. 35, No. 7, July 2011, p.1794.

[18] Grafton, R. Q., F. Jotzo, and M. Wasson, "Financing Sustainable Development: Country Undertakings and Rights for Environmental Sustainability CURES", *Ecological Economics*, Vol.55, No.1, November 2004, p.65.

[19] Ismail, S., and C. Kemal, "The Impact of Environmental, Social and Governance Dimensions of Corporate Social Responsibility on Economic Performance: Australian Evidence", *Procedia Computer Science*, Vol.120, November 2017, p.797.

[20] Jeucken, M., *Sustainable Finance and Banking*, USA: The Earth Scan Publication, 2006, p.101.

[21] Lewis, J. I., "The Evolving Role of Carbon Finance in Promoting Renewable Energy Development in China", *Energy Policy*, Vol.38, No.6, June 2010, p.2857.

[22] Lioui, A., and Z. Sharma, "Environmental Corporate Social Responsibility and Financial Performance: Disentangling Direct and Indirect Effects", *Ecological Economics*, Vol.78, No.32, June 2012, p.100.

[23] Li, D., C. Cao, L. Zhang, S. Ren, and Y. Zhao, "Effects of Corporate Environmental Responsibility on Financial Performance: The Moderating Role of Government Regulation and Organizational Slack", *Journal of Cleaner Production*, Vol. 166,

November 2017, p.1323.

[24] Liang, X., and D. Reiner, "Behavioral Issues in Financing Low Carbon Power Plants", *Energy Procedia*, Vol.1, No.1, February 2009, p.4495.

[25] Linnenluecke, M. K., T. Smith, and B. McKnight, "Environmental Finance: A Research Agenda for Interdisciplinary Finance Research", *Economic Modelling*, Vol. 59, December 2016, p.124.

[26] Lu, Z., F. Peña-Mora, X. R. Wang, C. Q. Shen, and Z. Riaz, "Social Impact Project Finance: An Innovative and Sustainable Infrastructure Financing Framework", *Procedia Engineering*, Vol.123, October 2015, p.300.

[27] Marcel, J., *Sustainable finance and banking: The Financial Sector and the Future of Plane*, London: Earthscan Publication Ltd. 2001, p.32.

[28] Mazzarti, M., G. Marin, S. Mancinelli, and F. Nicolli, "Carbon Dioxide Reducing Environmental Innovations, Sector Upstream/Downstream Integration and Policy: Evidence from the EU", *Empirica*, Vol.42, No.4, August 2015, p.709.

[29] Porter, M. E., and Van Der Llnde Claas, "Toward a New Conception of the Environment-Competitiveness Relationship", *The Journal of Economic Perspectives*, Vol.9, No.4, Autumn 1995, p.97.

[30] Weber, O., "Sustainability Benchmarking of European Banks and Financial Service Organizations", *Corporate Social Responsibility and Environmental Management*, Vol.12, No.2, June 2005, p.73.

[31] Pickering, J., J. Skovgaard, S. Kim, J. T. Roberts, D. Rossati, M. Stadelmann, and H. Reich, "Acting on Climate Finance Pledges: Inter-agency Dynamics and Relationships with Aid in Contributor States", *World Development*, Vol.68, October 2015, p.149.

[32] Robert, R., "Environmental Finance: Environmental Compliance Can be Profitable", *Natural Gas and Electricity*, Vol.31, September 2014, p.9.

[33] Ruf, B., K. Muralidhar, R. Brown, J. Janney, and K. Paul, "An Empirical Investigation of the Relationship between Change in Corporate Social Performance and Financial Performance: a Stakeholder Theory Perspective", *Journal of Business Ethics*, Vol.32, No.2, June 2001, p.143.

[34] Scholtens, B., and L. Dam, "Banking on the Equator: are Banks That Adopted the Equator Principles Different from Non-Adopters", *World Development*, Vol.35, No. 8, August 2007, p.1307.

[35] Sebastian, E., S. Dirk, T. Julian, and F. Paschen, "Sustainable Project Finance, the Adoption of the Equator Principles and Shareholders Value Effects", *Business Strategy and the Environment*, Vol.23, No.6, August 2014, p.375.

[36] Shvarts, E. A., A. M. Pakhalow, and A. Y. Knizhnikov, "Assessment of

Environmental Responsibility of Oil and Gas Companies in Russia: the Rating Method", *Journal of Cleaner Production*, Vol.127, No.20, July 2016, p.143.

[37] Simpson, W. G., and T. Kohers, "The Link between Corporate Social and Financial Performance: Evidence from the Banking Industry", *Journal of Business Ethics*, Vol. 35, No.2, January 2002, p.112.

[38] Sonia, L., and R. W. Rodney, *Environment Finance*, New York: John Wiley and Sons, 2002, p.22.

[39] Stankeviciene, J., and M. Nikonorova, "Sustainable Value Creation in Commercial Banks during Financial Crisis", *Procedia Social and Behavioral Sciences*, Vol.110, January 2014, p.1197.

[40] Stephens, C., and C. Skinner, "Banks for a Better Planet? The Challenge of Sustainable Social and Environmental Development and the Emerging Response of the Banking Sector", *Environmental Development*, Vol.5, January 2013, p.175.

[41] Tang, A., N. Chiara, and J. E. Taylor, "Financing Renewable Energy Infrastructure: Formulation, Pricing and Impact of a Carbon Revenue Bond", *Energy Policy*, Vol. 45, January 2012, p.691.

[42] Thompson, P., and C. J. Cowton, "Bringing the Environment into Bank Lending: Implications for Environmental Reporting", *British Accounting Review*, Vol.36, No. 2, June 2004, p.136.

[43] Van Soest, D., and R. Lensink, "Foreign Transfers and Tropical Deforestation: What Terms of Conditionality?", *American Journal of Agricultural Economics*, Vol.82, June 2000, p.389.

[44] 安国俊:《构建绿色金融市场体系》,《中国金融》2016年第1期。

[45] 安国俊:《绿色基金发展的国际借鉴》,《中国金融》2016年第16期。

[46] 安国俊、敖心怡:《中国绿色金融发展前景》,《中国金融》2018年第1期。

[47] 安伟:《绿色金融的内涵、机理和实践初探》,《经济经纬》2008年第5期。

[48] 卜永祥:《构建中国绿色金融体系的思考》,《区域金融研究》2017年第6期。

[49] 曹军新:《构建多层次跨界合作治理的绿色金融体系——基于公共池塘资源理论的扩展框架》,《经济社会体制比较》2016年第2期。

[50] 曹明弟:《中国绿色金融管理体制机制创新的思考》,《环境保护》2016年第19期。

[51] 常杪、杨亮、王世汶:《日本政策投资银行的最新绿色金融实践——促进环境友好经营融资业务》,《环境保护》2008年第5期。

[52] 陈健、龚晓莺:《绿色经济:内涵、特征、困境与突破——基于"一带一路"战略视角》,《青海社会科学》2017年第3期。

[53] 陈文文:《企业环境信息披露与绿色经济政策实施:问题与完善》,硕士学位论文,兰州商学院,2009年,第18页。

[54] 杜莉、张鑫:《绿色金融、社会责任与国有商业银行的行为选择》,《吉林大学社会科

学学报》2012 年第 9 期。

[55] 范少虹：《绿色金融法律制度：可持续发展视阈下的应然选择与实然构建》，《武汉大学学报(哲学社会科学版)》2013 年第 2 期。

[56] 冯静生：《对我国绿色金融发展问题的研究》，《北京金融评论》2016 年第 7 期。

[57] 傅京燕、原宗琳：《商业银行的绿色金融发展路径研究——基于"供给-需求"改革对接的新视角》，《暨南学报》2018 年第 1 期。

[58] 高红贵：《现代企业社会责任履行的环境信息披露研究——基于"生态社会经济人"假设视角》，《会计研究》2010 年第 12 期。

[59] 古小东：《环境保护法中的金融机制——以土壤立法为例》，《金融与经济》2015 年第 7 期。

[60] 辜胜阻、韩龙艳、郑超、李睿：《绿色发展视角下的绿色金融探讨》，《社会科学家》2016 年第 5 期。

[61] 郭沛源、蔡英萃：《发达国家绿色金融的发展及对我国的启示》，《环境保护》2015 年第 2 期。

[62] 韩立岩、尤苗、魏晓云：《政府引导下的绿色金融创新机制》，《中国软科学》2010 年第 11 期。

[63] 韩平：《进一步加快我国金融人才队伍建设》，《中国金融》2009 年第 5 期。

[64] 何建奎、江通、王稳利：《"绿色金融"与经济的可持续发展》，《生态经济》2016 年第 7 期。

[65] 贺立龙、朱方明、陈中伟：《企业环境责任界定与测评：环境资源配置的视角》，《管理世界》2014 年第 3 期。

[66] 贺强、李婷：《变革经济发展方式 大力发展低碳经济》，《价格理论与实践》2010 年第 6 期。

[67] 洪艳蓉：《中国绿色公司债券的制度挑战与改进》，《证券市场导报》2016 年第 9 期。

[68] 侯亚景、罗玉辉：《我国"绿色金融"发展：国际经验与政策建议》，《经济问题探索》2016 年第 9 期。

[69] 胡静怡、陶士贵：《我国绿色信贷实践中的误区、困境与纠偏》，《改革与战略》2018 年第 6 期。

[70] 胡曲应：《上市公司环境绩效与财务绩效的相关性研究》，《中国人口·资源与环境》2012 年第 6 期。

[71] 黄群慧、彭华岗、钟宏武、张蒽：《中国 100 强企业社会责任发展状况评价》，《中国工业经济》2009 年第 10 期。

[72] 蒋先玲、徐鹤龙：《中国商业银行绿色信贷运行机制研究》，《中国人口·资源与环境》2016 年第 S1 期。

[73] 交通银行金融研究中心课题组：连平、仇高擎、武雯、鄂永健：《我国绿色金融市场发展展望及对策建议》，《新金融》2016 年第 11 期。

[74] 金佳宇、韩立岩：《国际绿色债券的发展趋势与风险特征》，《国际金融研究》2016 年

第 11 期。

[75] 剧宇宏:《绿色经济与绿色金融法律制度创新》,《求索》2009 年第 7 期。

[76] 匡国建:《促进节能环保的金融政策和机制研究:国际经验及启示》,《南方金融》2008 年第 7 期。

[77] 隗斌贤:《G20 框架下我国绿色金融的创新发展》,《中共浙江省委党校学报》2016 年第 6 期。

[78] 李福胜、张雁:《境外项目融资中的"绿色金融"问题》,《中国金融》2010 年第 12 期。

[79] 李华友、杨姝影、李黎:《绿色信贷加快德国转入绿色发展轨道》,《环境保护》2010 年第 7 期。

[80] 李建勋:《试析武汉城市圈绿色信贷制度的完善》,《湖北社会科学》2011 年第 8 期。

[81] 李丽君:《赤道原则对我国绿色金融建设的启示》,《管理现代化》2015 年第 6 期。

[82] 李溪:《国外绿色金融政策及其借鉴》,《苏州大学学报》(哲学社会科学版)2011 年第 6 期。

[83] 李晓文、张明东:《节能减排银行支持的国际经验》,《中国金融》2012 年第 10 期。

[84] 李晓西:《绿色金融盈利性与公益性关系分析》,《金融论坛》2017 年第 5 期。

[85] 李勋:《发展绿色金融的法律研究》,《兰州学刊》2009 年第 8 期。

[86] 李云燕、孙桂花:《我国绿色金融发展问题分析与政策建议》,《环境保护》2018 年第 8 期。

[87] 林汉川、王莉、王分棉:《环境绩效、企业责任与产品价值再造》,《管理世界》2007 年第 5 期。

[88] 刘博:《国外商业银行绿色金融政策及其借鉴》,《现代管理科学》2016 年第 5 期。

[89] 逯元堂、陈鹏、高军、徐顺青:《中国环境保护基金构建思路探讨》,《环境保护》2016 年第 19 期。

[90] 马骏:《用金融工具缓解绿色企业融资难》,《中国金融》2015 年第 10 期。

[91] 马骏:《论构建中国绿色金融体系》,《金融论坛》2015 年第 5 期。

[92] 马骏:《中国绿色金融的发展与前景》,《经济社会体制比较》2016 年第 11 期。

[93] 马骏、程琳、邵欢:《G20 公报中的绿色金融倡议》,《中国金融》2016 年第 17 期。

[94] 马中、刘青扬、谷晓明、徐湘博、昌敦虎:《发展绿色金融,推进供给侧结构性改革》,《环境保护》2016 年第 16 期。

[95] 麦均洪、徐枫:《基于联合分析的我国绿色金融影响因素研究》,《宏观经济研究》2015 年第 5 期。

[96] 宁伟、佘金花:《绿色金融与宏观经济增长动态关系实证研究》,《求索》2014 年第 8 期。

[97] 彭泗清、李兰、潘建成、韩岫岚、郝大海、郑明身:《企业家对企业社会责任的认识与评价——2007 年中国企业经营者成长与发展专题调查报告》,《管理世界》2007 年第 6 期。

[98] 秦池江:《碳金融的全球视野与博弈——读〈透视碳金融〉》,《中国金融》2011 年第

20 期。

[99] 任运河：《利用财税杠杆发展循环经济——德国的经验及启示》，《国家行政学院学报》2006 年第 4 期。

[100] 邵传林、张丽：《创新驱动视域下绿色金融发展的动因、困局与实现路径》，《重庆工商大学学报》（社会科学版）2019 年第 3 期。

[101] 沈红波、谢越、陈峥嵘：《企业的环境保护、社会责任及其市场效应——基于紫金矿业环境污染事件的案例研究》，《中国工业经济》2012 年第 1 期。

[102] 沈洪涛、游家兴、刘江宏：《再融资环保核查、环境信息披露与权益资本成本》，《金融研究》2010 年第 12 期。

[103] 石友蓉：《企业承担社会责任成本与可持续发展战略》，《武汉大学学报》（社会科学版）2002 年第 5 期。

[104] 宋晓玲：《西方银行业绿色金融实践对中国的启示》，《经济研究参考》2013 年第 24 期。

[105] 宋晓玲：《西方银行业绿色金融政策：共同规则与差别实践》，《经济问题探索》2013 年第 1 期。

[106] 苏宝梅：《金融业成为"环境经济人"的伦理思考》，《齐鲁学刊》2013 年第 6 期。

[107] 孙涛、赵天燕：《企业排污的环境责任测度及其应用研究》，《中国人口·资源与环境》2014 年第 5 期。

[108] 陶文杰、金占明：《媒体关注下的 CSR 信息披露与企业财务绩效关系研究及启示——基于我国 A 股上市公司 CSR 报告实证研究》，《中国管理科学》2013 年第 4 期。

[109] 天大研究院课题组：《中国绿色金融体系：构建与发展战略》，《财贸经济》2011 年第 10 期。

[110] 田辉：《中国绿色保险的现状问题与未来发展》，《发展研究》2014 年第 5 期。

[111] 田辉：《绿色金融需国内国际并行》，《中国金融》2016 年第 18 期。

[112] 田慧芳：《绿色金融发展中的政府行为——基于欧美国家的经验分析》，《国际经济合作》2016 年第 11 期。

[113] 王兵、刘光天：《节能减排与中国绿色经济增长——基于全要素生产率的视角》，《中国工业经济》2015 年第 5 期。

[114] 王凤荣、王康仕：《"绿色"政策与绿色金融配置效率——基于中国制造业上市公司的实证研究》，《财经科学》2018 年第 5 期。

[115] 王建发：《我国绿色金融发展现状与体系构建——基于可持续发展背景》，《技术经济与管理研究》2020 年第 5 期。

[116] 王彤宇：《推动绿色金融机制创新的思考》，《宏观经济管理》2014 年第 1 期。

[117] 王清刚、徐欣宇：《企业社会责任的价值创造机理及实证检验——基于利益相关者理论和生命周期理论》，《中国软科学》2016 年第 2 期。

[118] 王修华、刘娜：《我国绿色金融可持续发展的长效机制探索》，《理论探索》2016 年

第 4 期。

[119] 王遥、曹畅：《中国绿色债券第三方认证的现状与前景》，《环境保护》2016 年第 19 期。

[120] 王遥、潘冬阳：《中国经济绿色转型中的金融市场失灵问题与干预机制研究》，《中央财经大学学报》2015 年第 11 期。

[121] 王遥、徐楠：《中国绿色债券发展及中外标准比较研究》，《金融论坛》2016 年第 2 期。

[122] 万志宏、曾刚：《国际绿色债券市场：现状、经验与启示》，《金融论坛》2016 年第 2 期。

[123] 文同爱、王虹：《生态银行制度探析》，《时代法学》2010 年第 3 期。

[124] 温源远、李宏涛、杜譞：《英国可持续金融系统转型及对我国的启示》，《环境保护》2016 年第 10 期。

[125] 翁智雄、葛察忠、段显明、龙凤：《国内外绿色金融产品对比研究》，《中国人口·资源与环境》2015 年第 6 期。

[126] 邬晓霞、张双悦：《"绿色发展"理念的形成及未来走势》，《经济问题》2017 年第 2 期。

[127] 吴真：《企业环境责任制度体系之重建——以循环经济为视角》，《当代法学》2008 年第 5 期。

[128] 西南财经大学发展研究院、环保部环境与经济政策研究中心课题组：《绿色金融与可持续发展》，《金融论坛》2015 年第 10 期。

[129] 肖明胜：《引导低碳经济发展的机制研究》，《财政研究》2010 年第 5 期。

[130] 星焱、王骏娴：《践行联合国责任投资原则》，《中国金融》2017 年第 4 期。

[131] 熊惠平：《绿色信贷新论：透视公司社会责任思想的演化》，《河南金融管理干部学院学报》2008 年第 2 期。

[132] 许一帆：《金融国际化背景下高校金融人才培养模式探索》，《教育理论与实践》2013 年第 27 期。

[133] 阎庆民：《构建以"碳金融"为标志的绿色金融服务体系》，《中国金融》2010 年第 4 期。

[134] 杨博文：《后巴黎时代中国碳捕获与封存技术风险的监管进路》，《中国科技论坛》2017 年第 12 期。

[135] 杨帆、邵超峰、鞠美庭：《我国绿色金融发展面临的机遇、挑战与对策分析》，《生态经济》2015 年第 11 期。

[136] 杨培祥、马艳、刘诚洁：《发展绿色金融与叠加风险防范的研究》，《福建论坛》2018 年第 5 期。

[137] 杨熠、李余晓璐、沈洪涛：《绿色金融政策、公司治理与企业环境信息披露——以 502 家重污染行业上市公司为例》，《财贸研究》2011 年第 5 期。

[138] 易纲：《完善全球金融治理 促进世界经济增长》，《人民日报》2016 年 10 月 25 日第

7版。

[139] 尹传斌、朱方明、邓玲：《西部大开发十五年环境效率评价及其影响因素分析》,《中国人口·资源与环境》2017年第3期。

[140] 俞岚：《绿色金融发展与创新研究》,《经济问题》2016年第1期。

[141] 于永达、郭沛源：《金融业促进可持续发展的研究与实践》,《环境保护》2003年第12期。

[142] 袁康：《绿色金融发展及其法律制度保障》,《证券市场导报》2017年第1期。

[143] 云祉婷：《从欧洲投资银行绿色债券实践,我们应该学到什么?》,《现代商业银行》2019年第9期。

[144] 詹小颖：《绿色债券发展的国际经验及我国的对策》,《经济纵横》2016年第8期。

[145] 张长龙：《略论低碳城市建设的长效机制》,《经济问题探索》2011年第7期。

[146] 张承惠、谢孟哲、张丽平、田辉、王刚：《发展中国绿色金融的逻辑与框架》,《金融论坛》2016年第2期。

[147] 张靖：《绿色金融——将"绿色"进行到底》,《商场现代化》2007年第9期。

[148] 张珉：《欧洲投资银行绿色金融研究》,《金融发展研究》2015年第9期。

[149] 章雁、佟秀梅：《我国煤炭业上市公司环境信息披露及影响因素实证研究》,《中国管理科学》2014年第S1期。

[150] 张友国：《基于经济利益的产业间环境责任分配》,《中国工业经济》2012年第7期。

[151] 赵彦云、林寅、陈昊：《发达国家建立绿色经济发展测度体系的经验及借鉴》,《经济纵横》2011年第1期。

[152] 中国人民银行杭州中心支行办公室课题组：《绿色金融：国际经验、启示及对策》,《浙江金融》2011年第5期。

[153] 中国工商银行绿色金融课题组：周月秋、殷红、马素红、杨荇、韦巍、邱牧远、冯乾、张静文：《商业银行构建绿色金融战略体系研究》,《金融论坛》2017年第1期。

[154] 周道许、宋科：《绿色金融中的政府作用》,《中国金融》2014年第4期。